CMC®国际注册管理师
CMC®国际注册管理咨询师 资格认证系列教材

CMC®项目管理

工商管理项目体系指南

CMC® Guide to the Project of Business Administration

编著 英国CMC协会 / 国际咨询协会

U0367260

上海交通大学出版社
SHANGHAI JIAO TONG UNIVERSITY PRESS

内容提要

本系列教材/指南是 CMC 协会/国际咨询协会在全球推行的专为 CMC® 国际注册管理师、CMC® 国际注册管理咨询师考试而编写的教材,该系列丛书总共 6 本,本书是其中的第 3 本。

人类活动中有 50% 是通过项目的形式来开展的或者说是可以项目化的。项目是企业创造价值和效益的主要途径,高效的项目管理是企业的战略能力。越来越多的企业开始引入 CMC® 工商管理项目,一些跨国企业也将 CMC® 项目管理作为主要的运作模式和提升企业运营价值的解决方案。咨询公司通常通过项目方式来帮助客户解决问题,世界 500 强企业每年都会投入重金聘请咨询公司提供管理项目服务。因此,管理项目在当今经济社会中扮演着极其重要的角色。

本指南结合了国际十大专业公司的方法论和框架结构,具有高度的权威性和指导性。主要内容包括基于过程的管理项目和咨询项目的 4 个层次、7 阶段(过程组)36/31 个过程,以及基于知识领域的管理项目的管理。这些内容是国际 CMC®、global CMC® 资格认证考试的重点之一。通过学习和掌握这些内容,考生将能够更好地理解和应用项目管理的最佳实践,为未来的职业发展打下坚实的基础。

图书在版编目(CIP)数据

CMC 项目管理:工商管理项目体系指南/英国 CMC 协会/国际咨询协会编著. —上海:上海交通大学出版社,

2025.3. —(CMC 国际注册管理师、CMC 国际注册管理咨询师资格认证系列教材). —ISBN 978 - 7 - 313 - 32125 - 1

Ⅰ. F203. 9

中国国家版本馆 CIP 数据核字第 2025DN9740 号

CMC® 项目管理——工商管理项目体系指南

CMC® XIANGMU GUANLI —— GONGSHANG GUANLI XIANGMU TIXI ZHINAN

编　著:英国 CMC 协会/国际咨询协会			
出版发行:上海交通大学出版社	地　址:上海市番禺路 951 号
邮政编码:200030	电　话:021 - 64071208
印　制:上海颛辉印刷厂有限公司	经　销:全国新华书店
开　本:787mm×1092mm　1/16	印　张:26.25
字　数:443 千字	
版　次:2025 年 3 月第 1 版	印　次:2025 年 3 月第 1 次印刷
书　号:ISBN 978 - 7 - 313 - 32125 - 1	
定　价:68.00 元	

知识产权声明

　　以上是 CMC 协会/国际咨询协会的授权注册商标，未经协会书面文件或以 CMC® 证书形式明确许可，其他任何组织及个人使用均属于假冒侵权。

阅读使用声明

　　本教材/指南中的"企业①"泛指各类公司、企业、事业单位。

　　作为 CMC® 国际注册管理师（CMC 管理师）和 CMC® 国际注册管理咨询师（CMC 咨询师）使用的工商管理项目体系指南和实践手册，CMC® 不保证或担保本教材/指南所含任何信息的准确性、完整性或任何判断的有效性，不保证能满足使用者的特殊目的或需要，也不为任何使用本教材/指南的组织②或个人的产品或服务提供担保。CMC® 不会强迫任何组织②或个人遵循本教材/指南的内容，CMC® 不承担因本教材/指南或使用本教材/指南而直接或间接造成的任何损失。本教材/指南的使用者应当独立判断，或者向资深专业人士寻求建议。

CMC Institute/International Consulting Association

CMC 协会/国际咨询协会

（总部英国伦敦）

致　　谢

特别感谢以下行业专家对 CMC® 中国的发展的支持（名单不分先后）：

朱金博（McKinsey）　　　黎化民（Deloitte/IBM）　赵建华（IBM）

桂　干（IBM）　　　　　俞清/俞凯文（PwC）　　董　茹（PwC）

曾伟祥（Accenture/BAH）　刘晓云（WPP）　　　　惠笑尘（KPMG）

麻红泽（BearingPoint）　　王　钺（HAY）　　　　黄红卫（Ogilvy）

王森林（Ernst & Young）　王　璞（北大纵横）　　贾晓东（北大纵横）

田　可（正略钧策）　　　袁同舟（和君）　　　　胡翔宇（和君）

朱明明（和君）　　　　　王锐坤（华夏基石）　　杨智宇（华夏基石）

吴建国（华为）　　　　　高建华（Apple）　　　　刘伟强（清华深圳副院长）

王小毅（浙大副院长）　　周志民（深大副院长）　邹国良（江西理工副院长）

感谢国际 CMC® 总师联盟（中国区）的大力支持：

李　毅　王学戈　陈　琼　袁智勇　张一蕾　朱　伟　屈　军　韩定武

金　瑾　刘　旎　杨　帆　王居任　秦　振　张启祥　陈　晗　王飞亮

陈　菁　邓　军　张　京　温　弘　丘慧娜　宋元元　陈长青　范玉英

李燕燕　刘　波　兰江华　尚明怀　谭　翊　沈建斌　付露宇　王　兵

乔瑞琦　卓进德　于本利　陈泽斌　马　宁　陈迎昌　李湘建　江颖华

感谢国际 CMC® 中国政府智库的大力支持：

刘焕泉（广东省中小企业局原局长）　付晓冬（海口市国税局原副局长,总经济师）

王理宗（全国政协委员）　　　　　　邹　敏（武汉市江汉区政协常委）

马银花（西宁市城西区政协常委）　　熊永刚（贵阳市云岩区人大代表）

王　评（烟台市政务服务中心主任）周　敏（南京市政府企服中心顾问）

邀　　请

　　我们诚邀全球范围的企业管理界和咨询顾问界专业人士就本系列教材/指南的内容贡献您的宝贵经验、方法工具和思维框架,一经协会学术委员会讨论通过,将在新版本中予以修改或补充,并冠上您的姓名,以致谢忱。

CMC® 中国唯一代表:管理咨询师协会

E-mail to：china@cmc.cn

序　一

CMC® 管理师

世界管理学发展至今已有 200 多年的历史。管理学的思想萌芽可以追溯到 18 世纪，而系统性的管理学发展则可以追溯到 19 世纪末和 20 世纪初的工业革命时期，至今已有超过 100 年的历史。

纵观全球管理思想的发展，可以划分为以下几个阶段：第一阶段，19 世纪末 20 世纪初的科学管理或称古典管理阶段，其核心是效率，包括工人效率、企业效率和社会组织效率；第二阶段，20 世纪 20 年代的行为管理阶段，其核心是领导和激励；第三阶段，20 世纪 40 年代的丛林阶段，其核心是决策、系统和管理科学；第四阶段，20 世纪 80 年代的当代管理阶段，其核心是战略管理、文化管理、流程再造、知识管理、领导力和竞争力等；第五阶段，21 世纪管理阶段，其核心是创新变革、文化价值、社会责任、管理哲学、互联网革命、知识经济和人工智能（AI）。

全球管理大师拉姆·查兰（Ram Charan）认为："那些没有全局观和经营头脑的企业管理者，多数是因为他们缺乏经商的常识，缺乏一个共同的思维框架和商业语言。"

CMC® 咨询师

管理咨询业起源于英、美，至今已有 100 多年的历史，是 19 世纪后期和 20 世纪早期的英国和美国的管理思想家及商人共同推动了管理咨询业的发展。业界普遍认为，咨询业的起源可以追溯到 1800 年的英国，而企业管理咨询则是于 1895 年在美国兴起，由美国管理学家弗雷德里克·泰勒（Frederick Taylor）作为效率顾问工程师开启了专业化服务。

管理咨询行业是近年来在世界上发展较为迅速的行业之一，其影响力已渗透到政治、经济、生活的许多领域。兰德（RAND）作为美国知名的智库，通过其专业的分析和研究，为政府提供了重要的策略咨询和政策建议，帮助政府在面临复杂问题时做出正确的决策。几乎所有世界级企业都曾多次接受管理咨询服务，其中大约 50% 的企业还拥有长期合作的国际咨询公司。在英国，80% 的大中型企业与咨询公司合作；在美国，这一比例是 60%；在日本，这一比例是 50%。

管理咨询领域的国际权威学者米兰·库伯（Milan Kubr）在其著作《管理咨询专业指南》（*Management consulting: a guide to the profession*）中提出，管理咨询影响着历史进程。此外,美国应用心理学家罗伯特·布莱克(Robert Blake)和美国社会学家、科学社会学的奠基人罗伯特·默顿(Robert Merton)认为,教育和咨询也许是推动社会前进的两个最为重要的因素。

CMC 协会/国际咨询协会

CMC 协会/国际咨询协会是在 21 世纪初由英国政府正式批准成立的国际组织,总部设在伦敦。该协会旨在成为全球各国(地区)管理协会和咨询协会的联盟,是世界领先的管理行业和咨询行业国际组织。CMC 协会/国际咨询协会为全球有志于管理领域的专业人士提供顶尖的课程和国际 CMC® 认证。

作为一个国际会员组织,CMC 协会/国际咨询协会的会员之间拥有一个共同的目标和价值观。CMC® 代表全球成员在各个国家或地区的集体声音,并为会员提供强有力的支持。

协会的使命是促进管理和咨询专业人士之间的紧密合作和职业发展,推动行业和职业标准的建立、认证和管理,以促进企业和社会经济的发展;实现国际成员的共同目标,特别是帮助他们提高管理和咨询的专业标准,并创建全球认可的国际 CMC® 职业能力认证。

国际 CMC® 工商管理职业能力认证分为 CMC® 管理师、CMC® 咨询师 2 个方向;CMC-3(Ⅲ)注册师、CMC-2(Ⅱ)总师/首席、CMC-1(Ⅰ)导师 3 个等级。其中,CMC® 管理师分为战略管理、营销管理、人力资源管理、运营管理 4 个专业,CMC® 咨询师分为管理咨询 1 个专业(包含战略咨询、营销咨询、人力资源咨询、运营咨询等)。称为:2 个方向,3 个等级,4+1 个专业。

国际 CMC® 全球标准是指工商管理职业能力国际标准 CMC-4E2C,4E 即高等教育(Education)、经验案例(Experience)、专业考试(Examination)、职业道德(Ethics),2C 即双重能力(management Competency + consultant Competency)。CMC® 项目管理包括 4 层次、7 阶段(过程组)36/31 个过程、4+1 个知识领域。

CMC 协会/国际咨询协会授予符合 CMC-4E2C 全球标准的高层次管理师或咨询师 CMC® 称号,证明他们通过了综合考评,并达到了国际专业水平。

理查德·贝克(Richard Beck)

CMC 协会/国际咨询协会　轮值主席

于伦敦

序　二

人类 50% 的活动以项目的形式开展

任何组织[②]在其生命周期中，都会不断面临外部环境的变化，包括政治、经济、社会文化、技术、环境和法律等因素（PESTEL）的变化，面临内部资源与能力不匹配的问题，以及构建和保持核心竞争力的问题；面临既有的复杂问题和新出现的问题，这些问题有时甚至超出你的认知。无论是基于解决问题（病患因素）还是追求发展（保健因素）的需求，企业[①]通常会采用"项目管理"的方式来进行创新变革和优化提升。

人类活动中有 50% 是通过项目形式来开展的，或者说是可以被项目化的。项目是企业创造价值和效益的主要途径，而高效的项目管理则是企业的战略能力。越来越多的企业开始引入 CMC® 工商管理项目，一些跨国企业也将 CMC® 项目管理作为主要运作模式和提高企业运营价值的解决方案。咨询公司通常通过项目方式帮助客户解决问题，世界 500 强企业每年都会投入重金聘请咨询公司提供管理项目服务。因此，管理项目在当今经济社会扮演至关重要的角色。

与传统项目管理不同，CMC® 项目管理不仅仅关注具体项目的交付成果、质量、成本、进度等执行层面，而是更加关注企业经营发展问题。CMC® 项目管理通过数据收集和分析诊断，为企业定制个性化的解决方案。这些工作往往需要你从产业、市场和企业的整体高度来进行，要求掌握高度专业的工具和方法，并且需要丰富的经验。以 1951 年左右欧美国家实施的"医药分离制度"为例，我们可以将 CMC® 项目管理的核心比作"医"，而传统项目管理的核心则类似于"药"。

工商项目管理中的双重能力

对于管理者来说，当企业问题超出了凭借经验所能处理的范围时，可能会面临挑战。在这种情况下，管理者可能会感到困惑，或者不得不寻求外部专家的帮助，即俗称的"企业医生"。

我们一直在思考这样一个问题：企业管理者是否应该不仅仅拥有丰富的企业管理经验，还应该具备类似企业医生的诊断、预测、决策和解决方案的能力。如果企业在遇到任何问题时都依赖外部专家，就会面临增加内部成本（毕竟聘请专家是一项昂贵的支出）、外部咨询师供求平衡的影响，以及管理者能力与外部专家不匹配带来的项目风险等问题。因此,洞见未来的企业家开始着手培养企业的稀缺性管理精英人才CMC®:他们同时具备企业高层管理能力和企业咨询顾问能力;既能胜任企业高管职位,也能胜任企业医生的角色。

管理学的发展始于18世纪,由英国和美国的管理思想家与商人共同建立。在英国和美国这两个世界管理学的发源地,汇聚了苹果、沃尔玛、亚马逊、通用、壳牌、太古等实力雄厚的企业,以及哈佛、斯坦福、麻省理工斯隆、牛津赛德、剑桥贾奇等世界知名的商学院,还有麦肯锡、波士顿、贝恩、IBM、德勤、毕马威、安永等备受尊敬的企业智库。

我们一直在思考的另一个问题是:你应该向谁学习,与谁一同学习,学习什么内容,以及如何学习。系统性地学习,向国际标杆学习,是为了更快地构建个人的核心竞争力和企业的战略人力资源。这正是CMC®系列教材/指南所提供的价值所在。

规划和定位

请先对你自己的现在和未来作个规划和定位:

如果你的目标是成为一名企业管理师或企业项目经理,你可能会更关注教材/指南的第1部分,即企业篇。这一部分的内容可以作为项目管理的必备基础知识。当然,它也适用于那些希望深入了解企业管理的专业人士。

如果你的定位是成为管理领域的专家,无论是企业内部咨询师还是外部商业咨询师,那么你需要重点阅读教材/指南的第2部分,即专业篇。这一部分将为你提供深入的结构思维和运用技能。

如果你的志向是成为一名国际CMC®,那么本教材/指南正是为你量身定制的。在工商管理领域,CMC®(Certified Management & Consultant)拥有独特的身份,这意味着你需要具备双重职业能力:经过注册认证的(Certified)能够胜任企业高层管理的管理师(Top Management),以及作为管理专家的咨询师(Top Consultant)。只有同时具备这两种能力,你才能成为名副其实的CMC®。

还有一个职级是项目总裁,不仅拥有CMC®条款中所定义的总师、首席、总规划师、总监理师等角色,而且在工商管理项目中被赋予培养项目经理(Project Manager)的职能,具备项目集管理和项目组合管理的思维及能力。在国际CMC®认证体系中,这种综合能力被特别定位为CMC-2(Ⅱ)总师/首席级别。

CMC与Prince2、PMP、IPMP

CMC®是CMC协会/国际咨询协会的简称,也指CMC®国际注册管理师和

CMC®国际注册管理咨询师,这是经管领域具有高含金量的国际认证。获得CMC®认证标志着管理者已经达到了CMC协会/国际咨询协会的全球标准CMC-4E2C,标志着获得了国际认可的管理水平和专业资格。CMC®不仅提供工商管理项目体系和标准,还明确了原则性和方法论,是管理项目的最佳实践操作指南。根据CMC协会之前发布的统计数据,CMC®学员遍布各行业,其中63%担任企业部门负责人及以上的高管职位,31%从事专业管理咨询服务,6%担任政府智库、大学教授或研究员等。

PMP(项目管理专业人士资格认证)是由美国项目管理协会(PMI)发起的认证,在中国普及率较高,考试相对容易。根据PMI的统计,学员行业分布为:54%在IT互联网行业,17%在制造/机械/汽车行业;岗位分布为:37%担任技术人员,35%担任项目经理,28%担任其他岗位。

PRINCE2(PRoject IN Controlled Environment)是受控环境下的项目管理方法论和认证体系,源自英国商务部。它提供了一种逻辑性、结构化、有组织的项目管理方法,按照明确的步骤对项目进行管理,并明确了一系列管理主题,如项目风险管理和项目质量管理。PRINCE2注重项目管理的原则、流程和工具的应用,以及项目治理的规范性和有效性。

IPMP(国际项目经理资质认证)是国际项目管理协会(IPMA,总部位于瑞士)在全球推行的四级项目管理专业资质认证体系。IPMP更注重项目管理人员的综合能力和实际项目经验,学员更多集中在工程领域。

因此,PMP主要提供项目管理的知识框架体系,解决"做什么"的问题;PRINCE2则提供项目管理的原则性和方法论,解决"怎么做"的问题。在产品层面的项目成员和项目经理倾向于选择PMP认证,项目管理委员会或PMO则更可能选择PRINCE2认证和IPMP认证;对于经管层面的中高层管理者和管理咨询师来说,CMC®认证是他们的选择。

使命和价值

医生的天职在于救死扶伤,而管理师和咨询师的核心使命则是帮助组织②实现目标,帮助组织②获得并维持竞争优势。这些组织②可能面临亚健康状态、经营困难,甚至濒临倒闭。因此,你最需要的就是不断提升自己的专业技能,就像医生不断提升医术一样。

我们希望你通过学习本系列教材/指南并不断实践,能够成为管理领域的精英人才,成为企业生存和发展的核心人力资源。为企业创造最大化价值的同时,也为推动管理进步和社会经济发展贡献力量。如果你能够帮助企业实现发展，不仅能够丰富国家经济业态，还能提高企业员工的收入，从而提高众多员工及其家庭的生活幸福指数。管理和咨询职业不仅是一份工作，它也是一项慈善事业，能够造福他人并惠及自己。作为"谋士"有五重境界：谋己、谋人、谋兵、谋国、谋天下。

我们依托国家批准成立的"管理咨询师协会"和国际上具有高度影响力的CMC®平台，全力打造中国蓝血智库。通过网络跨国公司中拥有全球化运营经验的华人精英，实现深植于古老大陆的东方血脉与崛起于海洋的蔚蓝色文明的交融与突破。我们将以产业报国为己任，以最顶级的智库力量帮助企业走向全球，屹立世界！

谭七雄(S. K. Tam)

国际CMC®中国区校长、中文主编

管理咨询师协会　执行会长

于北京

篇幅所限，只展示部分年份图片

CMC协会/国际咨询协会 (CMC® institute / International Consulting Association, 总部英国) 联合主办的2013'首届国际智慧产业峰会

2024

CMC® 中国管理精英会 (上海)
在上海交通大学举行

2023

麦肯锡McKinsey, IBM, 埃森哲Accenture, 博思艾伦Booz, 安永EY, 毕马威KPMG
等国际标杆公司专家为CMC®学员授课

2018

CMC® 中国管理精英会
暨玛莎拉蒂 (Maserati) 总裁会

2017

新华社中国名牌杂志等主办中国品牌人年会之
国际CMC®论坛

2016

CMC® 中国管理精英会 (江苏)
上海.广州.深圳.北京.西安.合肥郑州.武汉.南京等全国举办

2013

中国政府批准的管理咨询师协会成立, 加速了CMC®发展
次年, CMC协会/国际咨询协会启动 CMC.cn 中文官网

2011

国际公司PwC普华永道大区总监为CMC®学员授课
(深圳)

2008

北大纵横咨询董事长为CMC®学员授课 (北京)
此后和君.华夏基石.正略均策等中国标杆公司专家授课

2005

中国标杆企业华为集团副总裁多次为CMC®学员授课
(图为答辩环节)

2003

中国CMC®在广州、深圳等地开展线下培训
同年启动consultingmaster.com进行CMC®推广

2000

中国CMC®认证培训启动 (当年办公室)
暨中国业界公认最早的平台《世界咨询师》启动

国际 CMC®管理师、国际 CMC®咨询师

官方查询验证网址：中文 www.CMC.cn

(1) CMC 管理师：分为 CMC®国际注册战略管理师、CMC®国际注册营销管理师、CMC®国际注册人力资源管理师、CMC®国际注册运营管理师，共 4 个专业、3 个等级

CMC-3(Ⅲ)国际注册管理师系列

CMC-2(Ⅱ)国际注册管理师(总师/首席)

证书样本(中文、英文双证)

全球 CMC 查询 www.globalCMC.org

（2）CMC 咨询师：全称 CMC® 国际注册管理咨询师，设置管理咨询 1 个专业、3 个等级

CMC－3（Ⅲ）国际注册管理咨询师

CMC－2（Ⅱ）国际注册管理咨询师（总师/首席）

CMC® Institute

INTERNATIONAL CONSULTING ASSOCIATION

THIS IS TO CERTIFY THAT

Mingfu Zhao

HAS BEEN FORMALLY EVALUATED FOR

PROJECT EXPERIENCE, EDUCATION KNOWLEDGE, EXAMINATION, ETHICS AND PROJECT COMPETENCY PERFORMANCE IN ACHIEVING MANAGEMENT OBJECTIVE THROUGH NEWLY ESTABLISH, OPTIMIZATION AND CHANGE AND IS HEREBY BESTOWED THE GLOBAL CMC PROJECT CREDENTIAL.

Project of Business Administration (global CMC® - PROJECT)

CMC® 项目管理师

Chair, Board of Directors

Verification: CMC.cn C-M-C.org

Certification Number: 14131234 (U.K.)

President of Institute

Original Grant Date: 01 March 2025
Expiration Date: 01 March 2028

目　录

Contents

第 *1* 部分

企业篇：CMC® 管理师的项目管理

第2部分

专业篇：CMC®咨询师的项目管理

第10章　后期服务阶段

第3部分

不同领域的管理项目活动

第 **1** 部分

企业篇：

CMC®管理师的项目管理

经典管理箴言

杰克·韦尔奇（Jack Welch）
通用电气（General Electric）前董事长

"任何行业，只把眼光盯住龙头老大。"

"在你成为领导者之前，成功是关于自我成长；在你
成为领导者之后，成功是关于帮助他人成长。"

"不涉足业绩经常为外边环境的变化所左右的、自己
无法控制的周期性行业。"

CMC institute
International Consulting Association
CMC 协会/国际咨询协会推荐系列

第 1 章

管理项目的内容和过程方法

　　本章阐述项目、管理项目、项目管理、CMC®项目管理、项目集管理、项目组合管理和组织级项目管理等基本概念,同时也介绍了管理项目的特点和分类。此外,重点介绍了项目管理的过程和内容,涉及国际 CMC、英国 PRINCE2、美国 PMBOK 和瑞士 IPMP 等不同体系,特别说明了企业 CMC® 管理项目体系的 4 层次和 7 阶段过程。

　　需要特别指出的是,在工商管理项目中,4 层次指的是决策层、指导层、管理层和执行层;7 阶段则包括准备阶段、立项阶段、启动阶段、执行阶段、验收阶段、总结阶段、后期阶段(企业篇);项目准备阶段、立项和启动阶段、调研和诊断阶段、设计和方案阶段、培训和实施阶段、总结和评价阶段、后期服务阶段(专业篇)。

1.1　概念

1.1.1　项目

1. 英国商务部 PRINCE2 的定义

项目是为了按照商业论证的约定交付业务产品所组建的一个临时组织。

2. 美国项目管理协会(PMI)的定义

项目是为了创造独特的产品、服务或结果而进行的临时性工作。

3. 国际项目管理协会(IPMA)的定义

项目是在事先确定的要求和约束条件下,为实现约定的交付品所进行的独特的、临时的、多种专业的、组织在一起的努力。

4. CMC 协会/国际咨询协会的定义

项目是为了达成某种经营目的,组织多方资源和能力,有特定目标的、有阶段周期的管理任务。

1.1.2　管理项目

管理项目通常指工商管理项目(The Project of Business Administration),常见的是企业管理项目,比如战略管理项目、组织管理项目、营销管理项目、人力资源管理项目、财务管理项目和运营管理项目等。这些项目与建设工程项目、投资项目、IT 项目等有所区别。

一个明显趋势是,工商管理项目正逐渐向更加专业化的细分领域发展。例如,人力资源管理项目已经细分为人力资源战略、绩效管理、薪酬管理、招聘体系、人才测评、培训体系、企业大学和职业规划等多个子项目。

要了解管理项目,你首先需要了解管理学的分类标准,这些标准有时容易混淆。

1. 中国教育部的管理学分类

根据中国教育部 2024 年修订的《普通高等学校本科专业目录》,对管理学的分类是:

(1) 管理科学与工程类:包括管理科学、信息管理与信息系统、工程管理、房地产开发与管理、工程造价等。

（2）工商管理类：包括工商管理、市场营销、会计学、财务管理、国际商务、人力资源管理、审计学、资产评估、物业管理、文化产业管理、劳动关系、体育经济与管理等。

（3）农业经济管理类：包括农林经济管理、农村区域发展、乡村治理。

（4）公共管理类：包括公共事业管理、行政管理、劳动与社会保障、土地资源管理、城市管理、海关管理、交通管理等。

（5）图书情报与档案管理类：包括图书馆学、档案学、信息资源管理。

（6）物流管理与工程类：包括物流管理、物流工程、采购管理、供应链管理。

（7）工业工程类：包括工业工程、标准化工程、质量管理工程。

（8）电子商务类：包括电子商务、电子商务及法律、跨境电子商务。

（9）旅游管理类：包括旅游管理、酒店管理、会展经济与管理、旅游管理与服务教育。

2. 中国国家质量监督检验检疫总局和中国国家标准化管理委员会的管理学分类

中国国家质量监督检验检疫总局和中国国家标准化管理委员会发布的《学科分类与代码》（GB/T 13745－2009），将"管理学"之下的二级学科分为：管理思想史、管理理论、管理心理学、管理计量学、管理经济学、部门经济管理、区域经济管理、科学学与科技管理、企业管理、公共管理、管理工程、人力资源开发与管理、未来学等。

根据企业运行环节，即职能管理，企业管理之下的三级分类如图 1－1 所示：

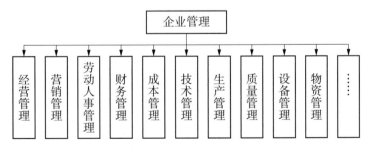

图 1－1　企业管理学的分类

依据不同的企业类型，企业管理可以进一步细分为：工业企业管理、商业企业管理、农业企业管理、金融企业管理等。

1.1.3　项目管理、CMC®项目管理

项目管理就是"管理"项目,是管理学的一个分支,它涉及利用计划、组织、领导和控制等管理手段(管理者的四大职能),来协调和利用人力、物力、财力、信息等资源,以及 AI 等新技术,以高效实现项目预期目标的过程。

CMC®项目管理则专门针对"管理项目"的项目管理,一般指工商管理项目的管理。

1. 英国商务部 PRINCE2 的定义

从项目管理的职能角度来看,项目管理涉及对项目各个方面进行计划、分工、监督和控制,并激励参与者,目的是在预定的时间、成本、质量、范围、收益和风险等绩效目标内实现项目目标。

2. 美国项目管理协会(PMI)的定义

从管理方法的角度定义,项目管理就是将知识、技能、工具和技术应用于项目活动,以满足项目需求。项目管理通过合理运用与整合多个项目管理过程来实现,这些过程被归为五大过程组:启动、规划、执行、监控和收尾。

3. 国际项目管理协会(IPMA)的定义

从管理方法的角度出发,项目管理就是将方法、工具、技术和胜任能力应用于项目,以实现项目目标。

4. CMC 协会/国际咨询协会的定义

从工商管理的角度定义,项目管理是由具备胜任力的项目团队运用专业知识、经验、技术和方法,对项目生命周期进行管理。通过调研诊断,设计项目解决方案并辅助实施,以实现或超越特定项目目标的过程。

1.1.4　项目集管理、项目组合管理、组织级项目管理

项目集管理(Program Management)是对一组相关联的项目进行协调管理,以实现单独管理这些项目时无法取得的收益和控制。这种管理方式强调项目间的关联性和依赖关系,采取集中协调管理的方式,注重总体效益。注意,项目集管理的重点并不是直接管理各个项目,而是协调项目间的工作,因为项目集内的项目虽有共同点,但在交付时间上可能有所不同。

项目组合管理(Protfolio Management)是为了实现战略目标,对一个或多个项目组合进行集中管理。它关注资源分配的优先级,确保项目组合管理与企业

战略协调一致。项目组合中可以包含不相关的项目和项目集。

组织级项目管理(OPM)是立足于企业管理层的角度,通过筹建企业级的项目管理体系,优化整合企业资源,使大型企业的高管能够对所有项目进行有效管控。

三者之间的关系和区别在于:项目集管理是对包含的项目进行协调、对项目之间的依赖关系进行控制;项目组合管理是对项目集或项目进行优先排序和资源配置;组织级项目管理将项目组合、项目集和项目与组织的驱动因素联系起来,从而提升组织能力,支持战略目标。项目集里面的项目关联性强,共同实现项目目标;项目组合里面的项目关联性弱,各自实现目标,但整体上都是为了实现企业战略目标。

以一个综合性地产集团公司为例,整个集团适合采用组织级项目管理,其中的住宅开发业务适合项目组合管理,某个小区的开发适合项目集管理,而小区内的各个具体项目则适合采用项目管理。它们之间存在层次嵌套的关系。

项目集管理、项目组合管理和组织级项目管理不是本章节要重点说明的内容,你可以参考相关书籍。

1.1.5　项目管理办公室(PMO)

项目管理办公室(Project Management Office)是一个组织部门,负责标准化项目相关的治理流程,并促进资源、方法论、工具和技术的共享。常见的PMO类型有三种:

(1) 支持型PMO:扮演顾问角色,本质上是一个项目资源库,为项目提供模板、最佳实践、培训以及来自其他项目的信息、经验或教训。

(2) 控制型PMO:不但向项目提供支持,还通过各种手段要求项目遵循指定方法,使用特定工具,并服从治理结构。

(3) 指令型PMO:直接管理和控制项目。

1.2　管理项目的特点和分类

1.2.1　管理项目的特点

1. 临时性

项目的临时性,即其一次性的特点,意味着每个项目都有明确的起点和终点。尽管项目的时间跨度没有固定定义,可能从几天到几年不等,但项目强调了时间的限制性,这是其本质特征之一。

一旦项目活动结束,项目小组通常会被解散或者重组为另一个项目小组。

2. 独特性

项目的独特性指的是每个项目都是独一无二的任务,拥有特定目标,侧重于实现某个特定的经营或服务过程。例如,围绕一款产品的市场营销活动构成一个项目,而销售业绩则是项目的结果,而非项目本身。

每个项目都有其独特之处,一个项目所追求的经营目标或服务在某些方面与其他项目有所不同。这就意味着即便项目之间在表面上看起来相似,它们在实施和完成的过程中却存在差异。

3. 阶段性

从一个管理项目的概念提出、立项启动,直至最终目标的实现,项目生命周期通常会被划分为若干个依次实施的阶段,并设定相应的项目目标。

为了有效管控项目风险,每个阶段都会设定预期的项目成果,并在阶段结束时进行评审。通常,只有通过了阶段性评审,才会决定项目是否进入下一个阶段。

此外,一个项目是否成立与其规模大小无关。有些项目可能规模很小,投资不多;而有些项目可能规模庞大,不仅需要巨额投资,还可能需要企业内部的母子公司及各个职能部门的共同参与。

项目也不同于企业运营,运营是可以重复进行的,即使失败也可以采取补救措施;而项目则具有不确定性,其实施过程可能受到内部或外部因素的影响,项目无论成败,都是一次性的,通常无法重复(如果可以重复,那意味着它变成了一个新的项目)。

项目还区别于日常任务,日常任务通常是那些可以重复进行的常规性工作。

1.2.2　管理项目的分类

企业可以根据管理项目之间的相似性、关联性和依赖性,对具有共同点或相似特征的项目实施项目集管理。然而,如果过分强调项目的独特性,可能会妨碍项目管理经验的学习和项目管理的标准化进程。

1. 按照项目的简易复杂程度进行分类

简单任务型项目通常涉及的技术手段和组织结构都较为简单,比如针对某一城市的电子产品消费行为进行的调研项目。

技术复杂型项目则需要创新技术或复杂方法,但组织结构相对简单,比如人力资源绩效管理项目。

组织复杂型项目涉及的范围较广,可能覆盖整个企业的各个职能部门,甚至涉及多家企业,比如兼并收购类管理项目。

关键任务型项目则兼具技术复杂性和组织复杂性的特点,比如从传统营销向互联网营销转变的管理项目。

2. 按照项目效益进行分类

显性经济效益项目能够通过项目实施直接带来明显的财务经济效益。例如,那些旨在降低生产成本和提升效率的管理项目。

隐性经济效益项目,通常被称为管理体系建设项目,它们本身不直接产生可量化的经济效益,但能间接促进企业经济效益的提升。例如,基于提升企业员工能力的培训体系建设项目,虽然其效果不直接体现在财务数据上,但员工能力的提升最终会转化为企业经济效益的增长。

3. 哈佛商学院著名学者克莱顿·克里斯坦森提出的三种项目类型

根据项目的复杂性(规模、范围、干系人、一致性)和不确定性(新颖性、经验、清晰度、预算)可以将项目分为以下三种类型:

效率型项目:这类项目包括持续改进、过程工程、IT 升级、合规等。

维持型项目:比如新产品开发、新服务推出、企业收购、新的营销渠道建立等。

变革型项目:比如开发新技术、设计新的商业模式等,这类项目风险和挑战最大。

1.3　项目管理的内容和过程方法

法国哲学家笛卡尔（René Descartes）提倡将复杂问题分解为若干简单部分来处理的方法，这一原则同样适用于项目管理。

项目管理可以通过多种方式进行，常见的有按项目阶段管理和按项目领域管理，无论采取哪种方式，项目管理都需同时关注项目阶段和各阶段的整合（即项目整合管理）。这个过程遵循"整体论—简化论—整体论"的循环模式：首先，从整体上规划项目，把握全局；其次，将项目分解为不同的阶段和领域，制订相应的单项计划；最后，将这些单项计划重新整合，从整体上进行优化。

1.3.1　项目管理实施矩阵

根据项目的不确定性和复杂性，项目管理方法可以采用多种实施矩阵，包括持续改进、项目管理、项目集管理、特大型项目管理、敏捷方法、精益创业、创意构思等（见图1-2）。

瀑布型或预测型方法适用于相对稳定的环境，适应型或迭代型方法适用于相对不稳定的环境。

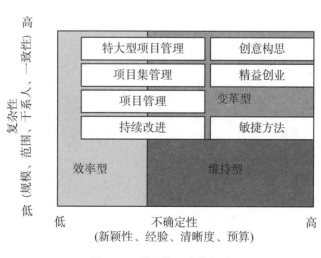

图1-2　项目管理实施矩阵

1. 持续改进

大多数效率型项目在实施矩阵中位于低复杂性和低不确定性的区域，所以不宜采用标准项目管理方法，比如那些用于过程改进的项目。

对于这类项目,可以采用以下代替方法:

(1) 戴明环(PDCA 循环):即计划、执行、检查、行动的循环,这是一种简单且结构化的方法,有助于改进企业的整体业务流程、效率或生产率。

(2) 现场巡视:在员工的工作场所与他们进行非正式互动,这种方法每天都能发现并解决日常问题。

2. 项目管理

常见的项目管理方法,也被称作瀑布型或预测型方法,适用于那些中等复杂性和不确定性的项目,如重组、合并和能力建设等。这类项目需要一种预测型方法,即在项目实施前就明确定义需求和制订详细计划,然后密切跟踪这些步骤,并进行严格的进度监控。

在项目管理实践中,常见的方法体系包括 CMC、PRINCE2、PMBOK 和 IPMP。

3. 项目集管理

项目集管理方法(混合型)适用于复杂性高和不确定性从中等至低等的项目,如工商管理、工业工程、并购和业务转型等。

项目集管理涉及管理多个相关联的项目,其目标是增强战略层面的能力,以提升企业绩效。这种方法强调跨项目资源的协调、优先级排序、管理项目间的关系,以及控制项目集的总体成本和风险。

在工商管理(包括管理咨询)领域,项目通常包含多个相互关联的子项目,这些项目可能需要同时进行。因此,需要统一在整体战略目标下,统筹和集中分配资源,并通过协调管理来实现特定的战略目标。因此,管理咨询项目更适合采用项目集管理方式。

项目集管理主要采用预测型方法,但如果项目集的某些部分不确定性较高,也可以采用以下适应型方法:

(1) 美国项目管理协会推出的《项目集管理标准》。

(2)《管理成功的项目群》(*Managing Successful Programmes*)。

4. 特大型项目管理

特大型项目管理方法(混合型)是临时性的工作,具有中等不确定性的超复杂项目,比如建设高铁项目、大型水坝项目、国家卫生系统、举办奥运会、制造新的宽体飞机等。

特大型项目方法往往涉及巨额投资承诺(通常超过 10 亿美元)、公共部门的深度参与、巨大的复杂性,以及对经济、环境和社会的长期影响。它们往往需要与多个组织建立合伙伙伴关系,并可能由一个或多个组织牵头实施。

特大型项目管理主要采用预测型方法,但如果项目中存在高度不确定性的部分,适应型方法也同样适用:

(1)《牛津项目管理手册》。

(2)《工业特大型项目:概念、战略与成功实践》。

5. 敏捷方法

敏捷方法(适应型或迭代型)的应用条件:当事先难以确定范围、需求和规格时,或者在项目生命周期中可能会频繁变更,以及成果存在较大不确定性的情况,应采用敏捷方法。例如,在软件开发和产品开发领域,敏捷方法就非常适用。

以下是敏捷方法中几种常用的实践,包括敏捷项目管理、Scrum 和看板:

(1)敏捷项目管理是一种基于增量和迭代的方法,它不要求在项目开始时就进行详尽规划,而是对随时间变化的需求保持开放态度,并鼓励最终用户持续提供反馈。敏捷项目管理通过六个主要的可交付物来跟踪进展和创建产品,即产品愿景声明、产品路线图、产品待办事项列表、发布计划、冲刺待办事项列表、增量。

(2)Scrum 是敏捷方法的一个子集,也是实现敏捷方法最流行的过程框架之一,它是一种管理复杂软件和产品开发的迭代开发模型。Scrum 的名称来源于橄榄球运动中的“Scrum”阵形,象征着高绩效、跨职能团队的紧密合作。在 Scrum 中,固定时间长度的迭代被称为冲刺(Sprint),通常持续一至两周,使团队能够以固定的节奏开发软件。Scrum 遵循一组固定的角色、职责和会议流程。在每个冲刺期间,团队会使用任务板或燃尽图等视觉工具来展示进度并接收增量反馈。

(3)看板在日语中意为“视觉符号”或“卡片”,其灵感来源于丰田生产系统和精益制造,是一种非常直观的方法。看板图是实施看板方法的工具,由不同的“泳道”或列组成,最简单的看板图包括三列:待办中、进行中、已完成。

6. 精益创业

精益创业是一种适应型或迭代型的项目管理方法,特别适用于那些具有极高不确定性的项目。这种方法需要进行大量的测试、试验和原型设计,因为很少能够一次性成功。当企业计划创立新公司或开发突破性新产品时,传统的项目管理方法可能不再适用。

精益创业不是基于企业预设的为客户提供什么，而是以客户的期望为导向，旨在缩短产品开发周期，通过快速迭代来迅速评估所提议的商业模式的可行性。精益创业由试验、迭代产品发布（为降低风险）、有效的学习驱动组成。

7. 创意构思

将项目管理技术直接应用于那些高度不确定且复杂性中到高等的项目（尤其是那些涉及创新的项目）可能会导致失败。很多项目之所以失败，部分原因在于启动时机不成熟。创新不应该被简单视为一个传统意义上的项目来管理，而是需要采用其他方法来促进快速试验和原型设计。以下是一种适用的方法：

设计思维：设计思维一直被认为是创新的"圣杯"，是解决停滞不前问题的有效方法。设计思维奉行以人为本的方法，为初创企业和团队提供技术，帮助他们深入理解核心业务问题，并找到恰当的解决方案。

1.3.2　国际 CMC® 项目管理内容

CMC® 项目管理是工商管理领域中公认的最佳实践，它适用于多个领域，包括战略规划、组织管理、市场营销、品牌策划、人力资源、财务管理，以及生产管理、品质管理、供应链管理、仓储管理等运营管理领域。

CMC® 将项目管理的内容细分为 36 个项目管理过程，并根据逻辑关系将这些过程归类为 7 个项目阶段（过程组）。然而，在实际操作中，企业在项目立项时可能会根据项目的具体需求和特点，选择应用其中的部分过程或某个特定的项目阶段。关于这些项目管理过程和阶段的具体内容和应用，将在 1.4 章节中进行详细介绍。

1. CMC® 项目管理的 7 个阶段（过程组）

CMC® 管理师	CMC® 咨询师
准备阶段	项目准备阶段
立项阶段	立项和启动阶段
启动阶段	调研和诊断阶段
执行阶段	设计和方案阶段
验收阶段	培训和实施阶段
总结阶段	总结和评价阶段
后期阶段	后期服务阶段

2. CMC®项目管理的5(4＋1)个知识领域

战略管理

营销管理

人力资源管理

运营管理

CMC®项目管理

CMC®的4个专项管理,详见CMC®教材T4。

1.3.3　英国PRINCE2项目管理内容

PRINCE2是一种起源于英国的项目管理方法论,因其高度的灵活性而被认为是项目管理的最佳实践之一。使用PRINCE2时,项目的输出被明确定义,确保每个项目都有明确的业务验证,同时为团队成员定义了清晰的角色和职责,这有助于项目在成本估算和时间框架内顺利完成。

PRINCE2是一种基于过程的项目管理方法,它将项目管理视为一个将输入(如材料、零件、能源、劳动力)转化为输出(如产品、商品和/或服务)的过程。这种方法从整体上控制人员、技术和资源,并对项目过程中的输入和输出进行集成管理(见图1-3)。

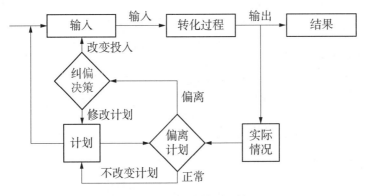

图1-3　基于过程的项目管理

1. 英国PRINCE2项目管理过程

英国PRINCE2项目管理过程将项目管理工作划分为4个层次和7个核心过程。

项目管理的4个层次:决策层、指导层、管理层、实施层。

项目管理的7个过程:项目准备、项目指导、项目启动、阶段控制、产品交付管理、边界管理、项目收尾。

2. 英国 PRINCE2 项目管理内容

英国的 PRINCE2 项目管理方法论将项目管理的内容归纳为 7 个关键领域：

1）商务方案

创建和维护项目的业务理由的记录。

2）团队组织

定义整个项目团队的个人角色和职责。

3）质量

涉及质量要求和措施，明确项目将如何交付符合质量标准的成果。

4）计划

制订计划所需的步骤和应该使用的 PRINCE2 技术。

5）风险

有效识别可能影响项目的风险和机会。

6）变更

项目经理将如何评估对项目的变更请求，并决定采取何种行动。

7）进展

计划的持续可行性和执行情况的监控，以及项目应该如何进行。

1.3.4　美国 PMBOK 项目管理内容

项目管理知识体系指南（PMBOK）是由美国项目管理协会（PMI）制定的一套项目管理标准体系。它详细阐述了项目管理的五大过程组和十大知识领域（见表 1-1），并在 2021 年发布的第七版教材中提出了项目管理的 12 个原则和 8 个绩效域。

1. PMBOK 项目管理的五大过程组

启动

规划

执行

监控

收尾

2. PMBOK 项目管理的十大知识领域

PMBOK 将项目管理的内容界定为 9 个专项领域，并在此基础上进行整合，形成了项目整合管理，也称为集成管理或综合管理，共构成"9＋1"管理模式，即 9 个专项管理领域加上 1 个整合管理领域：

项目整合管理

项目范围管理

项目进度管理

项目成本管理

项目质量管理

项目资源管理

项目沟通管理

项目风险管理

项目采购管理

项目干系人管理（相关方管理）

3. PMBOK 项目管理的 12 个原则：

勤勉、尊重和关心他人

营造协作的项目管理团队环境

促进干系人有效参与

聚焦于价值

识别、评估和响应系统交互

展现领导力行为

根据环境进行裁剪

将质量融入过程和成果中

驾驭复杂性

优化风险应对

拥抱适应性和韧性

为实现目标而驱动变革

4. PMBOK 项目管理的 8 个绩效域

干系人绩效域：与项目相关的各方利益相关者的需求和期望

团队绩效域：团队成员之间的协作和沟通，以及团队整体的工作效率和效果

开发方法和生命周期绩效域：适合项目需求的开发方法和生命周期模型

规划绩效域：包括项目的范围、时间、成本、质量等方面的规划工作

项目工作绩效域：项目执行过程中的具体活动和任务的完成情况

交付绩效域：确保项目成果按照约定的标准和条件被正确交付给干系人

测量绩效域：包括对项目进展和成果进行量化评估的方法和工具

不确定性绩效域:识别、分析和应对项目过程中出现的各种不确定性因素

表 1-1　项目管理过程组与知识领域

知识领域	启动过程组	规划过程组	执行过程组	监控过程组	收尾过程组
项目整合管理	制定项目章程	制订项目管理计划	指导与管理项目工作	监控项目工作实施整体变更控制	结束项目或阶段
项目范围管理		规划范围管理 收集需求 定义范围 创建 WBS		确认范围 控制范围	
项目进度管理		规划进度管理 定义活动 排列活动顺序 估算活动资源 估算活动持续时间 制订进度计划		控制进度	
项目成本管理		规划成本管理 估算成本 制定预算		控制成本	
项目质量管理		规划质量管理	实施质量保证	控制质量	
项目资源管理		规划人力资源管理	组建项目团队 建设项目团队 管理项目团队		
项目沟通管理		规划沟通管理	管理沟通	控制沟通	
项目风险管理		规划风险管理 识别风险 实施定性风险分析 实施定量风险分析 规划风险应对		控制风险	
项目采购管理		规划采购管理	实施采购	控制采购	结束采购
项目干系人管理	识别干系人	规划干系人管理	管理干系人参与	控制干系人参与	

国际标准化组织（ISO）也采用了类似的项目管理知识体系框架，在细节方面提出了 39 个过程。

1.3.5 瑞士 IPMP 项目管理内容

IPMP（International Project Manager Professional，国际项目经理资质认证）是由位于瑞士的国际项目管理协会（IPMA）开发并推广的一项专业认证。IPMP 项目管理侧重于项目的整体规划、组织、实施和控制，以及与项目相关方的沟通和协作，旨在有效实现项目目标并交付可接受的成果。IPMP 项目管理注重项目的整体管理和绩效评估，强调项目经理的领导能力和团队协作能力。

1. IPMP 项目管理的五大过程组：

1）项目启动

明确项目目标和范围，制订项目管理计划，明确项目组织结构和团队成员的角色职责。

2）项目规划

制订项目的详细计划，包括进度计划、成本计划、质量计划、风险管理计划等。

3）项目执行

按照项目计划进行实施，包括资源分配、进度控制、质量控制等。

4）项目监控

监控项目的进展和绩效，及时发现和解决问题，确保项目按计划进行。

5）项目收尾

完成项目交付物，进行项目评估和总结，提取项目经验教训，为未来的项目提供参考和经验支持。

2. IPMP 项目管理的 4 个核心原则

以人为本，注重项目团队的能力和素质

全程管理，覆盖项目生命周期的所有阶段

综合评估，不仅关注项目的最终结果，也重视项目过程中的绩效和影响

持续改进，倡导学习和创新

1.4　（企业）CMC®管理项目的 4 层次

　　无论是按项目阶段还是按项目领域进行管理，项目实施过程中的相关活动都有一定的顺序（尽管有些活动可能会同时进行）。因此，企业可以将项目管理工作划分为不同的步骤来进行。这些步骤构成了项目管理的过程。

　　CMC 协会/国际咨询协会在国际通用的项目管理框架下，制定了 CMC®项目管理体系指南。该体系将工商管理项目的项目管理分为企业篇和专业篇，分别适用于不同角色（CMC®管理师和 CMC®咨询师）的 4 个层次和 7 个项目阶段（见图 1-4）。本小节主要说明企业篇的内容（专业篇的内容详见第 2 部分）。

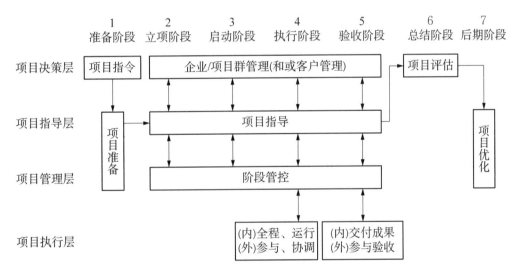

图 1-4　国际 CMC® 项目管理模型（企业篇）

　　美国麻省理工学院斯隆管理学院的安东尼结构（Anthony Structure），将经营管理划分为三个层次：战略规划层、战术设计层和运行管理层。

　　罗伯特·安东尼（Robert Anthony）等咨询师在对欧美制造型企业进行了长达 15 年的广泛实践观察和验证后，于 1965 年创立了经营管理业务流程及其信息系统构架理论，即著名的安东尼模型（Anthony Model）。该模型认为，企业管理系统可划分为三个层次：战略规划层（SPL）、战术决策层（TDL）、业务处理层（BTL），如图 1-5 所示。

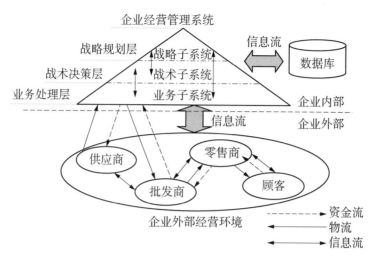

图 1-5　安东尼模型示意图

基于这一理论,结合工商管理项目的特点,CMC®管理体系为企业的管理项目确立了 4 个层次(见表 1-2):

表 1-2　企业 CMC® 管理项目的层次

类别	战略决策层 (高层)	项目指导层 (项目委员会)	过程管理层 (中层)	实施执行层 (基层)
主要关注点	是否上项目, 什么时候上项目	可行性报告/商业论证, 阶段管控	怎样上项目, 阶段管控	怎样做好
时间幅度	3~5 年	6 个月~5 年	6 个月~2 年	周或月
视野	宽广	中等~宽广	中等	狭窄
信息来源	外部为主, 内部为辅	兼顾内外	内部为主, 外部为辅	内部
信息特征	高度综合	高度综合	中等汇总	详尽
风险程度	高	较高	中	低

1. 项目决策层

项目决策层由企业高管组成,作为企业的最高权力机构,负责审批项目、决定项目变更、提出项目要求、下达项目指令,并进行宏观控制,即组织级项目管理。该层级还负责审议项目评估报告,包括任命项目经理(有些企业可能将此权限赋予指导层)。

在企业中,项目决策层一般由董事长、总经理、副总经理等高层管理者组成,他们会参考项目管理委员会(即指导层)的意见来做出决策。

2. 项目指导层

项目指导层由项目管理委员会、项目群经理或项目管理办公室(PMO)构成,属于战略管理层和企业内部专家。该层级的主要责任是辅助项目决策层管理企业项目,并指导项目经理的工作,包括计划审核、项目阶段性评审和验收。如果项目需要进行招投标管理,通常也由指导层负责。

在企业中,项目管理委员会一般由企业高层和各职能部门的负责人、技术专家、内部咨询师等组成,由企业决策层决定其设立,并可能包括专职或兼职成员。

3. 项目管理层

项目管理层由项目经理及其领导下的项目经理部组成,是项目管理的核心层级。其主要职责包括组建项目执行团队,制订具体的项目成本、进度、质量计划,并进行相应的控制。

项目经理部作为大型管理项目日常管理的常设机构,由项目经理领导,并直接对项目经理负责。其职责范围包括日常管理事务(如相关制度、标准、方法、流程的执行)、资源配置和外部协调工作,制订具体的年度项目计划,进行成本估算、汇报和控制,监控项目进度并编制报告,监督项目管理软件系统,保管项目文件和数据,以及项目管理的咨询、指导和培训等。

4. 项目执行层

项目执行层也称项目操作层或项目交付管理层,由项目小组负责人(职能组长)及其小组成员组成。这一层级主要负责具体的交付管理工作,包括制订和执行各自负责部分的工作计划、日程安排和预算,并监督实施过程,及时报告工作进展,是项目实施的最前线。

在企业实际操作中,往往会从涉及项目的各个职能部门中选择骨干人员,组成各个项目小组,并以兼职的形式开展工作。

项目执行层的职责在于确保具体实施工作的顺利进行,完成既定的项目任务,实现项目目标。还包括与专业咨询公司协作,以确保相关工作的顺利开展。

1.5　(企业) CMC®管理项目的 7 阶段过程

CMC®将管理项目的内容分为 36 个核心项目管理过程，并将这些过程按照逻辑关系归纳为七大项目阶段(过程组)(见表 1-3)。

表 1-3　企业 CMC®管理项目的 7 阶段过程与 36 个核心项目管理过程

第一阶段： 准备阶段	明确项目需求	(1)
	任命项目经理	(2)
	组建项目建议小组	(3)
	开发或构思项目	(4)
	反复调查	(5)
	可行性分析和商业论证	(6)
	撰写文档	(7)
	文档的内部审查,准备申请立项	(8)
第二阶段： 立项阶段	再次进行商业论证和项目风险评估	(9)
	申请项目立项	(10)
	批准立项	(11)
	确定正式的企业项目小组及成员	(12)
	决定是否聘请专业咨询公司	(13)
	招标管理	(14)
	批准和签署项目合同	(15)
第三阶段： 启动阶段	办理启动前的各种报批手续	(16)
	进行项目规划	(17)
	建立项目管理制度	(18)
	召开项目启动会	(19)
第四阶段： 执行阶段	制订阶段计划(或例外计划)和更新项目计划	(20)
	制订项目团队工作计划	(21)
	指导项目团队的运作	(22)
	项目阶段性成果的交付和验收	(23)
	收集项目工作中的绩效数据和统计	(24)
	检验商业论证和风险状况的变化	(25)
	项目管理委员会检测、审核项目和项目经理的工作	(26)
第五阶段： 验收阶段	交付项目全部成果并进行验收	(27)
	项目阶梯式移交	(28)
	项目小组成员的评估与重新安置	(29)
	批准项目收尾	(30)

第六阶段： 总结阶段	项目总结	(31)
	项目后评价	(32)
	无形知识资产的管理	(33)
第七阶段： 后期阶段	常年顾问	(34)
	定期跟踪项目执行力	(35)
	收集未来需要优化的信息并评估	(36)

1.5.1　准备阶段

准备阶段也称为概念阶段，即项目的筹备阶段，也是项目管理的起始点，对整个项目的成功至关重要。在这个阶段，前期管理的质量直接影响到企业的项目投资决策、实施过程和整体管理。可以说，项目的成功与前期管理的成效直接相关。

在项目准备阶段，主要任务是明确项目需求、设定目标、规划项目管理方案、进行调查和论证，以及撰写相关文档，这些都是为了给项目的批准提供依据。主要工作包括以下几个方面：

明确项目需求

任命项目经理

组建项目建议小组

开发或构思项目

反复调查

可行性分析和商业论证

撰写文档

文档的内部审查，准备申请立项

1. 明确项目需求

对于大型企业而言，产生项目需求的途径很多。如企业董事会的要求、上级的直接安排、职能部门的管理需求、内部会议或报告的讨论结果，或是第三方专业咨询公司的建议。

或许是某位高管发现竞争对手正在或计划导入新的管理模式，或者是因为企业在过去一年效益明显下降，也可能是企业效益大幅增长，这些情况都可能使企业需要采用项目方式来实施变革。

影响因素可能是保健性的也可能是病患性的；可能是外在驱动的也可能是内在驱动的。甚至，某些权利人的个人动机也可能引发企业对管理项目的需求。

一旦这些需求出现，无论是主动需求还是被动需求，首先需要任命项目经理，并组建项目建议小组（或称项目筹备小组）。

2. 任命项目经理

如何任命项目经理，可以参考第1部分第2.5章节中关于管理项目的人力资源管理部分。

在中小企业中，如果没有设立专职的项目管理部门，项目经理的人选往往是提出项目需求的部门负责人，因为他们对相关项目的专业技术细节最为了解；项目经理也可能是企管部或总经办的成员。

作为企业的项目经理，当接手一个新项目时，首要任务是全面了解项目的情况，为项目前期工作打下基础。例如：

项目基本情况：这是个什么项目，大概要做什么，是谁提出来的，要解决什么问题

项目相关方：这个项目牵涉哪些人，如企业内部哪些部门、客户、第三方等

管理层意见：了解企业不同管理层级对项目的看法，尤其是决策层，这对于项目能否获得支持至关重要

资源评估：估算你能够控制的资源，包括时间、人员和资金

资源沟通：在正式开展工作前，与上级和需求方充分沟通资源问题

项目策略：在明确了任务、资源和项目总体策略后，着手组建项目建议小组

小组成员申请：向上级申请项目建议小组成员，除非你打算一个人包揽全部工作；对于大型项目，还需申请配备行业专家（Industry Expert）

沟通协调：至少需要与三类关键人物沟通，包括领导（如项目管理委员会或决策层）、组员（项目建议小组成员）、客户（内部或外部）。和这些人沟通，让他们了解你的计划，并明确何时需要他们的准备和配合

3. 组建项目建议小组

组建项目建议小组的关键步骤包括确定项目目标、确定组织结构、建立沟通机制以及确保必要的资源支持。同时，也可以考虑组建一个顾问团队以提供专业意见。

（1）确定项目目标。明确项目目标是任何项目启动前的首要步骤。项目目标应该是明确的、可度量的，并且要与组织的整体战略和目标保持一致。

在确定项目目标时,需要考虑项目的预期成果、项目的时间框架和预算等因素。

一旦项目目标确定,项目经理需要与项目团队成员及其他利益相关者进行沟通,确保他们对项目目标有清晰的认识和理解。

(2)确定组织结构。项目建议小组通常由项目组长、项目管理专家和项目支持人员组成。

项目组长负责领导和协调各个项目,指导小组的运作,与高层进行沟通和汇报,以及协调组织内外的资源。项目管理专家负责进行商业调查、可行性分析和撰写文档等专业工作。项目支持人员负责协助完成各项任务。

在组建项目团队时,项目经理考虑的因素包括团队成员的技能和经验、个性特质、可用时间以及沟通和协作能力等。

(3)建立沟通机制。在项目筹备阶段,建立一个有效的沟通机制至关重要。这涉及安排定期的团队会议、利用项目管理工具以及确保信息能够在团队成员之间畅通无阻地流动。有效的沟通有助于减少误解和冲突,同时提升团队的协作效率。

(4)必要的资源支持。在组建项目建议小组时,必须确保获得必要的资源支持,包括资金、人力和物资等。这些资源的获取和分配对于保障项目的顺利进行至关重要。

(5)考虑组建顾问团队。为了增强项目的可行性,可以考虑组建一个顾问团队,这个团队包括企业内部的指导老师以及具备行业经验、核心技能的外部咨询师或其他社会专业人士,有助于提高评审团对项目实施可行性的认可度。

现在,你可以按照表1-4的流程正式开展项目准备工作了。在这个阶段,项目经理将负责评估项目商业论证中的成功概率和确定项目的关键里程碑。同时,项目经理需要与财务人员合作,由财务人员负责项目的市场分析和经济研究部分。此外,项目经理还可能需要与行业专家合作,这是确保项目成功非常关键的一环。

表 1-4　项目准备阶段工作流程

规程项	规程项内容
角色与职责	项目建议小组实施本规程的所有活动
启动准则	当需要构思管理体系或出现任何形式的管理项目需求时
输入	与管理项目有关的任何信息

规程项	规程项内容
主要流程 （迭代进行）	第1步：开发或构思项目； 第2步：反复调查； 第3步：可行性分析，含风险评估、商业论证； 第4步：撰写文档； 第5步：文档的内部审查，准备申请立项。
输出	"可行性分析报告""项目建议书""调查报告"等文档 说明：企业往往会合并为一份"项目（立项）建议书"
结束准则	项目建议小组按照范本撰写了输出文档，并已经通过了内部审查
衡量	项目建议小组负责统计工作量，并确保撰写的文档在数量和质量上都达到了要求

4. 开发或构思项目

在发掘或构思管理项目时，可以简要提供管理体系的定义、主要来源、相关背景、应用方案、案例企业以及实施价值等信息。对于已经确定的管理项目需求，则依据企业的资源情况和项目的优先级进行初步评估和选择。

5. 反复调查

主要包括市场调查、同类项目的竞争调查、应用调查。

市场调查、竞争调查可以采用网络调研的方式，通过网络收集相关数据并进行分析。应用调查可以通过会议、问卷调查和实地走访等方式直接收集所需信息。

6. 可行性分析和商业论证

可行性分析涵盖了多个研究领域，可以根据项目的规模和来源，适当地增加或减少研究内容。

一般而言，项目可行性分析的基础框架需要从以下方面进行详细论述：

经济可行性/投资可行性

技术可行性

管理可行性/运行可行性

风险分析及对策

商业论证

（1）经济可行性/投资可行性。经济可行性分析也被称作投资和收益分析。这些项目往往涉及巨额资金，资金占用周期长，一旦投资便难以逆转，对企业的财务和运营产生深远影响。因此,在做出投资决策时,必须遵循严格的投资决策程序,并进行科学的可行性分析。

主要研究内容包括成本和效益的比较,判断效益是否超过成本,以及成本是否能在规定时间内回收。同时,从资源配置的角度评估项目的价值,评价项目在促进区域经济发展、优化资源配置、增加供给、创造就业机会、改善环境、提升国民生活水平等方面的贡献。

根据市场调研和预测的结果,以及相关产业政策等因素,论证项目投资建设的必要性。这包括全面分析构成投资环境的各种要素;进行市场研究,包括市场供求预测、竞争力分析、价格分析、市场细分、定位及营销策略论证。对于非工业项目,应特别关注其经济和社会评价,重点评估项目的可持续性以及对经济社会环境的影响。

社会可行性:主要考察项目对社会各方面的影响,包括政治体制、方针政策、经济结构、法律道德、宗教信仰、民族关系、妇女儿童权益及社会稳定性等。

财务可行性:财务可行性主要从项目和投资者的角度出发,设计合理的财务方案。它涉及从企业财务管理的角度进行资本预算,评估项目的财务盈利能力,进行投资决策。同时,还要从融资主体(企业)的角度出发,评价股东投资的回报、现金流量计划以及债务偿还能力。

这项分析是在确保投资环境、技术和市场可行性的基础上,着重围绕技术可行性和市场可行性而开展的专门经济性评价。

(2)技术可行性。技术可行性分析有时也称为可能性分析。通过对项目的全面调研确定项目的总体和详细目标、范围,以及项目的总体结构和组成,包括确定技术方案、核心技术和关键问题,以及确定服务的功能需求。主要从技术实施的角度,合理设计技术方案,并进行比较和评估。不同行业的项目在技术可行性研究的内容和深度上可能存在很大差异。

对于 IT 项目,需要从开发者的技术实力、以往的工作经验、问题的复杂性等角度出发,评估在时间、成本等限制条件下系统开发成功的可能性。

对于工业项目,需要对原材料供应方案、厂址选择、工艺流程、设备选择、土建工程、总体布局、辅助设施、安全生产和节能措施等技术可行性的各个方面进行深入研究和分析。

(3)管理可行性/运行可行性。管理可行性分析也称系统运行可行性或运行环境可行性分析。以 IT 项目为例,涉及评估新系统运行对管理理念、管理体系和方法变更的需求,以及实施各种有利于新系统运行的改革建议的可行性和人员的适应性。

组织可行性

组织可行性关注制订合理的项目实施进度计划、设计合理的组织机构、选择经验丰富的管理人员、建立良好的协作关系以及制订适当的培训计划等，以保证项目的顺利执行。

时间可行性

时间可行性则主要研究项目能否在预定的时间内完成。

延伸：中国的投资项目可行性研究报告编写大纲

在中国或者为中国企业投资项目编写的可行性研究报告的参考大纲（2023年版）：

规划政策符合性

企业发展战略需求分析

项目商业模式

数字化方案

碳达峰碳中和分析

REITs等盘活存量资产、实现投资回收的可能性

（4）风险分析及对策。在进行风险及对策分析时，需要综合评估项目可能面临的各种风险，包括经济及社会风险、市场风险、技术方案风险、时间风险、组织风险、人才风险、知识产权风险、法律风险、项目管理运行风险以及项目外风险，如不可抗力等。基于这些风险的评估，制定相应的规避策略，以确保项目在全过程中的风险得到有效管理。

（5）商业论证。商业论证是证明一个项目投资有效性的关键过程，它作为一种决策支持和规划工具，旨在评估商业行为可能带来的后果，包括对成本、效益、选项、问题、风险和潜在问题的全面信息分析。

英国PRINCE2对商业论证的内容界定为6个因素：

需要项目结果的原因

可选方案及理由

项目结果的量化利益

风险

成本和时间

投资评估

7. 撰写文档

你可以参考项目建议书(即项目立项建议书)的框架结构来撰写。

××管理项目(立项)建议书

第一章　开展××管理项目建设的必要性和依据

1. 产业或行业状况

2. 地区状况

3. 本企业状况

4. 本企业存在的问题及解决方案

(1) 存在问题

(2) 需求说明

(3) 解决方案

5. ××管理项目建设的必要性和可行性

(1) 必要性分析

(2) 可行性分析

第二章　项目建设的指导思想和基本原则

1. 指导思想

2. 基本原则

第三章　××管理项目内容

1. 初步设计

2. 项目计划

第四章　资金及筹资计划

1. 项目总投资及细分

2. 资金

第五章　项目进度安排

1. 关键里程碑

2. 进度安排

第六章　项目风险分析

第七章　效益分析

---

1. 经济效益

2. 社会效益

3. 其他效益

项目立项建议书结论

8. 文档的内部审查,准备申请立项

文档的内部审查内容,主要考虑以下几个方面:

(1)项目背景和目的审查:需要确保项目背景描述清晰、准确,涵盖项目的起源、目的、紧迫性、范围和必要性。同时,要确认报告中是否明确列出了所有利益相关者及其对项目的贡献。

(2)研究方法和数据分析审查:要审查所采用的研究方法是否科学、合理、有效,是否与研究的假设和目标符合。此外,还要审查数据收集和处理的方式,包括数据来源的可靠性、数据质量的保障以及数据分析方法的合理性。

(3)项目调研流程和内容审查:分析项目调研流程的科学性,调研内容的全面性,以及调研结论依据的充分性。同时,审查专家意见是否独立、客观,以及反对意见是否得到充分考虑。

(4)项目要素的调查研究:审查项目建议书是否坚持实事求是的原则,项目各要素是否经过认真的调查研究,以及测算分析是否符合实际情况。

(5)可行性审查:审查项目是否具备经济效益的必要性、合理性、现实性,技术方案的先进性、适用性、可靠性,以及管理运行、系统环境的可行性。

(6)需求分析与产出方案:审查项目的需求(问题)分析和产出方案的逻辑性、系统性、操作性,以及项目计划、项目进度安排的合理性,确保项目立项结论能够得到支持。

现在,你可以申请立项了。

在欧美国家,无论是企业还是投资者或金融组织,都非常重视项目的前期管理工作,愿意投入大量的人力、财力和物力进行项目的前期分析论证,遵循"先评估后决策"的程序。

在实践中,项目的调查分析和可行性研究往往被忽视或质量不高,这与项目管理的难以量化和企业项目经理的能力水平有关。

1.5.2　立项阶段

项目立项阶段的主要工作包括以下几个方面：

再次进行商业论证和项目风险评估

申请项目立项

批准立项

确定正式的企业项目小组及成员

决定是否聘请专业咨询公司

招标管理

批准和签署项目合同（内部和或外部）

1. 再次进行商业论证和项目风险评估

项目管理委员会负责组织对项目进行再次商业论证和项目风险评估，以决定是否需要向决策层提交立项申请。

2. 申请项目立项

管理项目的立项流程的核心目的在于确保企业"做正确的事"。

立项实际上是项目决策层对"项目（立项）建议书"的审批过程。

立项流程通常如下：项目需求部门首先提出需求，然后交给项目管理委员会（指导层）进行审核。审核通过后，项目管理委员会将委任项目经理、组建项目建议小组，并指导他们完成项目（立项）建议书。接着，项目管理委员会对项目再次进行商业论证和风险评估，提出立项申请（立项申请书的范本见本教材的附录3）。立项申请经过审计部门和财务部门审核后，提交给决策层批准。最终，由财务部门负责进行财务立项（见图 1-6）。

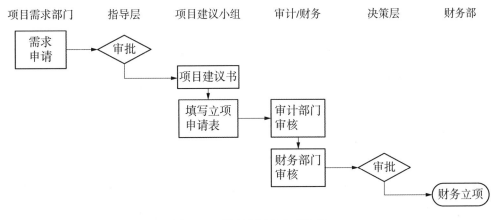

图 1-6　管理项目的立项流程

3. 批准立项

项目立项的批准主要依据项目立项建议书(可行性研究报告)。

立项申请在经过审计部门和财务部门审核后,将提交给决策层进行批准。

4. 确定正式的企业项目小组及成员

依据第 2.5 章节的"管理项目的人力资源管理"的条件要求,甄选出合适的项目成员。

依据第 1.4.1 章节的"CMC®管理项目的 4 层次"确定正式的组织结构,并确定项目决策层、项目指导层、项目管理层、项目执行层的人选。

正式的企业项目小组及其成员名单需要向企业全体员工公开。

5. 决定是否聘请专业咨询公司

根据哈佛商学院的调研数据显示,企业变革的成功率只有 30%。

麦肯锡公司认为,企业聘请专业咨询公司的价值主要体现在三个方面:第三方的视角、专业工具/方法、实现知识的传递与转移。具体内容可以参考国际CMC®教材 T1 的"管理咨询行业"章节。

此外,企业也可以选择组建内部咨询部门,培养企业内部的咨询师。

6. 招标管理

招标管理遵循 7 步标准流程和操作方法,具体依照本教材/指南第 1 部分第2.1 章节的说明进行。

7. 批准和签署项目合同

项目合同可以是内部项目小组合同,也可以是与外部咨询公司的商业合同,或者同时签署内外部合同。

签署合同时,应参照附录中的项目合同条款。

1.5.3　启动阶段

企业项目启动阶段的主要工作包括以下几个方面:

办理启动前的各种报批手续

进行项目规划

建立项目管理制度

召开项目启动会

有时,项目启动会被看作一个时间点或一个里程碑,而不是一个完整的阶段。在这里,我们将立项批准、项目规划、合同签订、项目启动准备到项目启动会结束的整个过程统称为项目启动阶段。

一般来说,项目启动阶段的准备工作主要包括项目规划、建立项目管理制度、准备召开启动会。其中,建立项目管理制度是非常关键而且容易被忽略的工作。

1. 办理启动前的各种报批手续

项目启动前的准备工作和报批手续较为烦琐,建议在这个阶段准备一份检查清单,按照企业项目管理制度的规定进行各种报批手续。

2. 进行项目规划

项目规划的内容包括项目范围、项目进度、项目成本、项目质量及验收、项目资源、项目沟通、项目风险、项目采购(和/或招投标)、项目干系人[③]的全面规划。项目规划是为了实现项目目标而制订的行动方案的一组过程。

根据项目的复杂程度,可能需要多次反馈和进一步分析,也可能需要进行多次项目规划或调整。在项目生命周期中,如果发生重大变更,也可能需要重新进行项目规划。因此,项目规划是一个反复进行的持续性活动。如果聘请了专业咨询公司,项目规划和调整将是双方或多方协商的结果。

3. 建立项目管理制度

建立项目管理制度是确保项目顺利进行的关键步骤,包括以下几个方面:

(1)项目计划管理制度。明确各级项目计划的制订和检查流程,如整体计划、阶段计划、周计划和月计划等。

(2)项目考核管理制度。项目考核制度旨在提高企业项目运作效率,充分调动项目经理和项目组成员的积极性,适用于全体项目人员。项目考核通常采用两级考核体系,即企业对整个项目的考核;企业对项目经理的考核,项目经理对项目组成员的考核。考核结果主要用于薪酬发放、项目奖金、工资调整、职位调整和培训提升。

常见的考核指标包括项目进度、项目质量、项目成本、项目效果、重大风险和满意度等。

(3)项目例会管理制度。会议管理制度是为了保障项目推进过程中的各项会议的质量和效果,提高会议效率,落实和有效跟进会议议题,加强会议执行情况的奖惩力度。

会议不宜过多,也不宜过少,应精选会议议题(一次会议的议题不宜太多,也要避免相同议题的重复会),确保参会人员的相关性,会前和会后做好充分沟通,主持人需控制会议进程,激发参会人员的主动性和积极性,避免"会而不议,议而不决,决而不行,行而不果"的问题。制度中还应规定会议纪律。

（4）质询会制度。质询会应定期举行,如每周或每月一次,旨在跟踪各级项目管理人员的工作结果,保障执行力和执行效果。

质询会是对重要节点的检查机制,是对结果进行质疑和询问的会议。质询会制度应包含工具、流程和主持等内容。

（5）项目通报制度。项目通报制度旨在增强工作的曝光度和透明度,通报内容通常包括奖励(标杆)和告诫(警示)。通报制度具有激励、监督和警示作用,建议仅采用项目小组内部通报和企业内部通报形式,以避免对当事人造成过度伤害甚至名誉侵权。

（6）项目费用管理制度。费用管理制度旨在科学控制项目费用支出,降低项目成本。费用管理以预算为基础,专款专用,单独核算,项目资金严格按照《项目实施方案》使用,加强费用支出的汇总评审。

（7）项目文件管理流程和保密制度。明确各种文件名称的管理和文件的标准范本,如汇报范本、例会范本、问题列表等。文件处理执行 ISO 关于文件管理的体系和流程。

同时,规定项目不同角色的文件资料浏览权限,以及文件资料的保密制度。

（8）项目管理培训体系。项目管理培训体系由制度、课程、培训师三部分构成,对培训师、学员、教材的三要素进行系统安排。培训制度包括培训需求、培训管理、培训计划、工作流程、培训评估、培训应用等内容。

4. 召开项目启动会

在项目启动的准备工作完成后,就可以召开项目启动会了。管理项目启动会类似于一个小型的项目开工典礼。在中国,项目启动会现场通常会悬挂"××××管理项目启动会"这样的红色横幅,有时还会有其他激励性的标语,营造出浓厚的仪式感。

项目启动会通常分为两种类型,一种是仅限双方决策层领导和项目小组成员参加的小型启动会;另一种是企业全体员工参加的大型动员会。具体选择哪种形式,应根据实际需要来安排,而不是仅仅为了形式上的作秀。

项目启动会是项目开工的正式宣告,参加人员应该包括项目组织中的关键角色,比如决策层领导、指导层领导、项目经理、项目组成员、相关职能部门负责人、专业咨询公司的合伙人及咨询师,甚至可能包括供应商代表、客户代表等。

项目启动会的任务包括以下几个方面：

企业决策层领导：发表动员大会讲话

企业项目管理委员会和项目经理：阐述项目背景、价值、目标，介绍项目组织机构及主要成员职责，说明项目管理制度

专业咨询公司合伙人、咨询师：介绍项目交付物、项目初步计划以及项目将要使用的工作方式

员工代表或客户代表：表达支持性的态度

实际上，项目启动会已经涉及了项目计划阶段的初期内容，这也反映了项目管理知识体系（PMBOK）中启动阶段与计划阶段的重叠。

综上所述，项目启动阶段要经过提出需求、可行性分析、商业论证、立项审批、项目规划、项目启动等一系列管理活动的控制，这才完成了项目的启动，正式进入项目的实质工作阶段。

1.5.4 执行阶段

项目执行阶段是在项目经理的领导下进行的日常管理活动，涉及计划、组织、协调和控制等过程。在企业中，这一阶段对应于专业咨询公司所进行的调研和诊断、设计和方案制订、培训和实施等阶段的集合。

对于普通项目而言，执行阶段通常持续三个月，而大型项目可能需要一年甚至数年时间。

企业项目管理委员会和项目小组在执行阶段的主要工作包括以下方面：

制订阶段计划（或例外计划）和更新项目计划

制订项目团队工作计划

指导项目团队的运作（包括外部的配合协调）

项目阶段性成果的交付和验收

收集项目工作中的绩效数据和统计

检验商业论证和风险状况的变化

项目管理委员会检测、审核项目和项目经理的工作

1. 制订阶段计划（或例外计划）和更新项目计划

在项目管理中，制订阶段计划（或例外计划）和更新项目计划是确保项目顺利进行的关键步骤。

（1）制订项目计划：根据项目目标和范围，确定项目的主要任务和时间表，制

订项目计划。项目计划应包括项目的主要阶段、各阶段的主要任务、交付成果、依赖关系、关键路径、风险评估和应对措施、资源需求和分配、项目成本估算和预算等。

（2）制订阶段计划：将项目目标分解为若干个阶段性目标，每个阶段都有明确的时间节点和任务分配。这样可以将大目标分解为小目标，逐步实现。

（3）制订例外计划：包括识别和评估一些未预见的、超出既定计划和规范的例外情况；制订应急预案，包括应对措施、责任分配和时间安排；及时沟通和协调，确保信息的准确传递和问题的及时解决，减少误解和延误，提高项目的执行效率；根据实际情况调整资源和进度安排，可能包括重新分配任务、调整工作时间或增加资源等措施。

（4）管理和更新项目计划：在每个项目阶段结束时，评估项目的进展并更新项目计划以反映实际情况。如果需要，制订新的计划来解决风险问题。

（5）监控和调整：在项目执行过程中，定期监控项目的进展情况，及时调整计划。如果发现偏差，采取相应的纠正措施，确保项目按计划进行。

2. 制订项目团队工作计划

制订项目团队工作计划包括以下核心步骤：

（1）明确项目目标和范围。明确项目目标和范围是制订项目团队工作计划的第一步。项目经理需要与团队成员共同确定项目的具体目标，阐明项目的价值主张和预期成果，确保所有团队成员对项目的期望和要求有清晰的理解。

（2）任务分解。将项目分解为一系列具体的任务，每个任务都有明确的开始和结束时间，以及指定的负责人员。这一步骤有助于确保项目的每个部分都有专人负责，避免工作重叠或遗漏。

在分配任务时，项目经理应根据团队成员的能力和性格特点合理分配任务，确保每个团队成员都能在其擅长的领域发挥最大效能。同时，要避免任务分配不均，防止部分成员压力过大或部分成员任务不足。

（3）设置里程碑。设置里程碑，制定详细的项目时间表，并确定关键路径。同时，考虑到可能存在的风险和不确定性，为每个任务预留一定的缓冲时间。

设置里程碑是项目管理的关键，它帮助团队成员了解项目的进展情况，保持工作动力。每个阶段性目标的完成都是对团队努力的肯定，也有助于及时发现并解决问题。

（4）高效沟通。高效沟通在项目管理中至关重要。定期召开项目进度会议，使用项目管理工具如甘特图等,确保信息透明,及时解决工作中遇到的问题。

(5)定期审查工作计划的执行。

定期审查工作计划的执行情况,根据实际情况调整计划,确保项目按预期进度进行。这包括评估团队成员的工作效率,必要时重新分配任务或提供支持。

3. 指导项目团队的运作

指导项目团队的运作,包括与外部的配合协调。关键在于明确目标与分工、建立良好的沟通机制、激励团队成员,并持续改进项目流程。

4. 项目阶段性成果的交付和验收

项目的阶段性成果或最终成果的评估和验收通常由项目管理委员会负责,而在一些企业或小型项目中,可能会授权给项目经理来组织验收工作。

验收的规范和标准往往在项目立项阶段就已写进了项目合同中。

一旦确认项目满足验收标准,便签署验收报告,正式完成项目的交付验收。

5. 收集项目工作中的绩效数据和统计

项目工作中的绩效数据主要包括以下几个方面:

进度绩效数据:包括项目进度计划和实际执行情况的数据,如时间表、进度里程碑的达成情况、进度差异等。

成本绩效数据:包括项目成本预算计划和实际执行情况的数据,如预算、成本偏差、成本绩效指数等。

质量绩效数据:包括项目质量计划和实际执行情况的数据,如测试报告、问题列表、缺陷率等。

范围绩效数据:包括项目范围计划和实际执行情况的数据,如需求变更、相关文档、需求满足程度等。

风险绩效数据:包括项目风险计划和实际执行情况的数据,如风险登记册、风险应对措施的实施情况等。

其他相关数据:比如资源利用情况、沟通效果、关键问题解决情况等。

收集项目工作中的绩效数据需要采用多种方法,包括工作记录法、观察法、关键事件法和相关人员反馈法等,然后进行统计分析,以便应用于绩效评估。

6. 检验商业论证和风险状况的变化

为了确保商业论证和风险状况能够适应环境的变化,关键在于定期重新评估商业论证,定期审查风险状况是否发生变化,并持续监控和调整。

7. 项目管理委员会检测、审核项目及项目经理的工作

（1）项目管理委员会检测、审核项目。项目管理委员会检测和审核项目的主要目的是确保项目在其整个生命周期内能够满足组织的需求和目标。审核过程需要从多个维度进行，包括项目范围、进度、预算、质量、风险以及干系人管理等。

有效的检测和审核方法包括制订检测计划、使用适当的检测工具、定期进行进度评估、实施质量控制措施、进行风险管理、利用团队沟通以及采用项目管理信息系统。

（2）项目管理委员会审核项目经理的工作。审核项目经理的工作主要包括评估他们的项目完成情况、项目管理能力、团队管理能力。这些能力的评估可以通过观察项目经理在实际项目中的表现，以及他们过去的管理经验和使用的工具来进行。

项目完成情况包括项目进度、项目质量、项目成本。

项目管理能力包括风险管理、变更管理、流程执行，以及决策能力和财务管理能力等。

团队管理能力则涉及团队协调和领导能力，包括人员配置、沟通协作、培训与发展等。

如果企业聘请了专业咨询公司，并且专业公司以专家角色介入，那么企业项目小组的工作相对会轻松一些，因为大部分实质工作将由专业公司负责完成。

企业项目小组主要负责按照专业公司的项目规划，协调和督促内部各职能部门配合执行；参与项目工作；对专业公司交付的阶段性产品或服务的质量和进度进行项目小组讨论，提供建设性建议，直至完成整个项目目标。

当然，咨询介入的模式有很大关系，例如，采用促进者角色，那么项目的大部分工作都需要企业的项目小组来完成，而专业公司只负责指导、协助、催化。

有关咨询介入模式的陈述，见本教材第 2 部分第 3.2.4 章节。

在这里，我们假设执行阶段是由专业公司的咨询师采用技术专家介入模式，从数据收集、调研、分析、诊断，到设计和方案，以及实施操作所必需的制度、流程、标准、表格等，整个项目周期过程，作为企业管理者和企业项目小组团队，不要袖手旁观，你最重要的事情是：

执行力！

深度参与！

实现知识转移！

发挥内部顾问的作用!

企业的项目小组对于项目成功有着至关重要的作用。因为你比外部咨询师更了解企业,更了解企业的各种过程,更了解企业的人。你了解企业的环境和文化,对有效的变革方式更加敏感。脱离企业项目小组的执行阶段,注定不会成功。

如果企业没有聘请咨询师,那么所有管理项目的工作将由项目小组成员在项目管理委员会的指导下完成。不过,不必过于担心,你可以学习本教材第 2 部分专业篇中关于咨询师的项目管理内容,向专业人士学习如何管理项目。

这也是国际 CMC® 会员的特点:他们既能胜任企业项目经理的角色,又能担任企业项目顾问;既能担任企业管理师,又能担任企业咨询师。

1.5.5　验收阶段

验收阶段,也被称为项目收尾阶段,其核心工作主要包括以下几个方面:

交付项目全部成果并进行验收

项目阶梯式移交:扶上马,送一程

项目小组成员的评估与重新安置

批准项目收尾

项目验收收尾阶段的完成,标志着项目的正式结束。无论是项目正常验收、非正常验收、提前终止还是项目取消,都需要进入项目验收收尾阶段。

管理项目的验收阶段,通常是在项目实施(试运行)一段时间之后才进行。

1. 交付项目全部成果并进行验收

项目验收收尾阶段主要包括对内的行政收尾和对外的合同收尾。

(1)内部:行政收尾。对于企业项目小组自行组织实施的项目,在验收收尾阶段,项目小组首先需要对项目交付的成果进行自查。如果提出项目需求的部门发现问题并需要进一步完善,项目小组必须采取相应行动以满足这些要求。随后,项目小组将向项目管理委员会交付全部项目成果,直至获得项目管理委员会的最终验收。最后,项目小组将工作职责移交给职能部门。

(2)外部:合同收尾。如果企业聘请了专业咨询公司,在项目执行结束后的验收收尾阶段,需要进行以下工作:包括对项目最终产品或服务的验收,解决所有未决问题,以及正式或半正式地结束项目。所谓半正式结束,指的是根据部分项目合同的约定,项目结束后还有一段后续服务期。

2. 项目阶梯式移交

项目验收收尾阶段,意味着咨询师即将离开客户企业,将项目工作移交给企业项目小组,以指导其职能部门继续运作。通常情况下,咨询师撤离后,企业项目小组还需继续提供一段时间的辅导(可能以兼职形式),直至最终将项目移交给相关职能部门正式投入使用。

这种"扶上马、送一程"的阶梯式撤离方式,为项目的平稳过渡提供了保障,并有效降低了项目风险。

3. 项目小组成员的评估与重新安置

随着大多数项目活动的完成,项目组成员的重新安置成为需要考虑的问题。项目经理将根据项目执行阶段收集的绩效数据,对项目小组成员进行考核评估,这些评估结果将作为重新安置的参考依据。

与此同时,项目管理委员会也需要对项目整体以及项目经理的表现进行考评。

4. 批准项目收尾

项目验收收尾的依据是项目建议书或者项目合同中约定的内容,包括验收标准和验收方式,以确认项目是否达到了既定目标。一般来说,项目合同中会明确验收收尾阶段的流程和所需提交的成果清单。

在合同规定的验收收尾完成后,如果存在未解决的争议或未达成预期结果,包括项目因故提前终止等情况,且双方协商未能达成一致,这些争议可能会进入诉讼程序。除非项目合同中已经对提前终止的情况及双方的权责作出了明确规定。

1.5.6 总结阶段

项目总结评估阶段的主要工作包括以下几个方面:

项目总结

项目后评价

无形知识资产的管理

1. 项目总结

企业往往对总结阶段的工作不够重视,甚至认为多此一举。然而,总结评估是实现企业项目决策科学化的重要基础和工具,也是项目管理周期中不可或缺的一个环节。

在这个阶段,企业项目小组需要全面、系统地回顾整个项目的管理工作,并对项目生命周期的各个阶段进行总结。总结的目的是识别关键成功因素和提升项目管理水平,为项目执行部门积累经验,并提出项目改进方案,思考"如果有机会重新执行该项目,应该如何改进"。

在项目总结阶段,对于成功的项目,可以举办庆功宴;对于未能成功的项目,则应召开总结会议。

2. 项目后评价

常见的项目后评价模型有三类:

项目管理胜任力评价

项目管理成熟度评价

项目绩效评价

项目总结评价模型的具体说明见第 2 部分第 9.3 章节。

3. 无形知识资产的管理

无形知识资产是指企业所拥有的、没有实体形态但具有价值并能带来经济利益的资产。这些资产主要由知识、技能、案例、信息和人力资源等非物质要素构成。

麦肯锡公司自 1980 年起就把知识的学习和积累视为获得和保持竞争优势的关键任务。公司通过营造一个平等竞争、激发智慧的环境,确保知识的积累和提升成为公司的核心工作。

麦肯锡的无形知识资产管理体系涵盖以下几个方面:

企业文化:强调知识共享和支持,鼓励员工之间的互动与知识交流。

基础设施:包括办公室布局、组织结构和管理程序,以确保知识的高效管理和共享。

技术:利用先进技术手段促进知识的"法典化"和共享。

具体措施包括以下几个方面:

学习机制:建立科学的学习制度,通过专门的组织机构推进学习,确保知识的持续更新和积累。

知识管理程序:通过标准化的分析程序和定期的培训会议,确保咨询顾问能够综合分析数据并提出创新想法。

这些措施共同构成了麦肯锡公司无形知识资产管理的核心,帮助公司在激烈的市场竞争中保持领先地位。

1.5.7　后期阶段

后期阶段的主要工作：

常年顾问

定期跟踪项目执行力

收集未来需要优化的信息并评估

1. 常年顾问

后期阶段，通常代表着项目已经正式投入使用。项目小组需要继续进行后续的跟踪工作，对于大型项目来说，这种跟踪可能会持续一到两年，甚至每年需要进行年度评审（Review）。

在这个阶段，项目小组的工作性质有些类似于长期顾问。在项目运行过程中，职能部门遇到问题或对某些事项存在疑问时，他们会向项目小组寻求咨询。项目小组需要对这些问题进行解释和指导，帮助职能部门"正确做事"。

2. 定期跟踪项目执行力

在项目实施期间，项目小组需要定期跟踪和抽查，以监督各职能部门的执行力度。在这一阶段，最重要的任务不是进行优化，而是"僵化"执行，确保职能部门严格、准确地执行项目计划。

在企业内部，一些管理者可能对变革持保守态度，他们质疑项目小组或专业咨询公司提出的方案是否真正适合企业，甚至认为这些理念和方案并不比自己现有的管理方式更先进，有时还会急于对方案进行修改。

所以，一个有效的方法是：先僵化，后优化，再固化。在变革的最初两三年，重点在于理解、消化和执行新方案。在僵化阶段，管理变革可能会遇到很多困难，许多人可能会对项目小组或外部专业公司制定的管理体系持反对意见，这是管理变革过程中的正常现象。一个管理项目会经历企业员工从"震惊、否认"到"愤怒、沮丧"，最终"了解、接受"的心理变化过程。

对于正在进行管理变革的企业，不要轻易在后续阶段修改项目执行方案，更不要在项目小组解散后对执行方案大动干戈、修改得面目全非。如果项目小组没有后续跟踪，他们可能对这些变化浑然不知。如果企业决策层和指导层的支持不足，过去数月的辛勤劳动可能会付之东流，企业也无法从项目中获得预期效益，最终导致项目以劳民伤财的失败告终。

3. 收集未来需要优化的信息并评估

在跟踪项目执行力的同时,收集将来需要进行项目优化的信息;进行深入沟通,了解项目干系人的评价和期望,并对这些反馈进行详细分析,以便为未来的项目管理提供参考。

1.6 工商管理项目的论证与评估

以下说明项目论证与评估的概念、内容、阶段和流程。

1. 项目论证与评估的概念

1) 项目论证

项目论证是在项目方案设计和变更过程中进行的一系列讲述、推理和证明活动,是对拟实施项目技术上的先进性、成熟性、适用性,经济上的合理性、盈利性,以及实施上的可能性、风险性进行全面科学的综合分析,旨在提供客观依据的技术经济研究活动。

论证分为内部论证与外部论证两种类型。内部论证通常由企业内部未参与项目可行性研究的技术专家、市场专家、财务专家乃至客户参与;而外部论证则一般委托给第三方公司来执行。

2) 项目评估

项目评估是在项目方案完成后进行的一系列工作,包括对项目方案的评估、评审和审查。在项目可行性研究的基础上,对拟开展的管理项目的企业需求、技术先进性和成熟性、预期经济效益等方面进行评估和分析,以判断项目是否切实可行。

项目评估的基本目的是审查项目可行性研究的可靠性、真实性和客观性。

2. 项目论证与评估的内容

项目论证与评估可以独立进行,也可以合并执行。

项目论证与评估的主要内容覆盖了项目生命周期的全过程,具体包括以下三个部分:项目前论证与评估、项目中论证与评估、项目后论证与评估。

1) 项目前论证与评估

项目前论证与评估(广义)是项目前期决策的基础,全面分析项目的必要性以及项目备选方案在技术、经济、运行条件和对企业影响等方面的可行性。

2) 项目中论证与评估

项目中论证与评估发生在项目立项后的执行(实施)阶段,涉及项目的计划、方案、实施和验收四个环节,关注项目技术上的先进性、成熟性、适用性,经济上的合理性、盈利性,以及实施上的可能性、风险性。同时,对项目的状态和进展进行监控与检测,对已完成的项目进行初步评估。

3）项目后论证与评估

项目后论证与评估包括项目验收评估、项目经济后评估和项目管理后评估。

3. 项目论证与评估的阶段

1）机会研究

机会研究的目的是寻找管理变革的机遇,确定变革的方向和最佳时机。

2）初步可行性研究

在这一阶段,初步研究管理项目是否具有生命力,以及是否能够为企业带来盈利或促进企业的稳定发展。

3）详细可行性研究

详细可行性研究阶段,需要进行深入的基础论证。基于可行性研究报告,对多个方案进行比较分析,以选择出最佳的实施方案。

4. 项目论证与评估的主要流程

1）项目论证的主要流程

明确项目范围和目标

收集并分析相关资料

拟订多个可行的、可替代的实施方案

多方案分析、比较

选择最优方案,进行详细论证

编制项目论证报告

编制资金计划和项目实施进度计划

2）项目评估的主要流程

成立评估小组,制订评估计划

开展调研,收集数据

对可行性研究报告进行分析与评估

编写评估报告

讨论、修改报告

专家论证会

评估报告定稿

经典管理箴言

菲利普·科特勒（Philip Kotler）
美国西北大学凯洛格管理学院终身教授

"市场细分是成功营销的基础，差异化是成功的关键。"

"客户关系管理是长期成功的关键。"

"客户是公司最重要的资产。营销不是推销产品，而是满足客户需求。"

第2章

基于领域的管理项目内容

　　项目管理通常分为两种方式：一种是按照项目过程进行管理，另一种是按照项目领域进行管理。

　　PMBOK 将项目管理内容划分为 9 个专项管理领域和 1 个整合管理领域，具体包括项目整合管理、项目范围管理、项目进度管理、项目成本管理、项目质量管理、项目资源管理、项目沟通管理、项目风险管理、项目采购管理和项目干系人管理。

　　本章将重点阐述采购管理、成本管理、质量管理、进度管理和人力资源管理。对于工商管理项目，有关项目范围管理、沟通管理、风险管理和干系人管理等内容已经融入本教材/指南的其他章节中，因此不再单独设立章节来说明。

2.1　管理项目的采购管理(招标管理)

在工商管理项目中,采购管理的核心环节就是招标管理。这一环节涵盖了招标的管理方式、准备工作、具体流程和操作方法,以及企业招标过程中的7个步骤:发布招标公告、资格预审、编制投标文件、递送投标文件、开标、评标和决标、中标签约。

招标管理对于企业至关重要,它不仅能提升资源配置的效率,促进公平竞争,还能规范市场秩序,预防和遏制腐败现象。作为一种重要的市场资源配置方式,招标通过供需对接和竞争择优,实现了要素的优化配置,更好地满足市场需求,推动企业发展和经济增长。

企业需要构建完善的招标组织架构,确保其完整性、合规性。同时,企业还应建立标准化的招标流程,以维护一个公开、公平、公正的竞争环境。此外,完善招标管理制度也是提高招标工作效率和质量的关键。

2.1.1　招标管理

招标投标是市场经济中一种重要的竞争形式和交易方式,它通过引入竞争机制来订立合同(契约)。在招标投标过程中,招标人会提前公布采购的条件和要求,吸引潜在的供应商参与竞争,然后根据规定的程序和办法,从众多投标者中择优选定中标者。

国际招标投标是国际贸易中广泛采用的一种有组织的市场交易行为,涉及商品、技术和劳务的买卖。招标和投标是这种贸易方式的两个方面,不仅适用于物资采购,也适用于管理项目等智慧产业服务领域。国际招标投标必须遵循世贸组织(WTO)的采购条例和国际标业法则。

随着管理的规范化,越来越多的企业,尤其是大型企业,在面临项目需求时,倾向于通过招标投标的方式来进行。

1. 招标方式

通常,招标方式有竞争性招标、谈判招标和两段招标三种。

1) 竞争性招标

竞争性招标常见于大中型企业。竞争性招标(Internal Competitive Bidding,简称 ICB)是指招标人会邀请多个乃至几十个投标人参与竞标,通过竞争来选择对招标人最有利的投标人作为成交方,这是一种竞价销售的方式。

在国际竞争性投标中,主要有两种常用做法:

公开投标(Open Bidding)。公开投标是一种无限竞争性招标(Unlimited Competitive)。在采用公开投标时,招标人通常会在国际主要媒体上发布招标公告,任何对此感兴趣的专业公司均有机会购买招标文件参与投标。

选择性招标(Selected Bidding)。选择性招标又称为邀请招标,是一种有限竞争性招标(Limited Competitive Bidding)。在采用选择性招标时,招标人不会在媒体上发布广告,而是根据具体的业务关系和情报资料,直接邀请特定的专业公司参与投标,这些公司在通过资格预审后,方可进行投标。

2) 谈判招标

谈判招标常见于中小型企业。谈判招标(Negotiated Bidding),也称为议标,是一种非公开且非竞争性的招标方式,常见于中小型企业。在这种招标过程中,招标人会选择几家专业公司,直接进行合同谈判,如果谈判成功,双方就能达成交易。

3) 两段招标

两段招标则多见于政府公共部门。两段招标(Two-Stage Bidding)是一种结合了无限竞争招标和有限竞争招标的综合方式。在这种招标过程中,首先进行公开招标,再用选择性招标的方式,共分两段进行。

2. 招标准备工作

企业在招标前的主要准备工作,包括但不限于以下几个方面:

制定投标公司的资格要求

撰写招标公告

撰写投标书文件

制定评标标准

举办企业内部的评标说明会(培训)

2.1.2 招标的标准流程和方法

招标的标准流程通常包括以下七个步骤:发招标公告、资格预审、编制投标书、递送投标文件、开标、评标和决标以及中标签约等。

1. 第一步:发招标公告

在中国,关于招标公告的发布,可以参考《招标公告和公示信息发布管理办法》(国家发展改革委 2018 年发布)。对于依法必须招标的项目,其公告和公示信息应当在中国招标投标公共服务平台或者项目所在地省级电子招标投标公共服务平台上发布。国家已经不再指定《中国日报》《中国经济导报》《中国建设报》、中国采购与招标网(简称"三报一网")作为发布招标项目公告的法定媒体。

对于非必需招标的管理项目,企业可以选择直接向特定的专业公司发出邀请。

本教材的附录 4 是一份招标公告的范本,需要说明的是,"投标控制价"和"投标保证金"并非企业公告必须包含的内容。此外,还存在一些特殊情况,比如先进行比选、后进行资格审核的做法。

2. 第二步:资格预审

资格预审旨在解决招标过程中的一些问题,比如评审时间过长、整体效率不高等,通过资格预审,可以淘汰一部分潜在的投标人,并确定合格的潜在投标人。

1) 资格预审公告及文件要求

在进行资格预审时,需要发布资格预审公告。公告中通常会要求投标人提供以下资格预审文件:资格预审申请函、法定代表人身份证明、授权委托书、申请人基本情况表、近年财务状况表、近年完成的类似项目情况表、正在开展的和新承接的项目情况表、近年发生的诉讼及仲裁情况、其他相关材料等。发布的媒介与第一步中提到的招标公告相同,在相关媒体或网站上,信息的有效展示时间为 5 个工作日。

2) 资格预审流程

在招标过程中,资格预审是一个关键步骤。第一步,需要发布资格预审文件,明确提出对投标人的要求。第二步,接受潜在投标人提交的资格预审申请,并对他们进行资格预审。资格预审的流程和审查项目如表 2-1 所示。

表 2-1　资格预审的流程和审查项目

资格预审流程	审查项目
初步审查	投标资格申请人名称 申请函签字盖章 投标文件格式 投标文件有效性和完整性 联合体申请人

续　表

资格预审流程	审查项目
详细审查	专业公司的营业执照 专业公司的资质证书 质量管理体系认证书(非强制) 财务指标和资信 类似项目的业绩经验 信誉记录 项目经理和咨询师的资格证书 其他
设备审查	履行项目合同所必需的设备 (管理项目中通常不作审查)

评审标准通常有两种:合格制和有限数量制。合格制是根据资格预审文件中设定的标准进行评审,而有限数量制则是在合格制的基础上,进一步按照文件中的标准、方法和数量要求对投标人进行评审和排序。资格预审的评分标准如表 2 - 2 所示。

表 2 - 2　资格预审评分标准

分类	评审因素/项目		评审标准		
			标准	加分项	减分项
1.投标人	企业资质	专业咨询公司资质	国际:CMCFIRM®	+10 分	
			中国:甲级/5A	+5 分	
			中国:乙级/4A	+3 分	
			中国:丙级/3A	+1 分	
		ISO 标准体系证书	有	+1 分	
	企业诚信	上两年度银行信用等级	AAA 级	+2 分	
			AA 级	+1.5 分	
			A 级	+1 分	
		上两年度工商部门重合同守信用	地市级及以上	+2 分	
			县市级	+1 分	
		上两年度被评为先进企业	地市级及以上	+2 分	
			县市级	+1 分	

续　表

分类	评审因素/项目		评审标准		
			标准	加分项	减分项
1. 投标人	企业业绩	上两年度获优秀项目评选	国际级	+3分	
			国家级	+2分	
			省市级	+1分	
		上两年承接类似项目数量	5个以上	+5分	
			3～5个	+3分	
			1～2个	+1分	
	财务状况	上两年度企业净利润(盈利能力)	500万元以上	+3分	
			200万～499万元	+2分	
			100万～199万元	+1分	
		上两年度平均净资产	500万元以上	+3分	
			200万～499万元	+2分	
			100万～199万元	+1分	
	市场行为	公司有行贿行为	2次以上		−10分
			1次		−5分
		公司的员工有行贿行为	3人以上		−15分
			2人		−10分
			1人		−5分
		有弄虚作假行为	3次以上		−15分
			2次		−10分
			1次		−5分
		有劳动仲裁或诉讼的败诉行为	集体事件		−10分
			普通事件		−5分
	机构管理	经营场所(办公面积)	500平方米以上	+6分	
			300～499平方米	+4分	
			100～299平方米	+2分	
		机构雇员	20人以上	+4分	
			11～19人	+3分	
			5～10人	+2分	

续　表

分类		评审因素/项目	评审标准		
			标准	加分项	减分项
1.投标人	机构管理	部门设置齐全:营销、咨询项目、行政人事等			少1个扣1分 最多扣2分
		经营管理状况(正在开展的项目数量和项目经理数量)	5个以上	+2分	
			3~4个	+1.5分	
			1~2个	+1分	
	履行合约情况	上一年度完成项目情况(30万元以上的项目才计算)	3个以上	+2分	
			1~2个	+1分	
		上一年度累计产值	1000万元以上	+2分	
			500万~999万元	+1分	
2.投标项目总师	项目总师资质	工商管理资格资历(含咨询师资格)	CMC®总师/首席	10分	
			CMC®国际注册师	5分	
			管理咨询师	2分	
		工商管理学历学位	DBA/博士	10分	
			MBA/硕士	5分	
		其他管理类职业资格证书	有	1分	
	项目总师信誉	获个人优秀评选	国际级	+2分	
			国家级	+1.5分	
			省市级	+1分	
	项目总师业绩	上两年度获优秀项目评选	国际级	+5分	
			国家级	+4分	
			省市级	+3分	
		上五年完成的类似项目数量	5个以上	+2分	
			3~4个	+1.5分	
			1~2个	+1分	
		上五年完成的合同金额	500万元以上	+3分	
			200万~499万元	+2分	
			100万~199万元	+1分	

分类	评审因素/项目		评审标准		
			标准	加分项	减分项
市场行为	有行贿行为		2次以上		−10分
			1次		−5分
履约情况	上一年度完成项目情况（30万元以上的项目才计算）		3个以上	＋2分	
			1～2个	＋1分	

说明1：CMC®、CMCFIRM®是CMC协会/国际咨询协会（总部位于英国）的授权注册商标。只有CMC协会/国际咨询协会有权颁发个人CMC®证书和单位CMCFIRM®证书。

说明2：评分标准中列出了一些可供参考的因素和标准。在使用这些标准时，可以根据实际情况对评分项进行增减或调整。

说明3：即使在柯蒂斯音乐学院这样的知名学府学习，如果没有格拉夫曼这样杰出的老师，学习效果也会受到限制。实际上，学习成果很大程度上取决于你跟谁学。这和投资基金的选择类似。为了提高成功的概率，企业不但要选择明星专业公司，更需要选择明星项目经理和项目总师。正确的选择本身就是一门学问。这就是在示例中，项目总师的知识体系、资质能力、项目经验的评分占比较高的原因。

经资格预审后，招标人应当向资格预审合格的投标申请人发出资格预审合格通知书，告知获取招标文件的时间、地点和方法。同时，向资格预审不合格的投标申请人告知资格预审结果。如果资格预审合格的投标申请人数量过多，招标人可以从中选择不少于7家的资格预审合格的投标申请人参与后续的投标过程。

3. 第三步：编制投标文件

为了统一格式和便于比较，企业通常会编制投标文件的范本，并将其提供给资格预审合格的投标人。

投标书一般分为商务投标书和技术投标书。技术投标书，也就是专业公司提供的《项目建议书》，在互联网上可以找到很多相关的学习案例。企业撰写的招标书的范本，可以参考本教材的附录6。

在这一阶段，为防止投标人中标后不签订合同，招标人有时会要求投标人提交投标保证金，金额通常为投标总价的3％～10％。投标保证金可以用银行保函或备用信用证代替现金担保（具体要求依据企业投标公告）。因此，投标人需要在投标之前落实担保人。实际上，在管理项目中，要求提供担保的情况较少。

4. 第四步:递送投标文件

投标人在递送投标文件时,只要遵循了投标要求的递送方式,无论是直接送达还是邮寄送达,都是正确的。

投标文件应包括投标书要求的全部文件、投标书中单项说明的附件,以及其他必要文件。特别需要注意的是,按照投标文件的要求对文件进行密封,并确保在规定的时间内送达指定地点。

5. 第五步:开标

开标是指在投标人提交了投标文件后,招标人依据招标文件中预先公布的时间和地点,公开开启这些密封的投标文件,并当众宣布投标人的名称、投标价格以及其他主要内容的过程。在开标过程中允许在场的投标人进行记录或录音。

开标完成后,投标人不得对已提交的投标内容进行任何更改。

开标是招标过程中一个对外公开透明的重要环节,以确保招标工作的公平性和公正性,但这并不代表当场就会确定中标人。

开标的出席人员:评标委员会主任委员、副主任委员、技术评委、商务评委、审计或公证人员,以及各投标人的法定代表人或委托代理人、咨询师、投标人的商务人员等。

开标的工作流程如下:

主持人讲话

评标委员会主任委员讲话

投标单位验标

按照投标单位签到顺序(或者抽签方式)开标,公开宣读每个投标单位的投标函,同时由审计或公证人员监标

汇总、整理各投标人的报价

6. 第六步:评标和决标

"现场决标"的评标方法是指在开标现场,在审计或公证人员的监督下,以及投标人在场的情况下,评标委员会对投标书进行复核和评审。核审完成后,按照招标文件规定的中标条件,直接确定预中标公司。现场决标以其简洁明快的特点受到青睐。需要注意的是,在编制投标书文件时,应在投标人须知资料表中载明该管理项目将采用"现场决标"评标方法。

"评标"。评标不仅考虑价格因素,还包括方案的技术质量、项目进度,以及所提供的服务等各方面条件,这些都会影响投标的优劣。因此,招标人必须对投

标进行审核、比较,并最终择优确定中标人选。

评标和决标的工作流程有如下几个方面:

(1)审查投标文件。对投标文件进行细致审查,确保其内容符合招标文件的要求,计算无误,技术方案可行。

(2)比较投标人条件。比较各投标人的交易条件,可以通过逐项打分、集体评议或投票表决的方式来确定中标人选。初步确定的中标人选可能包括一个或多个替补人选。

(3)资格复审。对初步确定的中标人选进行资格复审。如果第一中标人复审合格,即成为中标人。否则依次复审替补中标人。如果出现以下任一情况,招标人可以宣布招标失败,并重新组织第二轮招标:参加投标人数量太少,缺乏足够的竞争性;所有投标书均不符合招标要求;投标价格明显高于国际市场的平均价格。

1) 技术评标

出席人员:评标委员会主任委员、副主任委员、技术评委、审计或公证人员。

技术评标流程如下:

将装有技术标书的密封袋编号

核对投标文件对招标文件的响应情况,填写《评标记录表》,由全体技术评委签名

评估各技术方案,确定各技术方案是否可行

每位技术评委分别对各投标文件按照从优到劣进行排序,由每位技术评委独立填写《评标结果表》并签名

2) 商务评标

出席人员:评标委员会主任委员、副主任委员、商务评委、审计或公证人员。

商务评标流程如下:

核对投标文件对招标文件的响应情况,填写《评标记录表》

核实投标人的资质情况,核实投标函和投标文件是否相符,填写《评标记录表》,由全体商务评委签名

每位商务评委分别将投标单位按照投标价格从高到低进行排序,由每位商务评委独立填写《评标结果表》并签名

3) 技术澄清

技术澄清是通过明确和解释技术细节、要求和标准,以确保各方对技术方案的理解一致,避免误解和歧义。

出席人员：评标委员会全体成员、审计或公证人员、各投标人的法定代表人或委托代理人、技术人员。

澄清过程将按投标人顺序逐个进行，澄清结束填写《澄清函》以记录所有讨论和澄清的结果，并由各投标单位的法定代表人或其委托代理人签名确认。

4）商务澄清

出席人员：评标委员会主任委员、副主任委员、审计或公证人员、商务评委、各投标人的法定代表人或委托代理人、其他相关人员。

在商务澄清过程中，评标委员会将对各投标人逐一进行澄清。澄清结束后，需要填写《澄清函》，详细记录澄清的内容和结果。《澄清函》需由各投标单位的法定代表人或委托代理人签名确认。

5）竞争性谈判

出席人员：评标委员会主任委员、副主任委员、审计或公证人员、商务评委、各投标人的法定代表人或委托代理人、其他相关人员。

对投标人逐家进行谈判。

6）决标

出席人员：评标委员会全体人员、审计或公证人员。

确定中标单位，全体评委在《投标人最终评分汇总及排名表》上签名。

7. 第七步：中标签约

确定中标人后，招标人将以书面形式通知中标人在规定期限内到招标人所在地签订项目合同。

此外，本教材附录提供了一份非常有参考价值的《管理项目服务合同》范本，该范本分别从企业和专业公司两个角度对合同条款进行了设计。

延伸：

在中国，关于企业招投标管理也应该参考《中华人民共和国招标投标法》（2019 年修正版），并密切关注相关法规的修订和时效性。

招标流程中的相关评标表格，见本教材的附录 7。

2.2　管理项目的成本管理

项目成本管理的各个过程包括规划成本管理、估算成本、制定预算以及控制成本。本节将详细介绍全面项目成本管理体系,包括具体的管理内容和方法,主要介绍一种常见且理想的项目成本控制方法——挣值管理法(EVM)。

与工程项目相比,管理项目的成本管理相对简单。企业在启动项目时,通常会根据企业需求的重要性和紧急程度,在预算范围内,通过货比三家的情况来做出决策。大多数企业在面对问题时,追求的是成本费用与有效性之间的平衡解决方案。此外,也有一些"行规"的数据可供参考,诸如:

对于高新技术企业,近一年销售收入小于5 000万元,研发费用应占5%以上;销售收入在5 000万元至2亿元之间,占比4%以上;销售收入2亿元以上的企业,占比3%以上。

对于咨询培训费用,中小企业应占总预算的2%到5%,而大型企业应占总预算的10%到20%,这被认为是一个比较合理的范围。

业界也有观点认为,管理咨询费用应控制在企业营业额的1%至5%之间。

2.2.1　全面项目成本管理体系

全面项目成本管理体系包括如下两个层次:

1. 组织管理层

负责项目全面成本管理的决策制定,确定项目的合同价格和成本计划,确定项目管理层需要达成的成本目标。

2. 项目管理委员会/项目小组

负责项目成本的日常管理工作,实施成本控制,实现项目管理目标责任书中设定的成本目标。

成本管理应包括成本计划、成本控制、成本核算、成本分析和成本考核等方面。

2.2.2　项目成本管理的具体内容

项目成本管理的具体内容主要包括成本计划、成本估算、成本预算、成本控制四个过程。这些过程对于在预算内完成项目至关重要。

1. 成本计划过程

成本计划过程需要确定完成项目各项活动所需的资源(包括人力、设备、材料)以及每种资源的具体需求量。

项目成本计划编制的主要依据包括项目范围基准、项目进度基准和其他相关信息(如风险等)。其中,项目范围基准(包括项目范围说明书和 WBS 的详细信息)定义了项目成本的总额;项目进度基准则定义了项目成本发生的时间点。

编制方法:利用工作分解结构(WBS)等工具将项目分解成一系列具体的活动,并对活动进行定义。

结合项目进度计划,估算各项活动所需的资源和工时,确定项目需要哪些资源、每种资源需要多少、何时投入资源,并据此编制资源需求计划。

根据资源需求计划,进行项目成本的估算,并编制成本预算计划。

2. 成本估算过程

成本估算过程涉及对完成项目各活动所需每种资源成本的近似值进行估算。其核心任务是确定整个项目所需的人力、设备和费用等成本要素及其具体费用。

常见的成本估算方法有以下四种:

1) 经验估算法

也称专家判断法,根据个人的经验对项目成本进行近似估算。实际上,为了提高估算的准确性,常采用专家小组法和德尔菲法。

2) 类比估算法

也称自上而下法,通过与已完成的类似项目的实际成本进行比较,来估算出当前项目的成本。

3) 参数估算法

利用项目的特性参数,建立数学模型来估算项目成本。例如,在工业项目中,可以使用项目设计的生产能力作为参数来进行成本估算。

4) 基于工作分解结构(WBS)的估算法

也称自下而上法,先将项目任务细分到可以确认的程度,然后对每个 WBS 要素的费用进行估算。即先对 WBS 中的所有工作包分别进行成本估算,逐级累加计算出项目的总成本,最后加上企业管理费和间接费用,得出整个项目的目标成本。

专业公司的项目成本计算见教材第 2 部分第 5.3.2 章节的"项目经济预算"。

3. 成本预算过程

成本预算是将估算出的总成本分配到项目的各具体工作中。

成本预算一般以项目的工作分解结构为基础,从总体到细节,将估算的项目总成本逐层分解,直至将成本定额落实到具体的工作分解结构(WBS)要素上,这个过程与基于 WBS 的成本估算法相反,后者是从下至上进行成本估算。

4. 成本控制过程

成本控制涉及对项目预算的变更进行管理。

以上四个过程相互影响、相互作用,有时还会与项目外部的过程发生交互影响。根据项目的具体情况,每个过程可能由一人、数人或小组完成。在项目的每个阶段,上述过程至少会出现一次。

2.2.3　项目成本管控的方法

一般管理项目的成本管控目的在于确保项目支出不超过预算。

然而,对于投资较大的管理项目,仅仅控制成本不超预算是不够的。项目成本管控的重点应该是评估项目资金支出所带来的价值,并分析支出与已经完成工作之间的关系。因此,挣值管理法(EVM)成为一种常见且理想的项目成本控制方法。

挣值管理法,也称偏差分析法,是一种将项目绩效与时间计划、成本预算和实际成本相联系的绩效测量方法。它使用工作量的预算费用来衡量项目进度,从而判断项目的成本和进度绩效是否和计划相符。

具体来说,挣值管理法涉及以下三个关键变量:把某个阶段计划完成工作量的预算费用称为计划价值(PV),也可称为计划工作量的预算费用(BCWS);把这一阶段实际完成工作量的预算费用称为挣得价值(EV,简称挣值),也等同于实际完成工作量的预算成本(BCWP);这一阶段完成工作量的实际费用称为实际成本(AC),即实际完成工作量的实际费用(ACWP)。计算公式如下:

PV＝BCWS＝计划完成工作量×预算定额

EV＝BCWP＝实际完成工作量×预算定额

AC＝ACWP＝实际完成工作量×实际单价

通过比较 PV、EV、AC,我们可以判断项目的进度和成本状态(见表 2-3):

表 2-3　项目进度和项目成本的状态

项目成本	项目进度		
	SV＞0,SPI＞1	SV＝0,SPI＝1	SV＜0,SPI＜1
CV＞0,CPI＞1	进度超前,成本节约	进度＝计划,成本节约	进度滞后,成本节约
CV＝0,CPI＝1	进度超前,成本＝预算	进度＝计划,成本＝预算	进度滞后,成本＝预算
CV＜0,CPI＜1	进度超前,成本超支	进度＝计划,成本超支	进度滞后,成本超支

（1）进度偏差（SV）＝EV－PV＝BCWP－BCWS：SV 为正值,表示进度提前;SV＝0,表示与计划相符;SV 为负值,表示进度延迟。

（2）成本偏差（CV）＝EV－AC＝BCWP－ACWP：CV 为正值,表示实际成本低于预算;CV＝0,表示实际成本等于预算;CV 为负值,表示超出预算。

（3）进度绩效指数（SPI）＝EV/PV＝BCWP/BCWS：SPI＞1,表示进度超前;SPI＝1,表示与计划相同;SPI＜1,表示进度延迟。

（4）成本绩效指数（CPI）＝EV/AC＝BCWP/ACWP：CPI＞1,表示实际成本低于预算;CIP＝0,表示实际成本等于预算;CPI＜1,表示超出预算。

最后需要指出的是,在不涉及大型 IT 项目的日常管理项目中,挣值管理法往往不被采用。

2.3　管理项目的质量管理

项目质量管理包含三个主要过程：规划质量管理、实施质量保证和控制质量。

本章节将阐述如何识别项目质量、如何制订项目质量管理计划、项目质量控制的依据，以及控制项目质量的标准和方法。

在项目开始前，项目质量管理的首要步骤是明确项目目标和质量的定义，然后再考虑如何确保这些质量标准得到满足，并制定相应的质量衡量指标。

项目质量常常被忽视，主要有两个原因：第一，从广义上讲，项目质量不易被识别；第二，即使能够识别，也很难进行衡量和控制。管理那些不太理解的事情总是充满挑战。

2.3.1　项目质量识别和项目质量管理计划

1. 项目质量识别

在很多情况下，我们可能并不清楚项目或工作的具体质量要求是什么。项目管理协会对质量的定义是"满足需求，符合适用性"。

我们需要区分项目目标和质量。

例如，在一个 IT 项目中，项目目标可能是"成功上线 3.0 版本"，具体定义为"在第二季度结束时完成新版本发布的所有需求并成功上线"。

项目质量可以定义为"所有功能正常使用"，具体标准是"BUG 率低于 3%"。

2. 项目质量管理计划

项目质量管理计划大概包括以下几点：

质量管理的角色和职责

可以应用的工具和技术

所需的测试环境

质量衡量的时间和方式

项目过程质量控制

检查和测试的内容

可交付成果的验证

2.3.2　项目质量控制的依据

项目质量控制依赖于以下依据：

（1）可交付成果：可交付成果是项目管理中的阶段性或最终交付物，是为完成特定过程、阶段或整个项目所必需的、可验证的产品、成果或服务。

（2）项目文件：项目文件包括项目协议、质量审计报告、过程文档等。

（3）质量测量指标：这些指标具体描述项目或服务的属性，以及如何通过质量控制过程对其进行度量，比如准时性、可用性等。

（4）质量核对清单：这一工具用来核实是否已经执行了一系列必要的步骤，确保没有遗漏任何重要的质量控制环节。

（5）工作绩效数据：这些数据收集项目执行过程中，包括每个执行活动与质量有关的原始观察结果和测量值。

（6）批准的变更申请：在项目执行过程中，对项目计划提出的各种修改和变动要求。

2.3.3　项目质量控制的标准和方法

1. 管理项目的质量标准

管理项目的质量标准与工程类项目的质量标准有很大不同，很多管理项目的质量是无法通过量化标准来衡量的。

管理项目方案的质量标准评价通常包括以下几个方面：

1）内容匹配

方案有技术含量

方案提供个性化定制

方案得到客户认可

方案能够实现甚至超越客户的预期目标

2）能力匹配

客户有足够能力与资源来支持方案的长期应用

方案支持或引导企业的管理风格

3）利益匹配

方案符合企业或项目干系人[③]的利益

方案与企业的主流文化和价值观相匹配

2. 管理项目的质量控制方法

质量控制方法很多,包括质量因果分析(鱼骨图)、流程图(过程图)、因果图(石川馨图)、排列图(帕累托图)、直方图(质量分布图)、检查表(计数表)、控制图(休哈特图)、散步图(相关图)等。质量因果分析(鱼骨图)如图2-1所示。

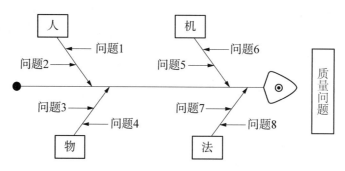

图2-1　质量因果分析(鱼骨图)

相关分析工具及具体使用方法,见国际CMC®教材T4。

2.4　管理项目的进度管理

管理项目的主要目标之一就是实现时间目标。项目进度管理包含以下几个关键过程：规划进度管理、定义活动、排列活动顺序、估算活动资源、估算活动持续时间、制订进度计划、控制进度。

在管理项目中，制订项目进度计划的过程涉及将项目分解为多个具体的活动，明确每个活动的内容，估算每个活动的持续时间，安排活动的顺序，从而确定每项活动的起始和结束时间，以形成完整的项目进度计划。

本节将详细介绍管理项目的时间进度管理控制流程和方法。重点说明项目时间进度的甘特图表达方式，以及实际项目进度的度量工具——前锋线比较法。

2.4.1　项目进度管理的控制流程

1. 管理项目的周期估算

在估算完成一项项目活动所需要的时间时，除了考虑实际的作业时间，还不应忽视其他可能影响项目时间的因素，如休息时间、验收时间、交接时间等。

此外，必须全面考虑项目的确定性约束条件和假设条件，并充分考虑风险因素对工期的影响。

常见的估算方法包括以下几种：

1）专家估算法

利用有经验的人员对活动所需时间进行分析和估算。

2）类比估算法

参考以往类似活动的数据来估算当前活动的时间。

3）参数估算法

适用于可以用定量标准计算工期的项目，基于计量单位的数据进行整体估算。

2. 管理项目活动顺序的安排

在安排项目活动顺序时，需要根据活动间的依赖关系、活动清单、项目产出物，以及项目的约束和假设条件，来编排项目活动的顺序。这项管理工作可以通过甘特图等工具来表达。

3. 管理项目进度计划的表述

编制项目时间进度计划的常用工具是甘特图,也可采用网络计划图(单代号、双代号、时标双代号)。

以下重点说明甘特图(也称横道图或条形图)的三种表述方式(见图 2-2～图 2-4):

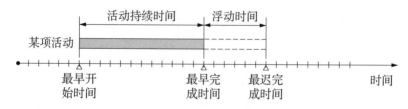

活动	持续时间	持续/天															
		1	2	3	4	5	6	7	8	9	10	11	12	13	14	15	16	17
1	3																	
2	2																	
3	10																	
4	5																	
5	4																	

图 2-2　表格式甘特图

图 2-3　项目活动在甘特图中的表达

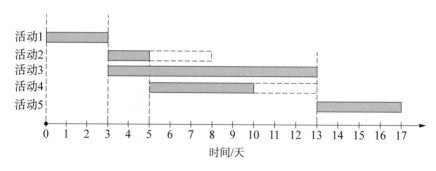

图 2-4　项目时间进度在甘特图中的表达

4. 管理项目进度计划的层次

管理项目进度计划可以按照不同的层级来制订:

第一层级的项目进度计划的内容相对简单,一般是总体计划,在项目前期的概念阶段建立。企业决策层和指导层需要关注的是项目里程碑事件的关键时间点,并不需要深入管控进度的细节。

第二层级是对第一层级工作的进一步细化,每一项工作下可能包含多个具体活动的项目要素,并需要明确项目中的责任分配和组织结构,是管理层做出决策和进行控制的工作层级。

第三层次是对第二层次工作的继续细化,倾向于模块化的计划,每个模块涵盖项目的一个特定组成部分,这样逐层细化的过程一直持续到工作分解到最底层。这一层次的计划可供执行层按照计划日程行事和掌握项目进度。

2.4.2　项目时间进度管控的方法

由于项目受到企业内外环境的不确定性影响和存在干扰,出现偏差是难以避免的。

项目进度管控的目的就是持续分析和比较项目的实际进度与计划进度,并根据需要更新进度计划。因此,加强实际项目进度的度量、控制以及对项目进度变更的管理至关重要。

1. 实际项目进度的度量和控制

通常采用前锋线比较法、横道图比较法和挣值管理法。

1) 前锋线比较法

前锋线比较法是一种评估项目实际进度与计划进度偏差及其影响的方法。在时标网络计划图上,从检查时刻的时标点出发,用点画线依次连接各项工作的实际进展位置点,形成一条折线,即前锋线。

这一方法主要分以下四个步骤:

(1) 第一步:绘制时标网络计划图。在时标网络计划图的上方和下方各设置一个时间坐标,如图 2-5 所示。

(2) 第二步:绘制进度前锋线。首先,在特定时间点画一条垂直线,代表原计划的进度;其次,根据每条路径上的实际进度,按照工作已经完成的比例,在工作箭线上从左到右标定实际进展的位置点;最后,在时标网络计划图上,从上方时间坐标的检查日期开始,依次连接相邻工作的实际进展位置点,直至与下方坐标的检查日期相连接。

(3) 第三步:比较实际进度和计划进度。实际进度和计划进度的比较结果可能存在以下三种情况:实际进展位置点和检查日期重合,表示实际进度和计划进度一致;实际进展位置点落在检查日期的右侧,表示实际进度超前;实际进展位置点落在检查日期的左侧,表示实际进度延误。

整个项目的比较结果有四种可能,如图 2-5 所示:

实际进度前锋线与计划进度重合,表示项目进度符合计划;实际进度前锋线落在计划进度的右侧,表示项目进度超前;实际进度前锋线落在计划进度的左侧,表示项目进度延误;实际进度前锋线部分落在计划进度的右侧、部分在左侧,表示项目中部分工作超前,而部分工作延误。

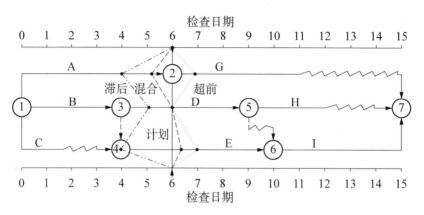

图2-5　前锋线比较法及结果

说明:在图纸上,不同的线条用来表示项目进度的不同状态。点画线是计划的进度线;点式虚线位于计划进度线右侧,表示进度超前;双点画线位于计划进度线的左侧,表示进度延误;虚线部分如果同时位于计划进度线的左侧和右侧,表示项目中存在混合状态,即部分工作进度超前,而部分工作进度延误。

（4）第四步:预测进度偏差的影响。根据项目中各任务的自由时差和总时差,可以预测进度偏差对后续工作和项目总周期的影响,并判断是否需要采取纠偏措施。

这一方法本身并不提供纠偏措施,需要采取其他方法,例如,调整关键活动或非关键活动的进度,改变某些活动的逻辑关系,重新编制项目计划等。

2）横道图比较法

横道图比较法是将项目实际进展中的信息整理后,直接并列标在原计划的横道线上,可以进行直观比较,分析偏差的影响,并找出偏差原因。

3）挣值管理法

挣值管理法是一种将资源计划与进度安排、技术成本和进度要求相结合的技术,包括项目成本控制。详见本教材第1部分第2.3章节。

2. 项目进度变更的控制

项目进度变更的控制主要涉及管理流程,包括对项目进度变更的申请、审批和实施过程的控制。

2.5　管理项目的人力资源管理

企业管理项目的成功在很大程度上取决于任命的项目经理。本节将介绍国际上的几种项目经理的胜任力模型,帮助企业掌握培养和任命项目管理人才的标准,以及组建项目团队的原则、流程和关键因素,从而有效进行项目人力资源管理。

2.5.1　组织结构中的项目经理

项目是由项目经理领导的项目小组成员(项目团队)来完成的。因此,选择合适的项目经理显得非常重要。

1. 从管理角度来看,项目管理在两个层面上进行

公司层面(或项目群、项目组合层面):一般由企业决策层,如总经理主导,项目管理委员会辅助实施。

项目层面:一般由项目经理主导,大型管理项目还会下设项目经理部(也称项目部),具体工作由项目组成员执行,他们负责按照项目规划,合理调配利用资源,在成本预算和时间进度内完成项目要求。

2. 从组织的角度来看,项目管理分为四个层次

分别为项目决策层、项目指导层、项目管理层、项目执行层,如图 2-6 所示。

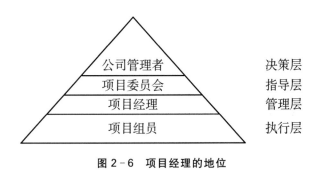

图 2-6　项目经理的地位

2.5.2　项目经理的胜任能力

1. 通用项目经理的胜任力模型

胜任力模型是担任某一特定角色所需能力的综合,通常分为五个层次:知识

（Knowledge）、技能（Skills）、自我意识（Self-concept）、特质（Traits）、动机（Motives）。

其中，知识和技能容易测量，例如，知识可以通过学历学位证书，如工商管理硕士（MBA）、工商管理博士（DBA）来证明，技能可以通过资历/资格证书，如CMC®总师/首席、CMC®国际注册师来认证，或者通过考试、面试、简历等方式来评估，也可以通过培训、实践来提升。而自我意识、特质和动机是内在的、难以直接测量的素质部分，需要专家技能来评估。

为了有效管理项目，项目经理除了需要具备特定应用领域的专业技能和通用管理能力之外，还需要具备以下三个方面的能力：

1）知识能力

包括企业管理知识，以及项目管理的过程、工具、技术在项目活动中的应用知识。这涉及项目经理对项目管理的理解和掌握程度。

2）实践能力

项目经理应用所掌握的项目管理知识来执行任务和达成目标。项目经理的执行力，即运用项目管理知识来满足项目要求的技能。可以通过以下五个维度进行评估：

（1）项目启动：确保项目符合企业目标和客户需求；初步项目范围应涵盖项目干系人的需求和期望；理解项目高风险、假设和限制条件；识别项目干系人及其需求；批准项目章程。

（2）项目计划：确定项目范围；批准项目进度安排；批准成本预算；明确项目团队的角色和职责；制定并确认沟通活动；建立质量管理过程；批准风险应对计划；定义整体变更控制过程；批准采购计划；批准项目计划。

（3）项目执行：完成项目范围内的工作；管理项目干系人的期望；管理人力资源；按计划管理质量；管理物质资源。

（4）项目控制：跟踪项目进度并向项目干系人通报项目状况；管理项目变更；质量监控；风险监控；管理项目团队；合同管理。

（5）项目验收：接受项目成果；释放项目资源；衡量和分析项目干系人对项目的认知；正式交割项目。

3）个人素质能力

项目经理的个人能力，包括行为、态度、核心人格和领导力特征，可以从以下6个维度进行评估：

（1）沟通能力：主动倾听、理解和回应项目干系人的需求；保持有效沟通；确保信息质量；采用因人制宜的沟通方式。

（2）领导能力：创造和维持高绩效的团队氛围；建立和维持有效的人际关系；激励和指导项目团队成员；承担责任，对项目的完成负责；展现影响力，引导团队向目标前进。

（3）管理能力：建立和维持项目团队；有条理地计划和管理项目；解决项目团队和项目干系人之间的冲突。

（4）认知能力：从宏观角度看待项目；有效解决问题；应用合适的项目管理工具和技术；寻求改进项目结果的机会。

（5）有效性：解决项目问题；维持项目干系人的参与、激励和支持；调整节奏以满足项目需求；采取果断措施应对挑战。

（6）专业性：致力于项目的成功；诚实地运作项目；恰当处理个人和团队的困境；客观处理个人和企业的问题；管理多元化的员工团队。

2. 国际项目管理协会的项目经理胜任力模型

国际项目管理协会（IPMA）的项目经理胜任力模型是基于项目管理专业资质标准（ICB）建立的，以下是 IPMA－ICB 不同版本的概述：

1）ICB 2.0

项目管理知识、项目管理经验、个人态度和总体印象，包含 3 方面 60 项评估指标。

2）ICB 3.0

管理技术、组织行为、环境感知，包含 3 方面 46 项评估指标。

（1）管理技术能力要素（20 个）：涵盖成功的项目管理、利益相关者、项目需求和目标、风险与机会、质量、项目组织、团队协作、问题解决、项目结构、范围与可交付物、实践和项目阶段、资源、成本和财务、采购与合同、变更、控制与报告、信息与文档、沟通、启动、收尾。

（2）组织行为要素（15 个）：包括领导、承诺与动机、自我控制、自信、缓和、开放、创造力、道德规范、结果导向、效率、协商、谈判、冲突与危机、可靠性、价值评估。

（3）环境感知要素（11 个）：涉及面向项目；面向大型项目；面向项目组合；项目/大型项目/项目组合的实施；长期性组织；运营；系统、产品和技术；人力资源管理；财务；健康/保障/安全与环境；法律。

3) ICB 4.0

人员（People）、实践（Practie）、认知（Perspective），包含 3 方面 29 项评估指标：

（1）人员要素（10 个）：反省和自我管理、个人诚信和可靠性、个人沟通、关系与管理、领导力、团队合作、冲突与危机、智谋、谈判、结果导向。

（2）实践要素（14 个）：项目设计、要求与目标、范围、时间、组织与信息、质量、财务、资源、采购、计划与控制、风险与机遇、干系人、变化与变革、选择与平衡（只适用于项目集和项目组合）。

认知要素（5 个）：战略，治理、结构和过程，遵守标准和制度，权力和利益，文化和价值。

2.5.3　项目总裁［CMC‑2（Ⅱ）总师/首席］

管理项目中的项目总裁［CMC‑2（Ⅱ）总师/首席］具有以下的特殊角色：

（1）总设计师：项目需要一个成熟的总体设计才能成功。没有良好的设计，项目可能无法完成或在中途失败，造成损失。无论是小规模的企业项目还是国家级的重大项目，都需要一个总体性的正确设计。例如，中国改革开放的成功就归结于邓小平的总体设计智慧。

（2）项目总裁：在弱矩阵和矩阵形组织结构中，项目经理通常属于中层管理岗位，职责和权限有限。

在大型项目中，项目总裁负责决策和处理重大项目事务，调控组织内部的重大项目。企业总裁也应具备总师的素质。

（3）总监理师：尽管管理项目没有像工程项目那样引入监理机制，但项目指导层仍承担着监理的职能，包括"四控、两管、一协调"。

工程监理是一种专业化服务活动，它对项目建设的实施进行监控。在国际上，这项服务通常被归类为工程咨询或工程顾问服务。监理服务的核心价值在于其目标控制的能力，包括拥有专业人员和科学方法，以及独立性、公平性。监理服务的具体内容包括"四控、两管、一协调"，即项目建设的投资控制、工期控制、质量控制、安全控制；进行信息管理、合同管理；协调有关企业之间的工作关系。

（4）准仲裁员：仲裁员是在仲裁案件中负责对当事人之间的权益纠纷进行评判，并作出决定的中立裁判者。他们拥有法定权力，可以根据仲裁规则和法律对争议双方的诉求进行公正的裁决。而准仲裁员虽然没有那样的法定权力,但在项目中遇到争议或决策困难时,扮演着专业的角色。

（5）培养项目经理:在企业中,项目经理的培养责任往往落在总师的肩上,总师凭借其丰富的经验和深厚的专业知识,被视为最佳的项目经理导师。在国际 CMC® 认证体系中,这种培养项目经理的能力被特别认可,并定位为 CMC-Ⅱ 总师/首席级别。

2.5.4　项目团队建设和人力资源管理

1. 项目团队的组建原则

1）人员数量与项目匹配

项目团队的人员数量应与项目需求相匹配。过多或过少的人员配置都不好。提倡项目团队兼职,采用扁平化结构以精简组织结构。

2）成员知识和技能与项目匹配

遵循"合适"原则,把合适的人放在合适的岗位做合适的事情。由于项目任务的多样性,应配备具有不同知识和技能的人员。

3）成员能力和岗位要求的胜任力匹配

应先根据项目流程设立岗位,然后匹配合适的人员。如果人员能力不足,则无法胜任工作;如果人员能力过高,则可能导致人才浪费和工作不满意。

2. 项目团队的组建流程

项目经理在组建项目团队时,通常会遇到两种情况:一种是先有一个熟悉的团队,然后根据团队的特点去匹配合适的项目;另一种是先有项目,再根据项目需求去寻找合适的团队成员。除了那些需要高度创新且必须组建全新团队的项目外,大多数情况下,团队的组建都是介于这两种情况之间,即根据团队的特点寻找适合的项目,然后根据项目的特点对团队进行相应的调整。

组建项目团队一般包括以下五个步骤:

人力资源需求分析

项目团队设计:设计团队组织结构和岗位

项目团队的初始组建

项目团队的完善

项目团队的维持:根据项目不同阶段的需求,调整团队成员的数量和类型

3. 项目团队的成功关键因素

一个成功的项目团队需要具备以下关键因素：

建立共同目标

分工合作

制定团队规则

有效沟通

培养团队精神

提升成员的执行力

获得外部支持

麦肯锡公司还提出了一个良好项目团队的 7 个要素，分别是：目的、目标、角色、职责、团队规模、技能、共同的工作方法（见图 2-7）。

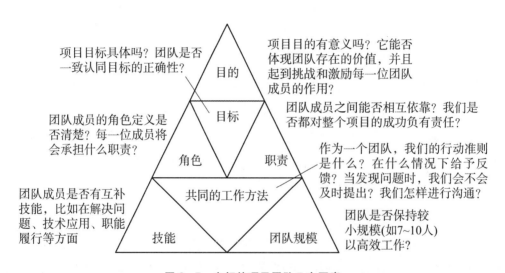

图 2-7　良好的项目团队 7 个要素

4. 项目人力资源管理

美国项目管理协会认为，项目人力资源管理包括组织、管理与领导项目团队的各个过程，即规划人力资源管理、组建项目团队、建设项目团队和管理项目团队（见图 2-8）。

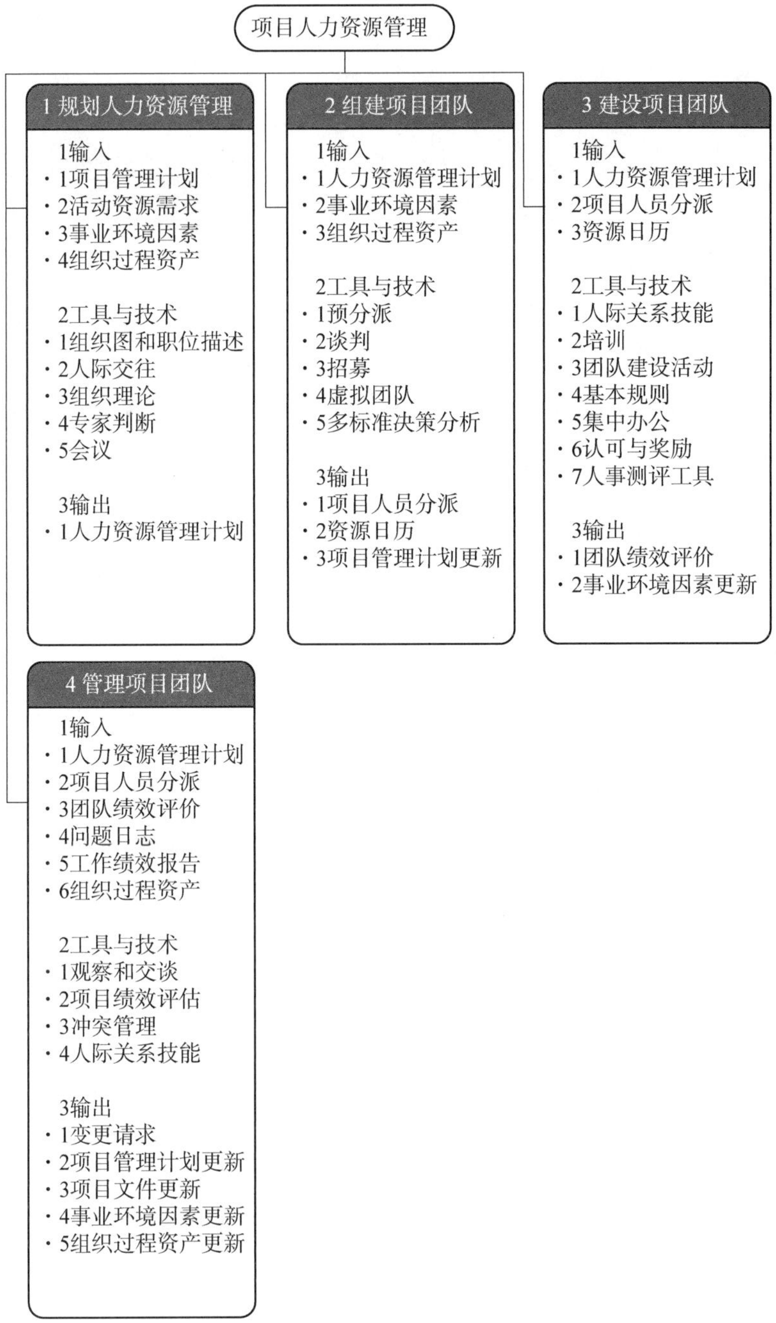

项目人力资源管理

1 规划人力资源管理

1 输入
· 1 项目管理计划
· 2 活动资源需求
· 3 事业环境因素
· 4 组织过程资产

2 工具与技术
· 1 组织图和职位描述
· 2 人际交往
· 3 组织理论
· 4 专家判断
· 5 会议

3 输出
· 1 人力资源管理计划

2 组建项目团队

1 输入
· 1 人力资源管理计划
· 2 事业环境因素
· 3 组织过程资产

2 工具与技术
· 1 预分派
· 2 谈判
· 3 招募
· 4 虚拟团队
· 5 多标准决策分析

3 输出
· 1 项目人员分派
· 2 资源日历
· 3 项目管理计划更新

3 建设项目团队

1 输入
· 1 人力资源管理计划
· 2 项目人员分派
· 3 资源日历

2 工具与技术
· 1 人际关系技能
· 2 培训
· 3 团队建设活动
· 4 基本规则
· 5 集中办公
· 6 认可与奖励
· 7 人事测评工具

3 输出
· 1 团队绩效评价
· 2 事业环境因素更新

4 管理项目团队

1 输入
· 1 人力资源管理计划
· 2 项目人员分派
· 3 团队绩效评价
· 4 问题日志
· 5 工作绩效报告
· 6 组织过程资产

2 工具与技术
· 1 观察和交谈
· 2 项目绩效评估
· 3 冲突管理
· 4 人际关系技能

3 输出
· 1 变更请求
· 2 项目管理计划更新
· 3 项目文件更新
· 4 事业环境因素更新
· 5 组织过程资产更新

图 2-8　项目人力资源管理

第 **2** 部分

专业篇：

CMC® 咨询师的项目管理

经典管理箴言

马文·鲍尔（Marvin Bower）
麦肯锡咨询（McKinsey & Company）创始人之一

"客户利益高于公司利益。"
"专业精神是咨询行业的基石。"
"领导者的任务是创造价值，而不是控制。"

CMC institute
International Consulting Association
CMC 协会/国际咨询协会推荐系列

第 **3** 章

项目咨询师及咨询项目的过程方法

本章将分别阐释工商管理项目中的企业内部咨询师和外部咨询师，并探讨企业为何会组建内部咨询小组或设置内部咨询师岗位，还将讨论企业内部咨询师的岗位、角色、特点以及所需技能，同时也会涉及内部咨询师的职业生涯。此外，本章还会探讨企业与外部咨询师之间的关系，以及外部咨询师如何在管理项目的整个生命周期中保持专业形象，与企业建立并保持信任、友善的关系。

同时，我们会说明咨询师的专家基本技能，重点在于撰写报告和报告的演示说明能力，以及如何训练这些技能。企业对咨询师或专业公司的感知印象，通常基于撰写的报告和演示说明，这包括报告的 PPT 模板、布局、图形、颜色、文字等显性方式，以及演讲人、思维方式、观点和态度、交流过程等隐性方式。

对于涉及战略层面的项目，咨询师尤其需要具备预测甚至决策能力、资源整合能力，他们需要从产业、市场、竞合和企业的高度看问题，拥有从太空看地球的视野。咨询师还需要广泛涉猎政治、经济、哲学等领域的知识，加上大量使用管理模型工具(国际 CMC® 教材 T4)所形成的思维模式，以及通过大量成功或失败的实践经历和深度思考后形成的经验。能胜任这些要求的咨询师堪称管理精英，对大多数管理者而言是难以企及的。

最后，本章还会说明 CMC® 咨询项目管理的 4 层次、7 阶段过程(专业篇)，为读者提供一个专业的项目管理咨询框架。

3.1　企业内部咨询师

　　企业内部咨询师需要清楚认识到自己的能力、偏好、价值观,以及他们可能为企业做出贡献的方式和途径。

　　企业内部咨询师的一次成功咨询介入,应该体现在他的运作过程和影响程度这两个方面。如果你期望不断得到工作肯定或期望得到公开奖励,咨询师可能不是最适合你的职业选择。

3.1.1　企业内部咨询师岗位

　　为什么有些企业会建立内部咨询小组或设置内部咨询师岗位?赞成建立内部咨询小组或内部咨询师岗位的观点包括成本有效性、贴近企业业务、推荐建议的可信度以及能力在企业内部得到认可和保持。不过,内部咨询小组也存在缺陷,如缺乏独立性和过于保守僵化。

　　很多企业内部的项目小组工作被认为是“附庸政策”或仅起到协助推动工作的作用,导致他们的贡献就得不到承认和重视。相比之下,咨询项目团队的作用是完全不同的,他们实际上承担着企业的中小型管理项目,这些项目原本可能需要借助外部咨询师团队来完成。

　　最近几年,越来越多的企业都决定建立一个“内部”咨询团队。那么,内部咨询师角色的特点是什么呢?

3.1.2　企业内部咨询师的特点

　　内部咨询师与其他咨询师的主要不同点在于他们是为企业提供建议、指导和支持的系统的一部分。这带来了很多问题和挑战,例如,如何保持独立性,如何避免对企业中的现实状况全盘认同,导致无法提出独立的建议。

　　在给企业提供咨询服务时,内部咨询师必须清楚地意识到所有系统之间的相互依赖性,并意识到两种危险:受到这种相互依赖性的影响,以及对这种相互依赖性产生影响。

　　内部咨询师在企业中扮演着多样的角色,包括战略影响者、内部服务提供者、审核员等。

　　他们的报告特征也呈现多样性,内部咨询师或咨询小组往往直接向决策层如 CEO 报告,承担着实现企业内较大范围业务改善的任务。而一些更专业化的咨询小组,如人力资源、战略规划等,则可能向职能部门的负责人报告。

从内部影响和权力的角度来看,企业往往认为内部咨询师的这种定位具有非常重要的意义。内部咨询师的特殊优势在于他们对企业的深入了解,包括企业的各种流程、人员、环境和文化,对有效的变革方式更加敏感。

由于更能够理解企业的整体面貌,内部咨询师往往能够对长远的战略方向产生影响,深入了解方案实施的后果,从而产生归属感和成就感。经过一段时间,内部咨询师能够赢得信任,因对企业长期目标的贡献而受人尊重,并可能被委以更多内部重要工作。

内部咨询师还能在企业内部保留重要的知识和技能,并进行知识传播和转移。

然而,也需注意内部咨询师可能被内部文化所同化,无法提供外部咨询师所能提供的服务,或感到需要遵从企业内部某些既有权力的压力。

此外,内部咨询师应维持在战略层次上,避免陷入日常运作活动中,这一挑战几乎无时不在。在一个非商业项目的环境中,将内部咨询师视为企业的“免费资源”往往会导致负担过重和价值被低估。

3.1.3　企业内部咨询师的素质能力

无论是外部商业咨询师(独立顾问)还是企业内部咨询师,都需要具备很多共同的素质能力,比如聚焦客户需求、保持充沛精力以及对相应技术工具的掌握。那么,内部咨询师需要具备哪些特定的素质能力呢?

1. 系统思维和组织动态学

系统思维和组织动态学对内部咨询师的发展至关重要。内部咨询师需要熟练掌握这些领域,同时,为了保持独立性,必须深入了解自己在咨询过程中可能存在的偏见和价值观。

2. 抽象思维的能力

能够从企业内部的复杂性中抽象出简单的模式。

3. 敢于提出质疑

能够勇敢地对企业内部的战略方向和决策提出质疑,同时保持有效的工作关系。在长期工作关系中提出和面对对抗(质疑)是一种必须发展和培育的技巧。

4. 教练能力和知识转移能力

同外部商业咨询师相比，内部咨询师更需要发展教练能力，以及在企业内部分享、传播、转移最佳经验的能力。内部咨询师的一个重要角色是在较长时期内提高组织能力。灵活性、充沛的精力和乐观主义是他们的重要特征。

3.1.4　企业内部咨询师的职业生涯

进入、经历和走出内部咨询师角色的路径有很多。

第一种，那些早期就决定从事咨询行业的人可以从 MBA 教育开始。这样的人往往在商业概念和技术方面有较好的基础，但可能在初期缺乏经验。系统的 MBA 教育加上组织动态学和人际行为方面的经验，对于提供内部咨询服务是非常有益的补充。

第二种，在某一个或几个职能领域有过实际的管理经历，会使你对企业复杂的特性有更深入的认识。多职能领域经验与系统诊断能力、建立有效关系的能力有机结合，是为企业提供内部咨询服务的良好基础。

第三种切入路径是从内部咨询师转为外部咨询师。一旦进入某个企业，内部咨询师的职业发展通道就变得有限了。从内部咨询师转为直线管理者是一个可能性，但"职业的"内部咨询师可能更希望继续担任咨询师角色。其中一个选择是与企业签订 3～5 年的内部咨询师服务合同，合同到期后再更换企业。这种方式可以保持相应的独立性，还可以接触不同企业的风格，从而积累多个企业或行业的经验。

上面已经提到，转为直线管理者是离开内部咨询师角色的一个选择，而从直线管理者转到外部咨询师则是另一种职业发展路径。这可能包括加入一家专业咨询公司或作为独立的咨询师开展项目。从内部咨询师转向外部咨询师可能会面临很多挑战和两难境地。

最后，为你提供几种生存之道的建议。

（1）适当的支持网络：鉴于这个角色可能带来的孤独感，内部咨询师必须在企业内部或外部建立一个适当的支持网络。这意味着能够与信任的人探讨面临的困境，在情绪低落时发泄情感或接受鼓励和支持。

（2）平衡：内部咨询师必须寻求工作和家庭生活之间的平衡，确保拥有健康的身体和精力参与长时间工作。如果能够在频繁出差的同时享受家庭生活，或者在工作之外有独立的社会生活、体育爱好或休闲爱好，将更有助于转换视野。

（3）身心健康：积极的思想是内部咨询师的必要条件，同时必须保持充沛的精力。

（4）不断学习：必须对自己现有的能力以及需要发展的技能了如指掌，并预留时间来提升职业技能。参加必要的专业课程和职业认证（工商管理职业能力六级体系），了解你专长领域中的最新趋势和发展，避免思想落后，保持做出有效贡献的能力。

能力建立信心！

（5）容忍模糊性：如果你有强烈的控制欲望，或者被人描述为控制狂，那么必须尽量克服这一点。开发创造性，建立对模糊性的容忍能力，从而能够在"剑拔弩张"中存活下来（或者更加准确地说，应对可能向你发起的批评和攻击）。如果你有强烈的被认知愿望或虚荣心，或者喜欢按常规办事（从而对微薄的报酬感到不高兴），那么内部咨询师的角色可能不适合你。

不过，如果你喜欢创造性和开放性情势④，喜欢指导他人、通过他人实现结果，喜欢每次都做出不同凡响的事情，喜欢一种以客户为核心的工作方式，那么内部咨询师的角色可能非常适合你。它会带给你：

宝贵的经验；

在企业内外不同情境下工作的机会；

在企业内建立长期关系和延续性的空间；

为企业业务成果做出贡献的机会。

同时，它还会带给你很多艰巨的工作、多样性和挑战——如果你接受这个角色的话。

3.2　企业外部咨询师

在工商管理项目中,我们关注企业与咨询师之间的关系层面(本节主要指外部商业咨询师):双方的关系如何随时间建立,影响这种关系的因素,以及这种关系的推进如何提升管理项目的价值和质量。从这个方面着手,我们将在硬性的管理科学性基础上,把重点放在软性的管理艺术性上。

多年来,我们一直致力于咨询师培训,深知企业与咨询师的关系虽然是管理活动中的主要沟通渠道,但很少人去建设和开发。企业对管理项目的满意或不满意通常基于企业与咨询师的关系,这使得双方的关系成为项目管理活动的重要环节和润滑剂。

我们讨论企业与咨询师关系是通过讨论它与下列问题的关系来进行的:购买专业服务、知识转移方式以及促进相应的管理变革。我们认为应关注双方之间建立的个性化关系层面,即人际互动的微观层面,而非商业合同的宏观层面。在这里,我们密切关注双方的关系,就应该密切关注任务本身。我们关注的重点主要指外部咨询师,但也包括企业内部咨询师。

在上述内容结构中,你需要认真学习企业与咨询师关系的本质和目的、达成这种关系的目的和功能的主要方法体系、企业与咨询师所扮演的各种角色——明显的和微妙的,如专家、助手、合作者、代表、委员等。

3.2.1　咨询关系的本质和目的

从最简单的层面来讲,一种关系的本质和目的可以从产生这种关系的方式中得出结论。企业对自己没有能力做或决定不亲自做的事情需要寻求外部帮助,而咨询师则能够提供一定形式的帮助和专家技能来满足企业的上述需求。

用一句经典的术语来表述:咨询师通过确认、澄清并满足企业的需求,通常是通过帮助企业解决某个具体问题来实现的。虽然这种说法确实在某种程度上显示了企业与咨询师关系的核心本质,即提供服务,通常是基于商业合同的同时,还需要向企业转移知识和技能,这一点越来越成为一种趋势。专业服务的寻找和提供实际上为企业与咨询师关系的存在提供了一个背景——这种关系存在的理由,而且,不论这种关系存在的形式,你都不应该忘记这个事实。由于企业与咨询师关系使得咨询介入有可能产生效果,所以,你必须认真对待这种关系。

1. 关系的维护

对于任何一种社会关系,都存在三种关系维度:

1) 合同关系

合同是社会上常见的商业合作协议,在这种协议中,确立了相互承诺的忠诚以及严格边界和规则。

2) 理想关系

这是某种假想的承诺,在这种假想承诺中,相应的每个人都相互交流知识和需求,然后付诸行动;在默契的时候,人们需要什么或想要从对方那里得到什么,就成为一种潜意识行为。

3) 可靠关系

这是在合同关系和个性化或戏剧性关系之上的某种社会关系,在这种可靠关系中,你可以是真正的自我,你至少可以独立地、权威地组织自己的策略,并在合适的时候向其他人营销自己的观点。

虽然在绝大多数咨询师的注意力中,合同关系处于管理活动的前端;但是理想关系却是咨询师最常见的一种关系,咨询师往往处于一种专家的地位或立场。当我们分析构建成功的企业与咨询师关系(可靠关系)的时候,发现较高的可靠关系往往有利于企业与咨询师之间的互动。

2. 提供专家技能和运用的方法

外部咨询师所能提供或者企业所需求的专家技能,其本质在很大程度上影响着企业与咨询师关系的建立和形成。管理咨询需要各种各样的专家技能:经济、金融、战略运营、组织发展、品牌营销、人力资源、信息技术等等。

咨询师的专家技能应当围绕咨询工作或过程的核心展开,具体可以分为以下两大类:

1) 以"任务"为中心的管理项目,关注"问题"

咨询师往往将重点放在解决问题的具体任务上,相对减少对人和关系因素的考量。例如,在经济咨询、财务咨询和信息技术咨询中,更加注重任务本身,即"做什么"。

2) 以"过程"为中心的管理项目,关注"人"

咨询师倾向于更多地关注人的因素以及人际关系,倾向于让企业自己去解决问题,自身提供顾问式帮助,关注"怎样做"。咨询师会协助和鼓励企业深入分析问题,而非仅提供技术专家技能。

但是有个例外的情况：业务流程优化（如何开展业务）虽然也是以过程为中心的管理咨询活动，但对人的因素关注较少。

咨询师越来越需要擅长处理管理项目中的"问题"因素和"人"的因素，拥有任务专家技能和过程专家技能。

3. 企业与咨询师关系是如何开始的

企业与咨询师之间的关系常常在面对面合同谈判之前就已经开始了，尤其是理想关系。外部咨询师可能受到企业内外部的影响，在咨询活动开始之前就形成了障碍。

企业内部咨询师的优势在于：相对了解企业的文化和管理问题，与职能部门建立起了良好关系，这会对内部咨询师非常有利。但不利的是，内部咨询师与企业员工之间的沟通开放性和可信度相对会低一些，其程度取决于内部咨询师在企业中的经历。聘请内部咨询师的便利性和低成本可能会有益于企业与咨询师的关系。

外部咨询师的优势在于：相对独立、客观公正，企业对他们的专家技能有较高可信度。外部的、临时的身份或角色让企业员工防备和顾虑较少，这很可能是外部咨询师首先被考虑的原因。与外部咨询师探讨问题可能更从容，但由于缺乏对企业文化和业务的了解，建立有效的企业与咨询师关系需要更长时间。第三方推荐可以快速建立信任，缓和咨询介入的障碍。

从企业角度来看，企业与咨询师关系可能因为下列情况而变得更复杂：在大型咨询公司中，最先接触客户的业务经理或商务代表通常不参与管理项目的运作，企业希望了解项目经理是谁，并与具体运作项目的咨询师或项目总师会面。在企业对专业公司建立和维持初始关系时，这一点尤为重要。确保企业（主管项目的负责人）与专业公司负责项目运作的总师之间建立心理关系或合同关系非常重要，但这种关系最好在企业——咨询师系统的广泛领域中整合起来。

4. 谁是客户

这个问题的答案看起来可能非常简单，但如果你没有在企业与咨询师关系中尽早澄清，就可能变得非常复杂，并且往往会对咨询介入的效果产生决定性的影响。这个问题的答案也是进行深入研究的基础，详见第 3.2.3 章节中关于"定位"的内容。请思考以下问题：

你是不是认为最初同你联系的人就是客户呢

如果是这样的话，那么谁是利益相关者或项目干系人（在管理项目的结果中

有既得利益的人,以及帮助项目执行的人)

是不是有必要考虑项目发起人(那些会赞成管理项目或者为管理项目提供财务资源的人,或者管理项目的所有者)

你是不是把后者的下属人员或上级人员也包括在客户体系中

实际情形往往是:你面临的客户不只是一个,而是好几个或好几种类型,通常是一个群体或一个组织。在这种情况下,就会出现一个重要的问题:"你具体同谁打交道?"对这一问题的不同回答在很大程度上影响你采取的沟通方式和沟通风格。

彼得·科克曼(Peter Cockman)提出了一个建议:以下三种人或部门应该包括在你的客户系统中:

那些知道相应项目的

那些关注相应项目的

那些执行相应项目工作的

"那些知道相应项目的"以及那些知道能够提供帮助的人或部门,可能包括上级或部门人员,甚至包括客户/顾客。

"那些关注相应项目的"可能包括因为项目结果而受到影响或处于不利情况的人或部门,比如相应职责的责任人、管理人力资源的人、负责培训的人、项目发起人,甚至还可能包括股东。

"那些执行相应项目工作的"包括那些为项目开展而执行工作任务的人或部门:预算部门、直线管理部门、提供资源的部门,以及实现管理变革的工作群体或人员。

成功的咨询师必须认真倾听这三类人的心声。

3.2.2　如何与企业建立良好关系

1. 良好的"企业—咨询师"关系是项目成功的关键

大量事实证明,企业对咨询师提供的项目方案的认同和支持能够令实施效果更好;企业对咨询师的观点认同和肯定,项目就会进行得很顺利;反之,对抗和否定会导致项目进展困难重重。

企业与咨询师良好关系的体现,或者说哪些因素会带来良好关系?

□ 参与式　　　　　□ 积极

□ 教练式　　　　　□ 可靠

□ 良好沟通　　　　□ 反应迅速

□有能力　　　　　□尊重

□有专业水平　　　□有礼貌

□有职业道德　　　□诚恳

□具有团队精神　　□乐于助人

□分享　　　　　　□友好

□及时　　　　　　□值得信赖

建议你进行自我评估。对于已经具备的素质或能力,就在前面的方框内画☑;对于还不具备或表现不佳的方面,制订改进计划并立即行动起来。

2. 利益共同体

企业与咨询师的最佳关系是长期合作、互补互利,双方能够同舟共济,共担利益和风险。双方共同的目的在于实现高价值的成果:关注的焦点应放在咨询成果上,而不只是工作过程与步骤。你可以展现出专业的严谨性,但不要在细节问题上吹毛求疵。

理想是美好的,不过现实很残酷:客户不一定永远是对的,外部咨询师所面对的企业各不相同(因此需要个性化定制),企业满意并不意味着其股东也满意,选择与少数企业进行更多合作,而不是广泛地与众多企业进行更多合作。

专业咨询公司需要制定建立企业与咨询师良好关系的方法,基于市场细分制定与企业建立关系的战略值得借鉴(见图3-1)。

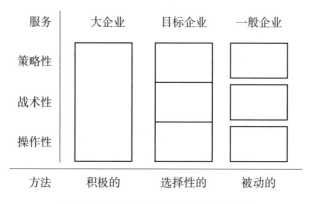

图3-1　制定与企业建立关系的方法

3.2.3　企业与咨询师关系的4个阶段

企业与咨询师关系的4个重要阶段:定位、确定、实施、验收,如表3-1所示。

表 3 - 1　企业与咨询师关系的 4 个重要阶段

阶段	问题	特征
定位	建立有效的信任和相互忠诚 定位过程和需要考虑的问题 关注双方的沟通方式 商定关系的规则	以企业为中心 以人为中心
确定	澄清咨询问题 理解企业的内外环境框架 建立合作信任关系	以问题为中心
实施	实施既定的战略 修正和试行 加深理解,执行相互支持的角色	以战略为中心
验收	项目交付及验收 结束咨询项目 项目后评估	以质量为中心

1. 定位:以企业、人为中心

这标志着企业与咨询师关系的"春天"。在项目的前期阶段,企业和咨询师可能初次见面并不熟悉,随后根据彼此展现的观念确定好自己的定位,并开始建立信任。没有这种信任,企业与咨询师的关系就无法发展下去。

1) 关注双方沟通方式的匹配和协调

企业和咨询师的沟通风格匹配对于建立信任和友好关系至关重要。咨询师往往都会有自己的行话,而企业的沟通方式往往会受到企业文化、业务范围、种族和国籍背景等因素的影响。密切关注双方沟通方式的匹配和协调,将大大促进信任的建立和相互理解。

查尔斯·汉迪(Charles Handy)讨论了与不同企业文化沟通的方式,而热尼·拉博德(Génie Laborde)认为使用中性语言可以提高个人沟通的效果。忽视沟通风格是管理项目和关系失败的常见原因。

2) 定位过程和问题

对外部咨询师来说,定位过程包括以下几个方面:

确认和审查谁是"真正的"客户(第 3.2.1 章节中"谁是客户",以及第 4.1.1 章节中的"客户分析")

客户企业的立场和地位

企业的开放性程度

产生管理项目的意愿

企业过往聘请咨询师的经历

对所提供管理服务的误解

陈述企业问题的清晰程度

······

对企业来说,定位过程包括以下几个方面:

需求或问题陈述的一致性和清晰程度

值得信任的程度和能力

需要依赖或合作的潜力(从早期的一些迹象观察所得)

咨询师的沟通技巧(他们对情感、两难境地、脆弱的敏感性)等方面的因素

······

3) 建立有效的信任和相互忠诚,根据对方的反应调整自己的心态

在健康的关系环境中,每一方都会关注对方的反应,洞悉他们的关注因素,分析和考察其中的可靠性和真实性。能否快速理解并认同企业的价值观、态度以及他们对问题的认识? 企业在你身上所释放出的情感反应是什么,是兴奋、焦虑、厌恶还是同情? 在确定是否接受相应的管理项目时,留意和关注这些在早期所出现的情感和直觉反应尤为重要。

4) 商定关系的规则

卡尔·罗杰斯(Carl Rogers)认为,尊重、和谐、共鸣、无条件的积极关注是健康有效关系的基础。没有真实可靠性,企业与咨询师关系始终会是一种表面关系和游戏,并且会因为过程中的影响因素而使这种关系紧张直至破裂。

在这个阶段,企业与咨询师关系的特征是以企业为中心、以人为中心,因为双方都开始有意无意地建立友善关系,开始磋商"婚约"合同条款。对企业来说,可能会害怕在其脆弱的时候让一个陌生人介入;对于咨询师来说,最关注的可能是如何赢得项目。

2. 确定:以问题为中心

如果定位阶段成功,企业与咨询师关系就会顺利进入"夏天"。

1) 澄清咨询问题,理解企业的内外环境框架

在这个阶段,企业与咨询师关系的特征是以问题为中心,咨询师开始理解企业的内外环境框架,并确认企业需要解决的问题。

企业向咨询师介绍有关企业的情况,咨询师向企业了解项目的任务和目的。双方都在澄清对方的认识和期望,关注那些有助于界定他们所处情境和关系的问题。最终,管理项目的任务得到了界定,项目进展方式也得到了规划。

在这个阶段,除了重点分析企业所面临的问题与咨询师所拥有的专家技能如何匹配结合之外,还会形成隐性和显性的基本关系:企业和咨询师将如何参与到项目中,如何合作,包含促进项目关系的特性。

下面是在这个阶段需要澄清的几个核心问题:

管理项目的运作,究竟是"给企业做"还是"与企业合作做"

相应的管理项目是咨询师独立完成,和企业合作共同完成,还是企业自己完成(在咨询师的指导下)

企业和咨询师如何参与到项目的运作中? 双方各自所扮演的角色和承担的责任是什么

需要授权的事项有哪些

能够接触什么,不能接触什么

2) 建立合作信任关系

通过对上述问题的探讨,企业与咨询师的关系逐渐呈现出来。有多种动态的关系结果:

咨询师是一位拥有专家技能的医生,双方类似于医生—患者关系。咨询师诊断企业的问题,确定问题所在,提出治疗方案,并执行这些方案以减轻或解决企业的问题。这种情况下,咨询师在项目中起主导作用,企业参与较少,技能和知识的转移有限。结果,企业的问题虽然得到解决,但企业对咨询师的依赖性增强,因为企业自身在解决问题的过程中参与不多。

咨询师是一位合作角色的研究员,具备高级的分析和研究能力,与企业共同合作。双方的关系更像是同事,共同确认问题、制订解决方案,并共同实施和评估这些方案。在这种情况下,企业在项目中起主导作用,通过合作获得了确认问题、深入研究和设计解决方案的能力,从而增强了企业的自主性和独立性。

咨询师是一位……

双方还存在其他多种关系,具体在第 3.2.4 章节"咨询介入模式和角色"中详细说明。

在这个过程中,双方进一步建立和发展相互之间的信任。

权力和控制的争夺也会在这个阶段出现:谁可以争取到项目的主导权和影

响对方？另一方愿意充当协助配合的角色？

至此，我们不仅对项目问题展开研究，而且开始从项目合同的层次讨论企业与咨询师关系的约定。

这个阶段双方的关系可能是动态的，企业和咨询师都在努力争取各自恰当的定位，关系的发展过程可能是波澜起伏的。只要双方愿意保持真实可靠的关系，并且全心全力投入，就是一种健康关系的迹象，最终将对关系本身和管理项目任务达成一致意见。

3. 实施：以战略为中心

企业与咨询师关系顺利地进入"秋天"。在对双方关系的重要因素给予密切关注，并通过项目合同确定关系之后，企业与咨询师进入了项目实施阶段。

1）实施既定战略，并对其进行修正和试行

在这个阶段，企业与咨询师关系以战略为中心，因为双方已经确立了项目的主题，相应的支持资源已经到位，具体的进展计划也已经确定。这个阶段应该根据所采用的咨询方式与调研和诊断、设计和方案、培训和实施紧密联系起来。

2）加深理解，执行相互支持的角色

企业与咨询师之间的关系经过波澜起伏的动态发展和规范化阶段之后，已经演变成一个健康的项目管理框架，双方建立了相互信任，并愿意承担一定的风险以此加速项目进程，实现项目目标。如果这一阶段进展顺利，双方就能够接受对方的优点和缺点，包容多样性和冲突，从而形成一种健康、活泼、体贴的关系。这一阶段的特征是："行动中的关系。"

4. 验收：以质量为中心

在成功完成合同约定的项目任务之后，企业与咨询师的关系就进入了"冬天"，双方都开始准备验收、总结和撤离。

1）项目交付及验收，结束咨询项目

在这个阶段，双方关注的焦点是结束项目过程和当前关系，并对项目成果进行评估和验收。与项目收尾和未完成的业务相关的事宜也应该被同时评估；咨询师需要向企业报告所有未完成事宜，并在关系终止过程中做出妥善安排。

在这个阶段，企业与咨询师的关系以质量为中心：双方的项目报告、回顾项目运作过程、帮助企业总结项目运作中的研究结果、实现知识转移，并最终顺利结束一段深远的合作关系。

如果项目实施阶段企业参与度不高，那么项目报告将变得复杂且艰难，尤其是当项目报告被推迟到双方关系后期进行时。因此,必须精心准备并向企业展示项目成果,确保其乐意接受。

需要注意的是,项目成果的应用将在物质和心理层面对个别人产生影响。更合适的做法是:单独向将要受到影响的人传达结果,给予他们充分的时间来接受这些结果。当然,在此之前,必须确保相应的支持已经到位。

更常见的做法是:分解结果,逐步传递给客户,让客户慢慢吸收,以便最终报告时获得其理解;即便是在传统的咨询方式下,这种做法也是适用的。在参与性更强的咨询方式下,这种做法可能更加方便。

同时,在这个阶段还会存在另一种管理活动模式,可能还会涉及介入双方在项目早期阶段所发现的其他问题,并可能签订进一步的项目服务合同。一个咨询项目的结束或终止通常并不意味着关系的终止。

在企业与咨询师关系的终止阶段,应该留出一定的空间以便将来开展新的合作,并建立起相互支持的网络。对于双方而言,保持偶尔的联系是非常有价值的,因为这种关系有助于未来的友谊或合作,这种情形并不少见。

2)项目后评估

在项目完成并运行一段时间后,应对项目的目的、执行过程、效益、作用和影响进行系统的、客观的分析和总结。

3.2.4　咨询介入模式和角色

1. 咨询介入的模式

选择何种咨询介入模式,通常基于对企业与咨询师关系的显性或隐性假设,涵盖以企业为中心的管理项目、流程管理项目、组织变革项目、研发管理项目、市场营销项目等等。

有必要挑选几个关键模型来详细说明相应的咨询介入模式,以及特定咨询介入模式所对应的企业与咨询师关系的类型。我们将依据约翰·赫伦(John Heron)对咨询师行为介入的六大类分析框架,来探讨咨询方式中的关键角色。

权威式介入具有下述特性:

指令性:指导、建议、推荐、要求

信息性:告知、解释、说明、反馈

对抗性:反驳、不同意、提出挑战性问题、提高对方的关注程度

推动式介入具有下述特征:

理顺：减轻压力、自然延伸、鼓励对方表达情感、运用幽默

催化：运用自我发现的结构、开放或封闭的问题、反思、总结

支持：评估、肯定、欣赏、表达自己的担心、欢迎

咨询关系可以通过各种不同的方法进行阐述，比如心理动态学、事项分析、格斯塔特分析（Gestalt Analysis）、过程心理学等等。对咨询关系的分析，不仅可以揭示各种方式之间的相似点和不同点，还能够使咨询师深入思考自己的做法，深入思考自己的咨询方式或模型对于特定管理项目任务或企业的适用性。

每种角色都有其一般性的指导原则，不同的咨询关系和行为介入方式之间存在一定的差异。对于特定的角色，有些咨询介入模式可能更为适宜。例如，倡导者、技术专家、教练（教育者/培训者）角色可能更适合指挥型风格；而研究者、顾问、促进者角色更多地与企业中心风格相匹配。

2. 企业和咨询师的角色

很多咨询师可能会对自己的身份感到困惑，他们是专家、营销人员、培训师，还是其他角色呢？成为一个高效的咨询师需要有一个非常清晰的身份定位。如果存在多种不同的身份形象或角色，很容易在双方关系中造成混乱和冲突。例如，如果你第一天和客户就咨询费、项目合同进行了艰难的磋商，而第二天又以咨询专家的身份出现在同一个人面前，这将极大不利于身份或角色的转换。因此，在实际操作中，咨询师通常只负责专业技术部分，而不涉及商务谈判。

另一个事实是，客户也可能扮演多重角色，例如，企业的项目负责人可能同时是合同签订者、倡导者、管理者等等。作为咨询师，最好尽早确认客户系统中每个人的角色。

咨询师的常见角色包括：技术专家、顾问、倡导者、教练（或教育者/培训者）、研究者、促进者，以及其他可能的角色：导师（Mentor）、大师（Guru）、向导（Guide）、项目经理（Project Manager）、问题解决者（Problem-solver）、清障者（Trouble-shooter）、评估者（Evaluator）、系统分析员（Systems Analyst）、设计者或创新者（Designer/Innovator）、影子顾问（Shadow Consultant）、知己（Confidant）、朋友（Friend）、角色模范（Role Model）、批判思考者（Critical Reflector）等等。

1）技术专家（Technical Expert）

"技术专家"角色的价值在于通过在某一个专业技能领域展现相应的知识和高水平的能力来实现增值。

通常情况下,技术专家角色要求咨询师为企业执行特定的项目任务,例如:设计一套新的管理体系、在超出企业当前专业技能范围的领域中或者在企业认为聘请外部咨询师更加经济的情形下为企业解决问题。这就需要咨询师具备解决问题的能力,尽管方案可能是企业自己制订,但他们仍然需要依赖专家的指导和建议。在这种情况下,企业几乎不做参与工作,只是促进和监督专家的行动。

咨询师的专家技能可能涉及具体内容,也可能涉及过程。当咨询师因这种角色被企业聘请,或者站在这个角色立场上时,他们的发言就很有权威性。他们可能会采用规范性介入模式、信息性介入模式,偶尔也会采用对抗性介入模式。如果不能以非常权威的方式发表意见,那么咨询师提出的指导和建议就会让企业感到困惑。然而,过度使用权威模式往往会削弱企业的积极性,导致他们过度依赖,在某些情形下,甚至会引发他们的抵抗或敌意。

在扮演专家角色时,咨询师必须明白:企业有权采纳或拒绝你所提出的建议,而且提出这些建议的目的是最终在企业中实现自治。

在专家角色模式下,如果过分关注"专家任务"而忽视了咨询活动对相关人员的影响,即"人"的因素(可能是因为对变革中人的因素不太了解或不够敏感),就会产生问题。获得这种能力或与具备这种能力的人合作,将大大提升专家在企业中的贡献。

2) 顾问(Counsellor/Consultant)

顾问角色在咨询师群体中变得越来越普遍了,特别是那些关注人的问题的咨询师。在具体的咨询方式下,顾问角色通常会关注个人的内在潜能,或帮助企业解决问题以满足需求。

扮演这种角色的咨询师常常会因为企业的实际需求与合同中的需求存在差异而感到困惑,甚至企业可能会不断增加新的任务而不增加付费。所以,保持恰当的边界范围对于建立咨询师和企业之间的信任关系至关重要,尤其是对于企业内部咨询师来说更是如此。

从很大程度上来讲,顾问活动是以人为中心的,也就是说,接受顾问的人期望能够获得帮助来解决问题。这在很大程度上倾向于介入模式序列中的促进性和企业的自我导向学习[5]。咨询介入的特点主要是支持、催化、理顺;当然,偶尔也会出现一些权威式介入方式——尤其是在过程层面上。在这种情形下,很容易导致企业产生依赖性,特别是在一个相对不支持的企业环境中,因此在项目结束和关系终止的时候必须谨慎处理。

3）倡导者(Advocate)

有些人认为咨询师应该保持中立,不应成为倡导者或影响力的源泉。然而我们认为真正的中立立场是不可能的,最好的策略是觉察和清晰地表达自己的价值观和偏好,这样企业就能更好地决定是否接受这些价值观和偏好的影响。

现在,一个过程倡导者可能比一个解决方案的倡导者更容易被接受。企业看重的是咨询师的管理技巧,需要这些技巧来帮助设计问题的解决方案。积极倡导一个具体的解决方案可能会很大的职业道德责任(见国际CMC®教材T1),尤其是当你在某个具体的解决方案中拥有既得利益时。

在某些情况下,需要咨询师的倡导来支持和增援企业中的相关人员,咨询师必须熟谙各种施加影响的战术和行为。如果项目运作的基础是专家技能,那么指令性和信息性咨询介入可能会有很大的影响力,包括使用持反对意见人的倡导、盘问方式以及其它质疑介入形式。但是,如果需要咨询师施加一定的影响,那么有力的咨询介入模式可能就是建立友善关系和共同愿景,强调情感和需求。从明显的价值立场出发并且在企业需求的引导下,支持性咨询介入模式是最强有力和符合职业道德标准的影响模式,尤其是在合作关系情境下。

4）教练(教育者/培训者)[Coach(Educator/Trainer)]

教练(或教育者/培训者)角色对所有形式的咨询活动都有着重要意义,因为在咨询活动过程中,人的因素都发生了变化,而且咨询活动本身也因为人的因素而发生变化。

咨询师将知识和专家技能转移给企业,已经成为成功咨询活动的关键和标杆做法,而且避免了企业对咨询师的过分依赖。

由于个别咨询师在咨询过程中仅仅向企业灌输大学的理论知识,所以,教练角色也因此变得不受欢迎,企业给他们冠以学院派头衔(意即会说、不会做)。

一方面,教练角色仍然需要某些"粉笔与嘴皮"技能,另一方面,拥有有关学习过程中的专家技能则具有更加重要的意义,尤其是工作本身的学习过程和组织学习过程。正如卡尔·罗杰斯(Carl Rogers)和马丁·布伯(Martin Buber)建议,除了洞察学习机会和设计学习过程的能力之外,教练角色更需要熟谙本章前面提到的"六种介入方式",尤其要熟谙权威式模式和促进式模式,否则别人不会向你学习。

5）研究者(Researcher)

研究者的角色往往被简化为数据收集和分析,因为这类角色似乎不参与解决方案的设计和实施,因此常被误解为缺乏实践性。

然而,过去 20 年来的研究发展,尤其是在以行动为中心的合作与参与性调查领域,表明这种研究活动不仅具有实践性,还促使企业和咨询师都参与到一个"合作性关系"中来,在不断的"行动—研究"循环中评估相应的解决方案。

由于这种双方关系的合作特性,行动研究与传统研究相比,对咨询师来说,更能体现主人翁精神,能够更有效地实施;在传统研究中,研究人员负责数据收集和分析,然后将结果提交给企业,由企业自行实施。

在研究过程中,建立研究能力以及维持一种合作性的企业与咨询师关系是非常复杂的。早期,从研究的过程来看,往往具有促进性特征。之后,随着研究能力的建立与和谐的学习群体的形成,咨询师的介入方式将主要以支持和催化的风格出现。

6) *促进者(Facilitator)*

促进者角色在行为科学中常被称为"过程专家"。促进者角色主要关注的是人与人之间的动态特性、群体与群体之间的动态特性、组织动态特性、集体学习以及必要的相应变革。

促进者角色与专家角色不同。促进者角色不负责解决企业问题,而是帮助企业理解自己所面临的问题和困境,增强他们解决问题的创造性和有效性。其假设与所有的促进性咨询介入情形相同,即企业有能力解决自己所面临的问题。企业与咨询师关系本质上具有合作特性,解决问题的责任明显落在企业身上。

促进者角色的特征是催化,但也可能运用所有介入模式。埃德加·沙因(Edgar Schein)这样描述过程咨询活动:"咨询师所需要开展的一系列活动是帮助企业认识、理解发生在企业环境中的过程事件,并帮助企业对这些过程事件采取相应的行动。"

与研究者角色的情形一样,这种方式成功的关键是咨询师将那些能够使企业自己诊断和解决所面临的问题的方法和价值观转移给企业。这实际上是非常具有难度的,因此,企业应该安排中高层管理者直接参加 global CMC® 的课程学习,这是一项专门针对提升企业管理者的诊断能力和解决方案能力的权威实用课程,在全世界几十个国家得到广泛的认可。

与顾问角色和教练角色相似,促进者角色有效运作的一个必要条件是企业和咨询师之间建立友好关系、信任和共鸣。

正如所有有效的关系一样,它们都需要维护才能保持健康。咨询师可能会因为忙于完成项目而忽视了投入足够的时间来确保企业与咨询师之间的关系保持活力。大多数变革都是通过人的参与来实现的,而每个人都有自己的个人需求需要得到满足。

项目工作是咨询师生活的一部分,因此,咨询师必须花时间评估企业与咨询师关系的变化,而不仅仅是评估管理项目任务。咨询师还需要利用成功的项目来保持团队的士气,花时间庆祝和放松,以便更好地激发人的能动性。

3.3　咨询师的基本技能

3.3.1　撰写报告

对于绝大多数企业内部咨询师或外部咨询师(包括企业管理师)来说,撰写报告并非易事。它是一种后天习得的技能,需要通过经验和培训来掌握。咨询师及学者卡尔弗特·马卡姆(Calvert Markham)认为,撰写报告是管理项目活动中的一个重要部分,对于新入行的咨询师来说可能会感到非常困难。

一般来讲,报告有三种类型:

期间报告

讨论报告

终期报告

本部分的重点是终期报告,它包括咨询师的结论和推荐的解决方案。

1. 确认报告的必要性

马卡姆指出,在开始撰写报告之前,应自问"是否有必要写这个报告?"只有在确实需要时才考虑撰写,报告并非越多越好。他认为,在下列情况下通常需要撰写报告:

有需要报告的事项

你想宣布项目中的进展或成果

为了激发对某个问题的更多思考和讨论,往往有必要撰写报告

项目接近收尾阶段

2. 设计报告的结构、撰写报告的步骤

报告必须经过精心的结构设计和构思。

第一,良好的结构和逻辑缜密的观点,会使报告的陈述清晰、条理分明,也使报告易于阅读和理解。

第二,报告的结构越合理,观点越中肯,报告就越能有力反驳批评(反对)意见。

在设计报告结构时,请记住:企业可能对你建议的变革持保留态度,而且对于大多数读者来说,报告中的内容可能是他们未曾接触过的,他们理解起来可能会有些困难。

撰写咨询报告的结构和内容有如下 7 个方面：

1）开篇作执行小结

简要概述项目的目的、所花费的时间、参与人员、所使用的资料信息、调查对象、工作程序和方法。终期报告还应强调提出的问题和推荐建议（不超过两页纸）。

2）描述最初的术语和条款

对项目建议书或合同中与本阶段相关的术语和条款进行简要解释。

3）总结所收集的数据

证明已经研究了每一种调查途径，所收集的数据是客观的，并且经过了认真的分析。

4）陈述研究结果

解释你对收集到的信息的判断和评估。注意某些材料的政治敏感性，尤其是不方便注明出处的匿名引用资料，因为企业中的老员工可能会猜出它们的真实来源。

5）清晰陈述推荐建议

清晰地陈述你的推荐建议，集中说明需要开展的工作。

展示按照你的建议实施后将带来的利益，尤其是财务优势；同时指出，如果推荐的建议没有得到实施或没有完整实施所带来的风险。

短期和长期的财务利益都应该清晰地展现出来。应该清晰地陈述相应的商业利益，比如市场份额的提高、提供更具优势的产品或服务的能力、可能的成本降低等。

至关重要的一点是，设计出变革的时间框架，既包括商业方面的考虑，也包括组织变革所需要的时间方面的考虑。

6）证明其中的意义

陈述你提出的变革建议所产生的正面意义和影响，这种意义和影响可能会很多，但还是应该全部、清晰地表述出来；如果其中的某些影响比较麻烦，那也至少应该说明相关的问题可以得到缓解。在整个陈述过程中，务必始终保持正面积极的态度。

7）结尾列出附录

你不可能把所有的材料都放到报告的主体中去。一些数字和图表形式的支持材料，以及解释你所选择的调查方式和分析技术，都应该放在报告的末尾。

3. 撰写报告的几个注意事项

1）文化和语言

在撰写报告时,必须考虑企业文化。以下是两个主要的注意事项:

第一,表明你完全理解并认同企业的发展过程、当前的运营方式以及员工表达价值观和信念的方式。

第二,使用的语言与企业的语言相匹配。例如,对于一个高度以行动为导向的企业,应使用强调活动而非思考的用语。在引入新的思维和观念时,要确保它们对企业来说不会过于陌生,以免客户难以接受。

此外,使用企业的语言来反馈这些内容。对此,中性语言编码法(Neuro Linguistic Programming,NLP)就是一个非常好的工具,它被认为是沟通的科学和艺术,涉及个人与自己以及他人的沟通。

推荐一部 NLP 的优秀指导书,哈里·奥尔德(Harry Alder)的著作《管理者的 NLP》(*NLP for Managers*)。该书有一部分内容研究的是"人们之间存在差异的地方(思想上的差异和行为上的差异),同时这些差异如何影响沟通"。NLP 有助于理解他人,对于建立成功的沟通和良好的关系有着重要意义。

2）简洁性

简洁地表达你的思想,但不要过于简单。记住:你是为企业撰写报告,无须炫耀你的知识或运用企业难以理解的行业术语。即使你的观点真的很复杂,也要努力做到简洁。为此,你可以集中阐述核心观点,并将次要观点按照逻辑顺序简单罗列。

另一个原因是:简洁性要求你以一种简洁明快的方式思考问题,即采取聚焦的思考方式。如果你发现在撰写时难以实现简洁性,这可能意味着你对自己的观点理解不够清晰。

3）运用图形

图形和图表的运用将使报告更加生动,使正文错落有致。生动的图表材料可以使报告易于理解和记忆。图形材料必须具有创意、特色和想象力。可以参考麦肯锡的图表思考法和图表工作法,国际 CMC® 教材 T2 也会有相关说明。

3.3.2　演示和说明

进行报告演示和说明可能是你的日常工作:在项目投标时、项目运作过程中、提交进度报告时,以及在项目收尾结束时都需要进行演示和说明。

这些演示和说明往往对很多事情有决定性影响。卡尔弗特·马卡姆指出："演示和说明对管理项目成功至关重要。"

1. 应该提前了解的事项

演示和说明会的目的是什么

企业对演示和说明的期望是什么

是否需要进行正式的演示和说明

正式演示和说明以及讨论所允许的时间是多少

参加演示和说明的人（企业评委）是谁，他们各自的兴趣是什么

企业还邀请了哪些专业公司参加演示和说明会

2. 演示和说明的技巧

认真做好演示和说明的准备工作

对演示和说明过程进行排练演习，以确保能在规定时间内完成目标

使整个演示和说明以客户为中心，强调那些对企业具有真正意义的要点

不要照本宣科，要抓住关键点，针对具体情形做出相应变化

确保所有的直观展示设备保持较好的效果

确保参加演示和说明的人员明确各自的角色

保持灵活性

鼓励与会者参与讨论

尽量不要使参会者感到困惑，尤其如果你是他们当天见到的多个演示者之一

3. 演示和说明的注意事项

1）格式

演示和说明的格式将取决于听众的多少。听众越少，正式程度越低，可视辅助材料可以减少，留出更多时间回答问题和讨论。听众越多，演示和说明就需要更高的结构化程度。

2）长度和内容

演讲者常常演讲过长，主要原因是低估了完成演讲所需的时间。演讲时应在各个部分之间稍作停顿，根据听众反应调整演讲，并考虑视听设备技术可能出现的中断。因此，应该合理分配演讲时间。

演示和说明的内容应清晰明了，设计缜密。开始时列出大纲，然后按大纲进行演讲。记住，内容应考虑听众的思维结构，他们可能在专业观点和优先级上存

在差异。

演讲时间在研究、分析诊断和解决方案上的平衡分配将取决于具体情况。如果分析和诊断部分占用过多时间,导致阐述解决方案的时间不足,就是一个错误,因为大多数听众最关心的是你的解决方案。

3）可视辅助材料

可视辅助材料是一系列帮助听众更好地理解演讲内容的工具,包括图表、幻灯片、照片、印刷品和实物模型等。

熟练运用这些材料是一门艺术,很少有演讲者能够完全掌握。无论展示何种可视辅助材料,都必须与演讲内容紧密相关。

可视辅助材料上的信息应该清晰、直观,避免杂乱无章。常见的问题是一张幻灯片上内容过多。如果展示的可视材料包含复杂图表,应考虑如何解释这些图表。期望听众自行理解图表的意图和内容是不现实的,因为他们在观看幻灯片的短时间内可能会错过重要信息。

请记住,可视辅助材料不仅可以支持你的观点,还可以作为控制演示进度的工具。如果你想在演讲中加入幽默元素,制作相应的幻灯片是一个好方法。

4）地点

演示和说明的地点可能不由你自行选择,特别是在项目启动前。

但在项目启动后,你可能会得到更多的尊重,可以选择一个对听众中立的地点。如果可能,避免在企业的会议室进行,而选择附近的酒店、山庄或户外营地等更放松的地方。

5）演示和说明前的准备

演示和说明的准备包括排演和准备道具两个方面。

至少,你应该在演讲前浏览一遍演示文件,并尽可能进行一次排演。经验表明,排演时间应少于实际演示时间,否则应删减内容。

在演示当天,确保所有设备(如投影仪、翻页笔/电子教鞭、音响、麦克风、电池、连接线、排插、白板、纸、笔)都已到位并能够正常工作。你需要一个合适的地方放置电脑和笔记本,并确定自己相对于听众的演讲位置,这个位置应使你在讲话时能轻松阅读笔记、有效操作视听设备。

将自己置于听众的角度:他们需要轻松地看到你,清晰地听到你的演讲,理解你的视听辅助材料,同时不需要过度伸展或扭动身体。因为这些问题处理不当而导致演示失败的案例实在太多。

3.4　CMC®咨询项目的4层次7阶段过程(专业篇)

　　无论是按照项目阶段顺序,还是按照项目领域来管理,在项目实施过程中,各项活动都有其特定的先后顺序(尽管有些活动可能会同时进行)。这些活动可以被划分为不同的步骤来进行,这些步骤构成了项目管理的过程。

　　CMC协会/国际咨询协会制定了一套适用于工商管理项目的国际CMC®咨询项目管理体系,该体系包括4个层次7个阶段过程(专业篇),如图3-2所示。

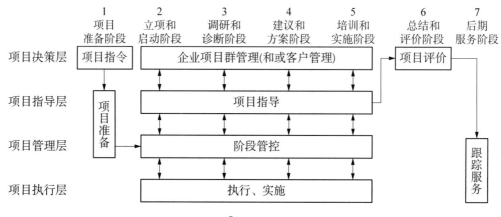

图3-2　国际CMC®咨询项目管理模型(专业篇)

3.4.1　(专业公司)CMC®咨询项目的4层次

　　结合咨询项目在项目管理方面的特点,以及专业公司与一般企业/组织在组织结构上的根本差异,CMC®咨询项目管理体系确立了4个项目层次(专业篇):

表3-2　(专业公司)咨询项目层次

层次	主要关注点	时间幅度	视野	信息来源	信息特征	风险程度
战略决策层 (高层)	是否赢得项目	1～3年	宽广	兼顾内外	高度综合	高
项目指导层 (项目委员会)	能否立项,阶段管控	6个月～3年	中 等 ～宽广	外部为主,内部为辅	高等综合	高

续　表

层次	主要关注点	时间幅度	视野	信息来源	信息特征	风险程度
项目管理层（中层）	怎样上项目，阶段管控	6 个月～1 年	中等	外部为主，内部为辅	中等汇总	高
项目执行层（基层）	怎样做好	1 周或 1 个月	狭窄	外部为主，内部为辅	详尽	低

1. 项目决策层

战略决策层作为专业咨询公司的最高权力机构，负责整体的宏观规划和控制，即组织级项目管理。该层负责审核项目的立项，发出项目指令，并对项目评估报告进行审议。此外，还特别负责大客户的维护和管理。

2. 项目指导层

专业咨询公司通常会设立项目管理委员会，负责项目的集成管理和资源协调，以及项目的总结评价。与企业相比，专业公司的指导层更侧重于类似专家会诊的技术指导和支持，委员会成员往往是行政和技术领域的权威人士。

3. 项目管理层

项目管理层主要指项目经理，负责项目整个生命周期的管理工作。在专业公司中，项目经理通常是领域专家，并且在大型项目中可能具备国际 CMC-Ⅱ 总师/首席的专家技能。在公司内部，项目经理往往也是合伙人。

4. 项目执行层

项目执行层主要包括项目小组及其成员，以及其他支持性人员（如统计员、分析员等）。这一层负责具体实施项目，完成项目任务，达成项目目标。

3.4.2　（专业公司）CMC® 咨询项目的 7 阶段过程

CMC® 将咨询项目管理的内容细分为 31 个核心项目管理过程或领域，并按照逻辑关系归类为 7 大项目阶段（过程组），如表 3-3 所示。

具体的流程和操作方法将在后续章节中详细说明。

表 3-3　CMC® 咨询项目管理的 7 阶段过程和 31 个核心项目管理过程

第一阶段：项目准备阶段	4.1.1　客户及客户市场	(1)
	4.1.2　专业公司的项目开发	(2)
	4.2　赢得项目	(3)

第二阶段： 立项和启动阶段	5.3.1　对企业需求的认知和确定	（4）
	5.3.2　初步项目规划	（5）
	5.3.3　项目建议书和国际 CMC® 项目建议书标准	（6）
	5.3.4　投标管理	（7）
	5.3.5　谈判和合同	（8）
	5.3.6　正式项目规划	（9）
	5.3.7　项目启动会	（10）
第三阶段： 调研和诊断阶段	6.1.1　调研和数据收集	（11）
	6.2.2　战略分析	（12）
	6.2.3　常规分析	（13）
	6.3　诊断	（14）
	6.4　调研诊断报告	（15）
第四阶段： 设计和方案阶段	7.1.1　设计和提出项目备选方案	（16）
	7.1.2　备选方案评估会	（17）
	7.2.1　设计和提出项目操作方案	（18）
	7.2.2　操作方案评估会	（19）
第五阶段： 培训和实施阶段	8.1　项目实施计划	（20）
	8.2　培训与知识转移	（21）
	8.3.1　项目实施及监控	（22）
	8.3.3　辅助项目实施的典型技术和质量保证	（23）
第六阶段： 总结和评价阶段	9.1.1　项目成果的交付和验收	（24）
	9.1.3　项目总结会	（25）
	9.2　知识管理	（26）
	9.3　项目管理后评价	（27）
	9.4　项目的成功要因分析	（28）
第七阶段： 后期服务阶段	10.1　项目后期工作	（29）
	10.2　伴随服务/陪跑方案	（30）
	10.3　客户关系管理	（31）

3.4.3　咨询项目的生命周期及对比

　　管理咨询项目的全生命周期涵盖了从项目前期到后期的各个阶段。狭义的项目生命周期，对企业而言，包括执行阶段、验收阶段和总结阶段；而对专业咨询公司来说，则包括调研和诊断阶段、设计和方案阶段、培训和实施阶段、总结和评价阶段。广义的项目周期则包括除了后期阶段之外的全部过程(见图3-3)。

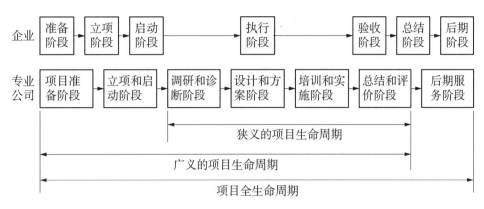

图3-3　咨询项目的生命周期及对比

在项目管理中,企业和专业咨询公司在各个阶段的侧重点各有不同:

企业在项目准备阶段的分析研究和商业论证尤为重要,项目风险也很大,面临的不仅是资金风险,还包括显性的时间成本和项目失败带来的隐性损失。在这一阶段,专业咨询公司的主要目标是开发项目和赢得项目,前期的投入和风险相对较小。

企业在立项阶段和启动阶段的工作量仍然很大,尤其是当项目需要招投标管理时,需要处理大量的招标文件、组织招标及评审,以及项目启动前的管理制度制定和宣传准备工作。专业咨询公司的工作量和成本都有所增加,主要是进行项目需求沟通、撰写项目建议书(Letter of Proposal,LOP)、投标以及演示和说明。

企业在执行阶段的工作量相对减少,主要涉及项目工作的配合和资源协调。专业咨询公司的工作量变得又多又急,包括收集数据、调查研究、分析诊断、提出项目建议、撰写操作方案,以及培训和实施(如各种研讨和实践观察活动),占据了整个项目至少80%的工作量和时间。

企业在验收阶段和总结阶段的工作量重新加大,这是项目能否正式投入使用的关键阶段,加上推行过程中的各种阻力,是相对艰难的时期,熬过去就是春天。专业咨询公司的工作量有所减少,更多的是进行操作方案的宣贯和辅助项目推行,项目团队的实施经验在这个阶段显得尤为重要。

进入后期阶段,企业开始正式启用项目,随着时间的推移(通常是3个月之后),各种阻力逐渐消失,项目如果顺利通过磨合期,就开始进入正常运作,项目成果逐渐显现,成功就在眼前。在这一阶段,专业咨询公司会提供后续支持,包括"扶上马、送一程",并定期回访继续关注项目进展状况,直到完全达成预期。同时,他们可能已经在为其他企业提供服务的过程中……对于咨询公司而言,项目的合作成功,也许比金钱收入更能带来快乐,因为他们的成就感来自"成就他人,成就自己"。

第 *4* 章

项目准备阶段

　　在项目准备阶段,专业公司和咨询师的主要工作就是开发管理项目和研究管理技术,持续进行公司的品牌建设和营销活动,同时加强咨询师的专家技能训练。

　　本章的重点内容是如何进行客户分析和客户市场分析,专业咨询公司的市场开发的 20 个途径,以及如何赢得项目。

　　关于专业公司的管理活动,在教材/指南第 3 部分第 14 章进行说明。

4.1　咨询项目的开发

专业公司在市场拓展策略上需要积极行动,开拓新的业务领域和市场空间,为成功赢得项目做好充分准备。这一阶段的主要工作包括以下几个方面:

了解客户和客户市场

专业公司的项目开发途径

如何赢得项目

4.1.1　客户及客户市场

要成功服务客户,首先必须深入了解客户和客户市场的需求,然后根据需求寻找相应的技术解决方案。

客户群体包括老客户和新客户。为了更好地识别和理解新客户或潜在客户,需要进行细致的客户分析和客户市场分析。

1. 客户分析

客户的行业属性

客户的地区属性

客户的规模(总资产)

客户的盈利能力(每股收益、利润率等)

客户的员工是否曾经接受过外部系统培训

客户的项目发起人或推动者是怎样的

客户的决策层是否参加过 MBA/DBA 进修班或总裁班之类的课程

客户的企业文化(比如学习型组织)

客户是否曾经接受过咨询顾问服务

客户的竞争对手是否接受过或正在接受咨询顾问服务

2. 客户市场分析

客户需要什么(病患因素或者保健因素)

客户的行业内外环境是否恶劣

你能为客户做什么

市场上的产品或服务满足了客户的哪些需求

还有哪些市场缺口(增量市场而非存量市场)

你的产品或服务是否能填补这种缺口

你的知名度如何,客户对你的感觉如何

需要树立怎样的产品或服务形象

你对应的营销推广怎么做,会使用哪些渠道

谁才是真正的竞争对手,他们能提供什么

客户寻找专业咨询公司的习惯是怎样的

客户企业的购买决策机制是怎样的

客户是否强调项目经理的学历(如 MBA/DBA),是否强调专业资格(如 CMC®),是否强调具有国际公司管理经验

客户是否强调咨询公司的资质(国际 CMCFIRM®/甲级 5A/乙级 4A/丙级 3A)

通过养成客户和客户市场思维习惯,深入分析上述问题,可以了解专业公司所面临的客户市场状况,并进行初步的案情⑥分析:

客户市场主要集中在经济较发达的城市,项目需求量最大的是各类企业,尤其是中小企业,尽管它们的需求量大,但总额较小;而大企业的需求量较小,但总额较大。

大多数上市公司或大企业每年都有管理项目需求,他们通常有固定的专业公司提供服务,并且倾向于向国际专业公司或本国知名专业公司邀标。中小型企业的限制较少,但通常也会采用非正式招投标形式来评选服务商。

战略管理项目、运营管理项目、财务管理项目、人力资源管理项目、IT 技术项目等的需求量最大。客户不仅需要解决问题,还需要通过项目合作实现知识和技能的转移。

客户更看重专业咨询公司在项目中展现的专家技能(学历、资历、经历、经验),其次是品牌知名度,最后才是价格。

老客户的二次项目合作率在 50% 以上,25% 的老客户会选择新的专业公司进行合作。

了解客户和客户市场之后,专业公司应该同时对自身进行分析。根据 CMC 协会/国际咨询协会对全球专业公司的统计分析,成功的专业咨询公司通常呈现两种趋势:以行业专家技能或者以职能专家技能见长的公司往往最容易获得成功。

如果你是一家专注于房地产领域的专业公司,你的客户和市场可能主要局限于房地产行业;同样,如果你是一家市场营销专业公司,你的客户和市场可能

主要针对那些有市场营销需求的群体。

4.1.2　专业公司的项目开发途径

对于专业公司和管理咨询师来说，存在一些卓有成效的营销方式，以下是根据这些营销方式各自的优点列举出来的。

1. 研究

就像一位厨师的研究很可能从汤锅开始一样，专业公司的研究应该从深入了解行业和全球趋势开始。

在前面的内容中已经提到：专业公司的角色是帮助企业获得并维持竞争优势，至少要在你的专长领域内实现这一点。你需要了解其他企业中哪些做法正在起作用，哪些没能发挥作用。这些信息也是你的客户希望了解的，他们选择你作为合作伙伴，是希望获取能够帮助他们成功的策略和诀窍。

2. 提供行业分析报告

行业分析报告可以是免费提供，也可以是付费获取。一位在麦肯锡咨询公司负责撰写分析报告的咨询师总结了行业分析报告的价值，主要分为对外和对内两个方面：

1) 对外

一是获客，进行品牌营销。发布行业报告时，通常会邀请媒体和行业 CEO 参加发布会，即使参会者不看这份报告，也有公共关系（Public Relations，PR）的效果。中国知名天使投资人徐小平认为："对于早期公司而言，其实 PR 是一项极具价值的工作，但极少有投资人会意识到这一点，更别说创业者们了。"

二是进行能力展示，简单来说就是展示专业能力。客户企业的战略部门做调研时会查阅很多行业报告，如果你的观点新颖或数据扎实，你的报告内容会被频繁引用，客户企业中有决策权的领导如果认可你的观点，自然会有合作的动机。

三是客户关系维护。每次发布新报告时，自然要递送给相关客户。例如，麦肯锡有 *McKinsey Quarterly*（《麦肯锡季刊》），某些服务线也有自己的出版物，如商业技术（Business Technology）部门的季刊，针对中国宏观环境的 *Insight China*（《麦肯锡解读中国》）。这些刊物不一定是针对某个行业的深度报告，可能只是围绕不同主题的多篇文章。项目小组在每次项目结束后，基本上都会将最近的几期送给客户。

2) 对内

一是平衡生产力。专业公司属于劳动密集型行业，"人"是公司最重要的资产,业务的扩张同时也受限于人。如果员工太少,项目无法迅速展开;如果员工太多,在项目量少的时候又会有许多人无事可做。咨询业务对于成熟企业(国际专业公司的主要客户群)来说并非刚需,只有在预算富余的情况下,这些企业才会考虑聘请专业公司。因此,在经济下滑时,专业公司面临业务量减少的风险,这时不能立即裁员,而是可以利用闲置的劳动力。在麦肯锡,这些闲置的员工被称为"on beach",他们进行的工作称为"beach work"。这类工作通常有两种:一种是与获客相关的,如撰写报告、白皮书、出版物或项目建议书(LOP);另一种是公司内部事务,这里就不展开了。

二是团队能力提升。通过研究和撰写报告,咨询师有机会深入了解一个行业,甚至在撰写报告过程中需要与行业专家取得联系并进行采访,这些人脉将成为未来项目中的资源。此外,这些报告也会成为公司其他同事学习的资料。

3. 关系营销

关系营销(Relationship Marketing)是将营销活动视为与企业及其他公众互动的过程,核心在于建立和发展良好的关系。

关系营销关注于吸引、发展和保留客户关系,将市场视为关系、互动与网络的集合。

专业公司几乎都会使用广义或狭义的关系营销。

4. 公共关系

在过去 20 年中,公共关系公司提供的服务已经扩展到包括战略和营销。首先,可以寻找公共关系公司帮助在媒体上获得曝光机会,并提供媒体报道后的效果跟踪服务。

然而,在这一过程中,可能会遇到缺乏吸引公众和出版商的好主题这一障碍。这时可以利用研究和调查专长来化解难题,例如,围绕有关上市公司的主题或故事就比较合适,因为投资者总是对他们的投资感兴趣。再例如,撰写一篇关于最新行业调查报告的文章(可以购买调查结果)比介绍一位咨询师的效果要好。

公共关系公司的另一个好处是有助于获奖。作为专业咨询公司,应该重视获奖并对如何获奖进行研究。获奖所创造的公众曝光确实能够为专业公司带来咨询项目,更重要的是,获奖能够显著提高员工和客户的士气。从长远来看,获奖表明公司有地位,并且因为其水平而得到了社会认可。

5. 事件营销

事件营销(Event Marketing)是一种在不损害公众利益的前提下,有计划地利用或创造热点事件来吸引媒体和用户注意力的营销策略。其目的是提升品牌知名度,促进产品或服务的营销。

事件营销的操作要点在于把握新闻的规律,制造的事件应具有新闻价值,并能广泛传播,从而达到广告效果。事件营销是国际流行的一种公关传播与市场推广手段,集新闻效应、广告效应、公共关系、形象传播、客户关系于一体,并为新产品推介、品牌展示创造机会,能快速提升品牌知名度与美誉度。

事件营销分为借势和造势两种。

借势营销,也称蹭热点,是指利用已有的热点事件,通过融入热点事件进行二次传播,将公众对事件的注意力转移到品牌上。可以利用的热点包括节日或纪念日、明星事件、商业科技新闻、科普知识、公益活动等等。

造势营销,是指公司通过主动策划具有热点效应的事件,吸引公众的兴趣和关注。例如,杜蕾斯、优衣库通过跨界联合、线上直播等方式制造热点,开展营销活动。

6. 网络营销

"因特网不是一个销售媒介,是一个沟通媒介,是一个教育媒介,是一个支持媒介。"汤姆·瓦索斯(Tom Vassos)在其著作《战略性因特网营销》(*Strategic Internet Marketing*)如是说。

有人说,一个好的网站应该像迪士尼乐园,遍布全球,内容新颖,吸引用户不断访问。也有人说,一个好的网站应该像苹果(Apple),整体设计简洁,颜色搭配得当,结构清晰,突出主要产品,内容图文并茂,文案创意十足。

维护网站的成本可能很高,但客户希望看到一个优秀的官方网站,尤其是当你定位为一家大型 IT 咨询公司时。无论进入哪个管理领域,建立公司网站都是有益的,它可以向客户展示你的身份、提供的服务、特色优势、如何利用你的价值,并提供联系方式。此外,互联网也可以作为内部网络,让客户通过登录系统了解他们的项目进度。

网络营销也被称为互联网营销或全网营销,是借助互联网这一媒介开展的各种营销推广活动,主要包括搜索引擎营销,涵盖点击付费广告(SEM)和免费关键词优化排名(SEO);电子邮件营销(EDM),包含客户主动订阅的 EDM 和电子邮件群发的被动 EDM;交换广告或链接;以及会员制营销(电子商务类)等等。

7. 新媒体和新媒体矩阵

随着互联网的兴起,新媒体迅速发展并占据了重要地位。国际上的新媒体平台如脸谱网(Facebook)、X(推特),中国的新媒体平台如微信(WeChat)、公众号、微博、抖音、快手等,它们的影响力日益增强,而传统的报纸杂志阅读量逐渐减少。专业公司还应特别关注百科类网站,如维基百科(Wikipedia)。

"新媒体矩阵"这一概念如今愈发频繁地被提及。搭建新媒体矩阵的主要作用包括实现内容多元化、分散风险、协同放大宣传效果。龙共火火的《高阶运营》一书对此进行了有益的阐述。

运营新媒体矩阵的困扰有如下几个方面:

感觉每天需要更新多个平台,但不确定哪个是重点

不确定何时应该搭建新媒体矩阵,以及需要注意的事项

不同部门对新媒体的考核标准是什么

搭建新媒体矩阵,你首先要明白矩阵是什么。"矩阵"原本是一个数学概念,指的是一个长方形阵列排列的复数和实数集合。目前,行业内对新媒体矩阵还没有统一的定义,但有学者将其定义为能够触达目标群体的多种新媒体渠道的组合。

矩阵有横向矩阵和纵向矩阵两种类型。

1) 横向矩阵

横向矩阵指的是企业在全媒体平台的布局,包括自有 App、网站和各类新媒体平台,如微信、微博、今日头条、知乎、企鹅号等,也可以称为外矩阵。中国的常见媒体平台整理归类如图 4-1 所示。

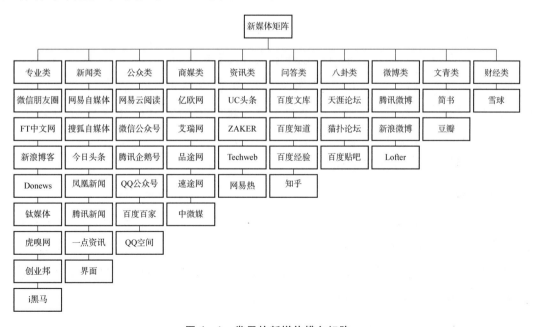

图 4-1　常用的新媒体横向矩阵

2）纵向矩阵

纵向矩阵主要指的是企业在某个特定媒体平台内的生态布局，即企业在该平台内不同产品线或服务的纵深布局，也被称为内矩阵。这些平台通常是大型的综合平台，比如微信。

在微信这样的平台上，企业可以布局多种不同的功能和服务，包括订阅号、服务号、视频号、社群、个人号及小程序等（见表4-1）。

表4-1　常用的新媒体纵向矩阵

微信	今日头条	微博
订阅号	头条号	状态
服务号	抖音	新浪看点
社群	悟空问答	秒拍视频
个人号	西瓜视频	一直播
小程序	火山小视频	爱动小视频

8. 培训公开课

培训公开课近年来成为一种流行的活动方式。主办方通常会提供半天的培训课程或为期三天两夜的深度课程，以免费或低成本的方式吸引学员参与。这些费用的大部分甚至全部往往作为提成发放给营销人员，以此激励他们积极招生。一些主办方还会结合直销模式，或推出推荐学员奖励活动。

在公开课现场，授课老师往往也承担销售的角色，他们利用多学科知识以及对人性弱点的理解，引导参会者现场支付培训费或咨询费。参会者主要是中小企业的高层管理者。在此，需要提醒你注意，通过培训公开课拓展业务时必须遵守相关法规。

9. 举办座谈会或论坛演讲

1）座谈会

相比于专题讨论会（Seminar），举办座谈会（Workshop）能够提供独特的、在其他地方无法获取的信息。保持活动的亲密性和互动性至关重要，座谈会的人数不宜超过20人，以便抓住与参会者建立关系的机会。确保有四到五名咨询师在场，并且他们都有自己的目标客户。指派一人主持圆桌讨论，每次发言后都应有人跟进，鼓励参会者积极参与讨论。

通过让参会者预先支付一定费用,可以确保你在座谈会中提供价值,同时也能覆盖会务成本。支付费用的参会者往往会准时出席。

这里有一个推荐的做法:对于不满意的参会者,退还他们支付的费用。如果有人花费时间参加却感觉没有获得价值,与其让他们进行负面传播,不如退还费用。

当你通过座谈会做广告时,实际上也在宣传你的专家技能。每位参会者都会记住你的公司和业务范围。即使他们目前还不是你的客户,当他们有需求时可能会联系你。

那些正在考虑购买你服务的人,会在参加座谈会期间评估你的水平。通常,潜在客户在决定向你购买服务之前,需要一段时间来考量。客户寻找合适的专业公司,就像专业公司寻找客户一样,会进行仔细筛选。在这个初步的"相亲"阶段,他们可能参加了多个类似的座谈会。

2）论坛演讲

论坛演讲是一种借助参与其他组织主办的论坛或峰会活动来开展的营销方式,演讲者在这些活动上发表演讲,主要目的是吸引听众在会后与他们联系,询问服务细节或交换名片。所有营销活动都类似于求爱过程,一个有效的方法是承诺将你的演讲幻灯片(PPT)或其他感兴趣的资料拷贝给那些希望与你开展业务的人。

大多数演讲者的表现都很普通,他们只是简单地传递数据或信息。如果参会者只需要数据信息,他们完全可以从书本或网络上获得。参会者更多是为了寻求人与人之间的接触和交流。因此,最优秀的演讲者应该是能够实现这一目的,并且能够带来愉悦的演讲体验的人(这是值得你关注和提升的能力)。

如果你计划参加巡回演讲,你应该收集所有会议的邀请函,并给会议组织者写信,介绍你的工作和你愿意演讲的主题。通常情况下,会议组织者会支付你的交通和住宿费用;如果你是一位知名的演讲者,他们还可能支付你一笔可观的演讲费用。

10. 给期刊撰写文章

寻找与你专长领域相关的期刊,并编制一份你和客户可能会阅读的期刊清单。将撰写的文章投递给这些期刊,确保文章能引起客户的兴趣,并体现你提供的解决方案。

同时,与国际商业期刊取得联系,这些期刊拥有大量潜在客户。展示你的专长,并提供本国市场相关信息。

期刊编辑和读者喜欢介绍管理模式和方法的文章,因为这些文章能给读者提供实用的技巧。你应该关注这一点。

由于担心竞争对手学习和模仿,咨询行业对技术诀窍的开放非常谨慎。实际上,知识的转移和模仿并不像人们想象的那么容易。

为了实现目标,你在期刊上发表的文章应当复印出来,并在研讨会上分发或寄送给客户。

大卫·迈斯特尔(David Maister)建议为文章撰写设置目标,如每位咨询师每年发表一篇文章。如果可能,最好聘请有新闻杂志工作经验的人与咨询师合作撰写文章,因为咨询师不是作家,没有帮助,他们不太可能写出吸引人的文章。

11. 主办一份杂志或公司内刊

营销人员面临的问题是不知道何时会有人准备购买公司服务。即使知道市场上的决策者是谁,也不知道他们何时会寻找你的服务。客户企业的需求变化可能非常快,突然产生某种需求。

因此,必须不断提醒客户和潜在客户你的存在,使他们首先想到你。但实现这种不间断沟通非常困难。你可以考虑出版杂志(公司内刊)并定期向潜在客户邮寄。

期刊的负面效应是文章质量逐期下降,因此只有在能持续提供有趣文章的前提下才推出。

有实力的专业公司最好利用外部出版商来做这项工作。例如,告诉出版商你的广告战略,让他们在每期杂志中体现。利用期刊评述客户、撰写关于客户企业的文章,务必让文章成为客户故事特写,确保文章能在客户内部传阅。利用期刊销售你的研讨会和调查结果。

12. 公司招待活动

许多公司会组织和提供公司招待活动,但这些活动同质化严重,如歌剧、球赛、户外活动等。

关键问题在于如何利用公司招待活动使你的公司与众不同。思考客户想从你这里得到而其他地方得不到的东西,这是关键点。

13. 建立会所/俱乐部

企业与咨询公司合作的乐趣可能来自宴会,它会为你创造新的社交或业务天地。创建自己的宴会或俱乐部活动,使既有客户、潜在客户及其同行和咨询师进行非正式会面。

组织宴会俱乐部的有效途径是选择讨论主题,邀请专家演讲,让俱乐部活跃起来。让每个人都有上台讲话的机会。当然免不了用餐和饮酒文化,尤其在中国,这是拉近人际关系的场合。

有实力的专业公司甚至会建设私人会所。

14. 直接邮寄(DM)

直接邮寄期刊或宣传单张是专业公司促销的手段。由于需要与市场上的个人建立连续关系,而直接邮寄具有定期性的特点,所以在有重要事项需要传达时,应该采用直接邮寄的方式。

在进行直接邮寄推广时,客户希望得到回报。如果发出"软"邀请,像"如果你到我们的办公室来拜访,可以免费获得高尔夫球场练习券一张",这样做的回应率可能会很高。其中要关注的问题是:直接邮寄成本与回报的对比。

对专业公司来说,直接邮寄和企业内刊能比广告带来更大回报,因为能精准定位潜在客户。

15. 电话

电话营销一直是销售人员的法宝,但如果你没设计好期望给予潜在客户的东西,就不要给他们打电话。

利用电话收集现实客户与潜在客户的数据,可获得大量细节。每次电话都会产生以下效果:

(1) 了解潜在客户对你提供的服务是感兴趣,还是持拒绝态度。

(2) 宝贵的公共关系。你会发现人们会记住你打过去的电话,尤其是当你的语气充满热情时。即使对方当下表示不感兴趣,也可能愿意与你进行一场愉快的电话交流。

(3) 那些告诉你现在不会使用你的服务的人,将来某个时候可能会联系你。

(4) 始终把每一次电话看作是收集所需信息的机会,哪怕是核实某人姓名的拼写。

需要注意的是,在某些国家,电话营销可能被视为骚扰,存在电话黑名单等拦截工具,一些运营商可能会对频繁呼叫或发送短信的号码进行强制停机,甚至可能会违反当地的隐私保护法。电话和短信的滥用已经使得电话营销的效果越来越小,尽管电话营销仍然存在。

16. 广告

一些专业公司选择在行业期刊或航空杂志上做广告。如果你有新服务推出或想进入新市场,刊登广告可能是一个好主意。如果广告内容丰富,它也可以成为一种经济实惠的建立数据库的方式。

另一个适宜投放广告的地方是客户的内部杂志,可以留出位置感谢客户,并对他们的成功表示祝贺。

利用广告来宣传公司的报告和座谈会,并确保读者能够反馈。除了提供公司的电话号码,还应附上反馈赠券,这样可以提高约20%的反馈率。

关于广告,许多观点主张为公众创造高质量的形象,但实际上你必须通过获得的回应和创造的收入来判断你的广告是否受欢迎,其他都只是心理上的安慰。

每个广告都应该按照推销员的标准来评估。把广告看作一个推销员,让它自圆其说。将其与其他推销员进行比较,计算其成本和结果。

需要强调的是,广告的唯一目的是实现营销,能否创造利润取决于实际的运营效果。

17. 制作小册子

制作介绍专业公司的小册子时,应该特别强调公司的卓越案例和服务说明。

在中国,客户通常习惯于在初次会面时接收对方公司的简介小册子。

此外,可以为每次特定的营销活动制作一次性的小册子,利用激光打印机技术为客户中的每位决策者定制小册子,例如,直接在小册子上印上他们的名字,以此给他们留下深刻印象。

18. 利用商协会平台

成功者背后往往有多个圈子的支持,商协会是其中重要的"圈子"之一。商协会是资源整合和优化资源配置的重要平台,可以有选择性地加入所在行业的商协会或意向客户所在的商协会。

19. 和第三方公司合作/服务外包

一些中小型专业公司具有较强的客户营销能力,但缺乏专业专职的咨询师团队;而一些拥有咨询师专家的公司又缺乏营销开发能力。双方可以合作互补,通过服务外包或联合方式获得项目机会。

20. 免费工作或社会公益活动

在某些情况下,可能在客户那里发现一个潜在的项目机会,但他们自己并不清楚或还没有意识到。这种情况下,可以向客户提供免费的项目前期阶段工作,前提是直觉判断可以获得相应的管理项目合同。

　　商业活动本身就具有重要的社会价值,如果能够做一些社会公益活动,不仅可以收获精神上的满足,还可以获得一定的社会曝光度。

4.2　赢得项目

想要赢得项目,需要能够为客户提供以下价值。

1. 问题的解决者

不要对那些只关注眼前问题的公司抱有偏见,也不要总是空谈系统性的大道理。实际上,你需要做的就是解决当前的问题。请记住客户经常挂在嘴边的话:"快点解决掉这该死的问题,我已经受够了。"

特别是对于中小企业来说,他们追求的是快速、经济、高效和立竿见影的结果(投资少、周期短、见效快、效益高),他们首先要确保生存,然后再考虑长期发展。在这种情况下,要记住,"能解决问题的才是精英",咨询师所扮演的,就是解决这些问题的关键角色。

2. 问题的诊断者和终结者

患者为什么会选择去医院呢?通常情况下,是因为他们自己的处理方法没有效果,病情没有得到缓解,甚至越来越严重,所以急切地寻求医疗帮助。他们为什么会选择知名的医院?因为知名的医院有知名的专家,患者最终看重的是医生个人的专业技能。

因此,你应该明白,在项目准备阶段与客户接触的咨询师专家的重要性。

作为咨询师,如果你能够不经过复杂的陈述,就能清晰地描述客户面临的问题,那么你就能赢得客户的好感。客户不仅需要知道问题出在哪里、表现出什么症状,他们更关心的是问题为什么会发生、是如何发生的,然后才是解决方案。所以,如果你能够进一步详细分析导致问题的关键原因,并且你的分析中的任何一个原因(是的,哪怕只有一个)与客户自己的理解相符,你的专业能力就很可能得到客户的认可,尤其是在你背后有知名机构的品牌支持时。当然,客户的期望也会随之提高,他们开始相信你是能够终结这个问题的人。

在医疗领域,医生的价值在于诊断和提出建议,而不仅仅是开药方。同样,咨询师的角色应定位为问题的诊断者和终结者。

3. 问题的预防者

并不是所有去医院的人都是因为生病。如果能够将一部分资金投入到早期的健康干预措施中,确实可以减少后续治疗的需要。这一点已经得到了证实。

对于大型企业而言,健康管理和私人保健医生提供的服务是每年常规工作的一部分。这种服务的核心在于对潜在的健康问题进行持续的跟踪和管理,目的是将问题发生的风险降到最低,实现预防效果。

4. 信任友善关系的缔结者

有时候,即使你对某个项目志在必得,最终可能还是被竞争对手抢走。这种情况可能并不是因为你的专业技能不足,也不是因为你的项目建议书不够好。

真正的营销不仅仅是关注产品或服务的推广,而是在整个营销过程中,如何从投入的资源中获取最大的价值。通常情况下,客户更倾向于从他们信任的人那里购买产品或服务。因此,与客户建立信任和友好的关系至关重要。这就意味着,你需要与客户讨论一些超出项目本身的话题,通过这种方式来培养和加强双方的信任感。

要想成功赢得项目,需要依赖四项基本保证:管理师经验技能、咨询师专家技能、传递观念和展现利益、建立信任友善关系的能力。同时,在整个咨询项目的过程中,还需要确保企业和咨询师之间的关系持续得到加强和提升。

经典管理箴言

布鲁斯·亨德森（Bruce Henderson）
波士顿咨询（BCG）创始人

"战略的本质是创造竞争优势。"
"经验曲线是成本领先的关键。"
"企业需要不断重新定义自己的竞争领域。"

第 **5** 章

立项和启动阶段

  本章主要阐述了项目立项和启动阶段的目标和过程,包括初次会面的准备工作、咨询师需要获取的信息、项目的经济预算、如何参与投标、进行谈判和签订合同,以及撰写项目建议书(技术标书)的指导原则和案例分析。

  本章的重点是立项和启动的 7 个过程以及在这一阶段所需的相应素质和能力,通过本章的学习,你将掌握如何撰写专业的项目建议书,并掌握项目规划的方法。

5.1　立项和启动的概念及标志

立项和启动阶段,也称为"进入阶段",是专业公司项目管理的一个重要环节。这一阶段不仅决定着专业公司能否最终赢得项目,还直接影响专业公司的经济效益乃至公司的生存和发展。

1. 管理项目的立项

管理项目的立项,是指在收到企业的管理项目信息后,对其管理需求进行识别和确认,随后进行立项申请和报批的过程。这个过程包括一个关键步骤——"可行性研究",即评估项目为什么要做、能不能做、是否值得做。

1) 立项的基本程序

立项的基本程序包括以下三个方面:

了解企业需求

进行初步项目规划(含可行性研究)

填写立项申请书

企业的管理项目需求,可能是企业自己提出的,也可能是第三方公司发掘的。

准备立项是本阶段的第一步。通常,获取项目信息的途径决定了项目经理人选。如果项目信息是由项目经理团队获取的,那么立项准备工作由他们负责;如果是由公司营销团队获取的,则会按照公司的规则分派给特定的项目经理。

项目经理申请立项的程序是:第一步,对企业需求进行初步了解,决定是否进行立项;不适宜承接的项目将转交给其他项目经理。第二步,进行初步项目规划,组织项目团队进行可行性研究。第三步,填写立项申请书,向公司决策层申请立项。

专业公司的立项申请表的范本,见本教材的"附录5"。

2) 立项的标志

对于专业公司而言,企业的咨询邮件、咨询电话、社交活动中收到的名片、被邀请讨论可能的管理项目,或是企业直接将管理项目交给特定的专业公司或咨询师,都代表着一个管理项目已进入立项阶段。获得专业公司的立项申请书批准文件,标志着项目正式立项。

管理项目的立项目的在于获得专业公司对客户需求项目是否承接的正式批准文件。

> **延伸：投资建设项目的立项**
>
> 投资建设项目的立项，又称项目建议书的审批，特指建设项目在获得政府主管机关的行政许可（原称"立项批文"）后，可以开展项目的前期工作，这包括投资项目管理的审批。审批包括项目建议书、可行性研究报告、初步设计三个阶段，初步设计后即可进入招投标阶段。立项等同于项目建议书的审批阶段。整个投资项目管理分为审批、核准、备案三部分。

2. 管理项目的启动

项目启动对内的标志是从立项申请书获得公司批准到企业项目启动会之间的过程，包括安排与企业的正式会面、撰写项目建议书和投标的准备工作、正式投标演示以及签订项目合同。

项目启动对外的标志，是与企业签订项目合同、进行正式项目规划，直至参加企业项目启动会的过程。

一般来说，应该先立项，再启动。对于中小型项目，这两个步骤可以合并，但绝对不能先启动再立项。在项目实践中，人们对项目的最大抱怨之一就是"这个项目本来就不该做"。所以，立项管理（Project Initialization Management, PIM）的目的就是确保"做正确的事"，这是一种决策行为。

项目经理在正式立项后（即获得立项申请书批准文件），在内部启动项目，包括撰写项目建议书和参与投标。对于专业咨询公司而言，撰写项目建议书和参与投标需要投入一定的人力和物力资源。

3. 立项和启动阶段的活动

米兰·库伯（Milan Kubr）认为："进入立项和启动阶段非常像一种配对活动，企业想确保同自己打交道的咨询师就是自己想要找的管理专家，同时咨询师也必须确保对方正是自己想要进行项目合作的企业，或者咨询师所在的公司恰好就是一家能够解决企业所面临问题的专业公司。"

即使专业公司不能赢得每一个管理项目，但是在立项和启动阶段的表现和行为仍然非常重要。同企业建立了良好的关系不仅可以使其成为潜在客户，未来可能被邀请参与其他项目的投标，还能在社会或行业中树立专业公司的声誉。

专业公司不愿意参加某些企业的管理项目邀标，有以下几个主要原因：

（1）专业公司不确信自己具备相应的专家技能来开展特定的管理项目，该项目可能超出它们的专业领域和行业经验。

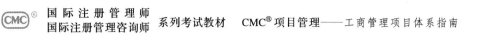

（2）专业公司认为企业的需求存在不符合职业道德的地方，例如，可能会产生利益冲突，或者被企业中的个人利用来排除异己。在这种情况下，专业公司应该拒绝企业的邀请。如果这些信息是在初步会面中得知的，应尽早结束会谈。

（3）由于商业方面的原因，如认为企业的问题不严重或者很轻微；赢得项目的可能性不大；或者认为企业所要求的方式并不会给客户带来预期利益；等等。

5.2　立项和启动阶段的目的

在立项和启动阶段,企业和专业公司虽然目标不同,但通常都受经济规则的驱动,不过,在某些情况下,企业的目的可能包含政治性或个人动机,而不仅仅是企业集体的利益。

专业公司想要取得成功,需要从自己的视角和企业的视角出发思考问题。我们可以将立项和启动阶段的目的归结为以下几点(见表 5-1):

增进了解和理解

建立关系和营销

谈判和合同

表 5-1　立项和启动阶段的目的

外部咨询师的角度	内部咨询师的角度	企业/组织的角度
• 从咨询项目中获得经济利益 • 了解和理解企业面临的真正问题 • 确保有能力、有经验提供高价值的专业服务 • 说服企业相信自己就是最佳选择 • 签订付费的商业合同 • 即使投标未成功,也要建立良好的声誉和关系	• 获得内部薪酬或晋升机会 • 理解企业面临的真正问题 • 确保自己有能力和经验提供预期效果的项目服务 • 说服企业相信自己就是最佳的人选 • 签订委任书 • 即使未竞聘上,也要展示自己的专业才能,以便将来有更多晋升机会	• 从外部咨询师或内部咨询师处获取经济效益 • 寻找和达成对项目的共同认知和观点 • 了解外部咨询师或内部咨询师的胜任能力 • 让自己信任对方是最佳候选者,能够达成期望的目标 • 签订能够产生预期效果的文件或合同 • 不断加强判断,确认对方就是最合适的候选者

1. 增进了解和理解

企业和专业公司在寻找一致性的过程中,就是寻找和达成对企业所面临的管理问题的共同认知和观点。

对于有些管理项目,问题可能非常明确,双方对企业的问题症结点都有清晰的认识,需要确定的只是"怎么做"的问题。

还会有些管理项目,这个问题就相对复杂。企业可能不清楚自己的问题症结点,也无法提供足够的信息来明确界定问题,甚至可能提供错误信息,导致双方理解不一。在这种情况下,双方首先需要确定的是"做什么"的问题。

但是,这类项目的风险较大,因为你可能不清楚自己在项目中应扮演的角色,不确定是否具备承接项目所需的专家技能,也无法准确预算管理项目的成本。这使得说服企业相信自己是最佳候选者变得困难。即使企业最终将项目交给你,执行过程中也可能出现问题,对双方都不利。

因此,如果专业公司或咨询师与企业在"做什么"上不能达成共识,建议可以先签订一份调研诊断的分解项目合同。在与企业达成共同观点和认识后,再继续开展项目的其他阶段工作。

2. 建立关系和营销

项目投标结果如果没有赢得合同机会,标志着立项和启动阶段的结束。

在整个咨询介入的过程中,不仅是立项和启动阶段,都应该与企业建立起"企业—咨询师"的职业关系。这其中包含一定的营销成分,把握得好往往会取得意外成效。高压销售常常会受到抵制,这在一定程度上也与文化因素有关。

无论如何,专业公司在整个过程中都应该不断强调和展现自己的价值观、行为方式和专家能力。"专家个人的专业表现、讨论过程中传递给企业的观念、展现出对企业切实的关注和利益考量",这三个方面有助于专业公司和企业之间达成项目合作关系。

虽然你不一定知道企业究竟接触了多少家类似的专业公司,但你应该假设企业还邀请了竞争对手来参与本项目的竞标。因此,你在任何情况下的重要任务就是说服企业,你能够提供企业所需求的项目价值,并且比其他任何公司都做得更优秀。

3. 谈判和合同

在立项和启动阶段,专业公司和企业的努力最终需要转化为某种形式的合同,明确项目的工作内容,企业需支付的费用以及支付方式和时间。不应仅在达成口头合作后通过信函或电子邮件方式对管理项目进行确认,而应签订正式的商业合同,这对于重要客户尤其重要。

需要特别提示的是,在任何阶段,专业公司或其营销人员不应为了获得项目而过度承诺,任何不确定的项目承诺不仅会损害双方的关系和声誉,还可能带来法律风险。

对于企业的期望值,你应该做到:低承诺、高实现。

那么,是否必须在签订完合同之后才能正式启动项目呢?对于一些有知名度的企业,大多数专业公司可能会在一次电话交流或会面后的握手就开始部分项目工作,这对于项目的最终合作往往是有利的。然而,对于不熟悉的普通企业,这种做法需要审慎。

一般而言,无论项目简单或复杂,都应形成一份双方都认可的项目建议书。关于项目建议书的具体内容,在本教材第 2 部分第 5.3.3 章节有详细说明。

如果在立项和启动阶段结束时,双方仍未达成合同,建议专业公司及时退出,以避免无效的人力物力投入,或者采取其他符合职业道德的方式争取项目。

5.3　立项和启动的 7 个过程

立项和启动阶段包含的 7 个主要过程，以及在这些过程中所需的素质能力，如表 5－2 所示。这些素质能力是专业公司展示的专家技能的重要补充。

表 5－2　立项和启动阶段的 7 个主要过程及必要的素质能力

过程	必要的素质能力
（1）对企业需求的认知和确定（对问题陈述及范围达成一致）	积极聆听 有效地提问 理解企业业务的能力 模糊和碎片化信息的系统概念化能力 与企业有效沟通、交流愉快 职业营销能力 对复杂问题的澄清能力 解决问题的能力 创造性思维
（2）初步项目规划	形成概念 清晰化的结构 理解专业公司自己的资源和能力 CMC®项目管理
（3）项目建议书（LOP）	确定项目范围 项目时间、成本的预算 项目建议书的撰写
（4）招投标	演讲口才 公关营销能力 领域的专家能力
（5）谈判和合同	谈判能力 合同法、相关法律
（6）正式项目规划	CMC®项目管理
（7）项目启动会	演讲口才 组织能力

除了以上素质能力，专业公司还需要具备与其服务理念或展现公司形象相匹配的特殊技能。

在某些情况下，这些技能可能需要进一步扩展。例如，如果涉及跨国公司或需要在其他国家地区开展工作,就需要具备跨文化管理技能;如果是公共领域的项目,则需要具备政府行政管理技能。

此外,各种技能的复杂组合也非常重要,有时仅具备部分技能可能无法实现双方的理解和认同。

5.3.1　对企业需求的认知和确定

对企业需求的认知和确认,以及对企业问题的陈述及范围达成一致,是非常有意义的。

通常情况下,专业公司往往会与客户进行一次初步会面,无论是在客户公司还是邀请客户到自己的公司。在这次会面中,客户会提出他们已经认识到的问题和需求,专业公司需要初步评估自己是否愿意和是否有经验能力与客户进一步讨论。

1. 初次会面的准备

专业公司对初次会面的准备工作包括以下几个方面:

尽可能收集有关企业及相关行业的信息,并把这些信息与企业的会面邀请联系起来

确定代表专业公司出席会面的咨询师人选,应该满足三个要求:①匹配原则,视企业参与会面的人员级别而定,可以略高;②熟练掌握了相应的知识和技能,能够对企业的需求做出反应;③对专业公司其他领域的能力也非常了解。此外,建议安排三人团队出席会面:一名领域专家咨询师,一名行业专家咨询师,一名商务人员

准备专业公司的相关资料,比如印刷的公司简介等,并检查公司网站的相关内容的一致性和关联性

确保咨询师在会面中展现出专业形象,并有效传达品牌价值,包括需要携带的笔记本电脑、名片以及礼仪形象塑造等(具体见国际CMC®教材T2)

2. 咨询师获取信息的清单

在初次会面中,咨询师需要收集以下关键信息:

该企业的管理项目是否已经立项

谁拥有接受项目建议书的最终决策权

谁能够对这种决策产生影响

企业的决策流程是怎样的

项目建议书需要在什么时间之前提交

有多少其他公司被邀请参与该项目的投标

竞争对手有哪些公司(部分企业可能不愿意透露这一信息)

能否提供企业的组织结构图

企业所面临的问题是什么

这个问题为什么重要

是什么原因导致了这个问题的出现

企业是否已经尝试过自行解决这些问题

项目的规模有多大(比如涉及哪些部门、人员、地点等等)

企业希望通过本次项目获得哪些利益,或者说,企业希望达成什么目的

企业是否有与问题有关的其他报告或文件,如果是,企业能否提供

企业为何选择聘请专业咨询公司

企业期望的项目进度(时间表)是怎样的

企业能提供哪些资源

企业是否同意专业公司获取相关文件或信息,并与所有相关管理者和员工接触

企业是否有其他限制条件

企业希望从与专业公司合作中获得哪些经验

是否对该管理项目的大致价格范围有共识

如果企业同意,你应该获取项目负责人的姓名及联系方式,以及企业能够提供的与项目相关的材料。这对于深入了解和理解企业项目也是有帮助的,特别是对于那些地理位置较远、不便安排面对面会面的企业来说,这一点尤为重要。

3. 初次会面的注意事项

初次会面需要注意以下事项:

(1)在与客户的初次会面中,咨询师应避免过度展示自己的聪明才智。例如,不应仅仅为了显示自己做了准备工作而讨论与客户实际问题无关的报告内容。相反,咨询师应该利用前期准备中获得的信息来提出问题或给出回答。

(2)初次会面的目的之一是让咨询师向客户展示自己的专业能力,比如分享自己曾经成功执行过的类似项目的经验。在不违反客户保密原则的情况下,企业通常会要求提供这些项目的书面资料作为参考。

(3)企业决定让专业公司准备项目建议书的前提是基于对专业公司是否真

正理解问题的感觉。这种感觉来自会谈中咨询师的提问方式和表达观点的方式。在这个阶段,咨询师提出的问题能够显示出专业公司对问题复杂性的理解,这比提供肤浅的解决方案或圆滑的评论更能给客户留下深刻的印象。

(4)企业可能还会对专业公司的文化价值观和经营理念感兴趣。

(5)尽管双方的日程安排可能不同,但都在努力建立信任和合作关系。

专业公司面对的项目各式各样,有的相对简单,只需在初次会面获取的信息基础上稍作补充,就能准备项目建议书。而有的项目则非常复杂,即使咨询师与企业管理层进行了多轮讨论,也可能无法完全理解问题,这种情况下形成的项目建议书对双方都存在风险。因此,必须留出足够的时间进行前期调查,或者探索降低不确定性的方法。

在 20 世纪 60 年代,专业公司面对复杂项目时,常见的做法是通过开展调研来确保收集到足够的信息,明确企业面临的问题和可能的解决方案,并通常会与企业协商收取一定的前期费用。这可以看作是先签订一个仅包含调研诊断阶段的合同,待双方完全理解并认同企业的问题后,再继续进行项目的其他部分。

这种做法可能会给企业带来一些挑战,特别是在企业需要评估多家相互竞争的专业公司的能力和承诺时。然而,如果专业公司与企业之间已经建立了牢固的信任关系,这种操作就相对容易实现。我们也观察到,一些大型企业在面对复杂的项目问题时,会主动要求几家专业公司先进行付费的调研诊断阶段工作,然后根据调研诊断报告选择一家专业公司继续合作。这对于中小型企业来说,无疑会增加项目的预算成本,因此它们通常不会采用这种方式。

另一种解决方案是将调研诊断工作纳入项目建议书中,并保留进一步审查和修改的空间。

一旦企业的问题得到澄清和确认,接下来该怎么办?

如果咨询师最初提出的观点被证明是正确的,接下来应该怎么办?

咨询师还应该提出项目的预期问题和结果,以及任何可能的价格变动。在实际操作中,如果发现企业的预期问题与实际情况相差甚远,明智的做法是终止合作。这样可以避免双方在项目进行中遇到更大的风险和损失。

5.3.2 初步项目规划

1. 初步项目规划的内容

尽管初步项目规划可能无法做到非常详尽,因为专业公司尚未确定能否赢

得项目,但仍然需要进行充分的规划工作,包括以下几个方面:

确定解决问题的方法

确定所需的技能要求

确定能否获得所需的专业人员及项目所需的时间

因此,在初步项目规划阶段,要求对项目形成一个清晰的概念,将问题解决方案的设计分解为若干阶段,并利用甘特图等工具(参考国际CMC®教材T4)进行时间和任务的分析。

初步项目规划是准备项目建议书之前的关键阶段,它使专业公司能够检查自己是否能满足企业的项目要求,明确相关资源问题及其解决方案,进行人力投入分析,以便对项目进行合理定价。

对企业面临的问题形成清晰的概念,有助于发现之前未预料到的问题,从而确认专业公司能否实现令企业满意的项目成果。这一阶段的目的是决定继续撰写项目建议书还是退出竞标,从而得出专业公司对该项目的可行性报告。

2. 项目经济预算

这部分我们将重点介绍项目经济预算的方法。了解专业公司项目经理如何管理、跟踪和控制项目的盈利情况,以及咨询师如何影响利润水平,学习项目经济效益的计算方法,这些知识对你来说都是非常有价值的。

以下,我们将以ABC公司的一个战略管理项目为例进行详细说明(见表5-3)。

表5-3　项目经济预算

时长:10天　　　　　　　　　　　　　　　　　　　　　　　　　　　　　单位:小时

类别		项目总师/合伙人	项目经理	咨询师A	咨询师B	总计
任务1	发现和确定问题	3.0	8.0	12.0	12.0	35.0
任务2	调研收集信息	4.0	10.0	50.0	32.0	96.0
任务3	讨论及会议	8.0	8.0	8.0	8.0	32.0
任务4	诊断分析	10.0	36.0	42.0	40.0	128.0
任务5	撰写报告并提交	5.0	8.0	8.0	8.0	29.0
合计		30.0	70.0	120.0	100.0	320.0
相应全职员工系数		0.38	0.88	1.50	1.25	4.00

ABC收取费用55 000(费用6 000,专家费49 000)

	类别	项目总师/合伙人	项目经理	咨询师 A	咨询师 B	总计
(a)	对 ABC 项目的计费时间（小时）	30.0	70.0	120.0	100.0	320.0
(b)	对其他公司的计费时间（小时）	10.0	0.0	0.0	20.0	30.0
(c)＝(a)＋(b)	总计费时间(小时)	40.0	70.0	120.0	120.0	350.0
(d)＝(a)/(c)	ABC 项目计费时间比率	75％	100％	100％	83％	91％
(e)＝(c)/(k)	时间利用率	50％	88％	150％	150％	109％
(f)	每小时收费率	￥460	￥275	￥140	￥140	
(g)＝(a)×(f)	ABC 项目标准应收专家费	￥13 800	￥19 250	￥16 800	￥14 000	￥63 850
(h)＝(g)×0.065	行政费用(标准专家费的6.5％)	￥897	￥1 251	￥1 092	￥910	￥4 150
(i)	现金支付杂费	￥800	￥300	￥250	￥500	￥1 850
(j)＝(h)＋(i)	总费用	￥1 697	￥1 551	￥1 342	￥1 410	￥6 000
(k)	可利用时间(10 天×8 小时/天)	80.0	80.0	80.0	80.0	320.0
(l)＝(a)/(c)×(k)	ABC 项目所花费时间	60.0	80.0	80.0	66.7	286.7
(m)＝既定	营销部成本指数	0.500	0.500	0.500	0.500	
(n)＝(l)×(f)×(m)	与 ABC 公司合同成本	￥13 800	￥11 000	￥5 600	￥4 667	￥35 067

ABC 收取费用：￥55 000(费用￥6 000,专家费￥49 000)

3. 项目时间利用率

定义:项目有效利用分配给该项目资源的程度

公式:项目总计费时间/项目总花费时间

举例:
$$= \frac{项目总师＋项目经理＋咨询师 A＋咨询师 B \quad 项目总计费时间}{项目总师＋项目经理＋咨询师 A＋咨询师 B \quad 项目总花费时间}$$

$$= \frac{30\ 小时+70\ 小时+120\ 小时+100\ 小时}{60\ 小时+80\ 小时+80\ 小时+66.7\ 小时}$$

$$= 111.6\%$$

4. 个人时间利用率

定义:年度个人总可用时间的利用率

公式:总付薪时间/总可用时间

举例:年度总可用时间=52(周)×5(天)×8(小时/天)=2 080 小时

2 080 小时	总可用时间
−40 小时	请假时间
−80 小时	休年假时间
−40 小时	职业培训时间
−64 小时	公共假日
1 856 小时	付薪时间

2 080 小时总可用时间=89.2%利用率

5. 个人时间利用率的目标(举例)

咨询师 A	90%
咨询师 B	80%
项目经理	70%
项目总师	55%
总裁	35%

6. 相应全职员工数

定义:指分配给项目的咨询师工作时间相当于多少个全职工作于该项目的咨询师时间

公式:项目总计费时间/项目期间个人总计可利用时间

$$举例= \frac{项目总师+项目经理+咨询师\ A+咨询师\ B\quad 项目总计费时间}{10\ 天\quad 一名员工总可用时间(2×40\ 小时)}$$

$$= \frac{30\ 小时+70\ 小时+120\ 小时+100\ 小时}{2×40\ 小时}$$

$$= 4$$

7. 收入实现率

定义:项目实现的标准专业费比率。公司利用该比率确认收入。当某项目的收入实现率低于 85％时,项目的立项批准需要通过董事或总裁批准。

公式:(标准专家费－调整费)/标准专业费

举例:$= \dfrac{¥63\,850 - ¥14\,850}{¥63\,850}$

$= 76.7\%$

8. 净收入

定义:指向企业收取的专业费用,是从企业收取的费用总金额减去所有与项目相关的行政费用和杂费后的剩余。

公式:标准专家费－调整费用,或者标准专家费×收入实现率

举例:$= ¥63\,850 - ¥14\,850 = ¥49\,000$

或　　$= ¥63\,850 × 76.7\% = ¥49\,000$

9. 利润率

定义:指项目利润与净收入的比率。当项目的预计利润低于 25％时,项目的立项批准需要通过董事或总裁批准。

公式:(净收入－成本)/净收入

举例:$= (¥49\,000 - ¥35\,067)/¥49\,000$

$= 28.4\%$

10. 人员分配杠杆

定义:指反映项目中的项目总师和其他工作人员的工作分配的有效程度。当该指数为无穷大时,项目部可能成立(即项目总师花费时间为零时)

公式:除项目总师之外为项目花费时间/项目总师为项目花费时间

举例:$= \dfrac{项目经理＋咨询师\,A＋咨询师\,B \quad 项目总花费时间}{项目总师 \quad 项目总花费时间}$

$= \dfrac{80\,小时＋80\,小时＋66.7\,小时}{60\,小时}$

$= 3.8$

11. 最大化项目利润

项目利润最大化,即实现:

最大化带给公司的价值

最大化收入实现率

最大化项目时间利用率

最小化人员配置平衡

最小化项目周期投入

最小化一般费用

（1）支付了一般费用就会减少企业用以购买专业服务的资金。一般费用通常不能为企业提供价值。

（2）总体而言，项目的利润来自提升的业绩，不同的补偿以及基础设施的增强（比如计算机培训）。

12. 关键概念

项目利润由项目时间利用率、收入实现率和人员分配杠杆所驱动。

项目时间利用率的增强，可以通过将人力资源分配给整个项目周期（15 天时间）。

收入实现率由对提供专业服务的价值定价决定。

人员分配杠杆，由员工发挥最大效力到更高一层员工职能达到（尽量由低层级员工执行工作）。

5.3.3　项目建议书和国际 CMC® 项目建议书标准

1. 项目建议书（LOP）

麦肯锡公司认为，项目建议书是商谈结果的书面形式，它是一份就项目目标达成共识、非正式且不具备法律约束力的文件。

麦肯锡建议，如果你即将参与一个新项目，首要任务应该是审阅包括项目建议书在内的新项目文档。每个项目都会有一个新项目报告，这份报告主要介绍项目的范围和谈判过程。

项目建议书反映了项目经理团队对企业需求的理解，并基于这种理解提出自己的观点和解决方案。它是双方沟通的关键工具，有助于获得企业的认可和认同。

项目建议书的基本属性有如下几点：

非正式文件，但是咨询师应该使其看起来更加正式

没有法律约束力，"别拿它跟企业说事"

是项目启动前的重要文件，双方都应该确保项目成员已阅读

是双方对项目目标达成初步理解和认同的基础

2. 项目建议书的主要目的

项目建议书的主要目的包含以下几个方面：

在双方对相应问题达成共识的基础上，清晰阐述项目的目的和实施方法

必须是一份颇具说服力的营销文件

为后续的商业合同奠定基础

第一点是其他两点的基础,而第二点要遵守管理行业的职业道德规范。如果这还不够,应特别注意第三点:确保其合法性。

3. 如何撰写《项目建议书》

对于项目建议书,不同的专业公司会采取不同的做法,但核心目的都是为了展现专业能力、强调自身观点,并与竞争对手区分开来。

为了使项目建议书更贴合特定项目,通常需要对标准格式的各个标题进行调整。

例如,在设计高度定制化的培训项目、信息系统、战略策略分析、管理者心理测评、业务流程优化或提供常年顾问服务等项目时,如果生搬硬套标准项目建议书的标题格式,可能无法清晰表达项目需求。在一些更复杂的情况下,可能需要增加新的标题或子标题。此外,这种标题格式可能并不适用于公共领域的项目建议书,因为公共行业通常会提供特定的格式模板。如果擅自修改这些模板,可能会导致投标资格被取消。因此,在撰写项目建议书时,应遵循客户提供的格式要求。

CMC 协会/国际咨询协会

项目建议书标准格式(Standard of Proposal,简称 SOP)

1. 项目背景和相应的问题、目标

(在企业的业务领域、战略布局、竞争形势的背景下进行描述)

2. 工作方法(思路)和步骤

2.1　专业公司将要采用的方法

2.2　解决问题的关键步骤

3. 项目预期利益和项目计划

3.1　项目预期利益

3.2　项目时间计划

4. 专业公司的相应经验和能力

4.1　专业公司的经验和能力

4.2　相关客户名单和项目案例

4.3　参与项目的关键人员

5.　标准术语和条件

6.　附录

6.1　参与项目的关键人员的简历

6.2　技术说明(比如管理方法、管理工具等)

6.3　其他附件

1.　项目背景和相应的问题、目标

项目建议书的这一部分是非常重要的,它包括借助管理工具和咨询工具(参考国际CMC®教材T4),结合企业提供的重要文件,准确概括企业所面临的形势,明确阐明解决当前管理问题的必要性,并详细阐述专业公司对企业存在的问题或发展机遇的理解,清晰提出本次管理项目的实施目的。

作为一家专业公司,建议在这部分展示以下内容:

(1) 对企业所处产业和行业市场的分析。

(2) 对企业内部运营管理问题的清晰理解和描述。

(3) 对企业存在这些问题的显著原因的分析。

(4) 对项目目的、项目范围、项目人员的说明。

1) 对企业背景和行业背景的简要说明

(1) 如何描述企业背景? 你可以借用投行尽职调查的结构框架(根据项目的专业领域进行部分项或全部项说明):

企业背景(Company Description)

企业成立

发起人、主要股东

注册资金

经营范围

企业简介

经营宗旨、企业愿景、战略发展规划

企业发展历史

经营目标、核心业务

部门设置

业务部门设置及主要职责

　　人力资源配置

　　企业管理

　　组织结构图

　　核心股东的背景

　　核心经营管理人员的背景

　　外部支持人员,如管理顾问、法律顾问、投资顾问……

产品或服务(Product/Service)

　　现有产品或服务的介绍

　　现有产品或服务的 SWOT 说明,以及业绩情况

　　正在研发的产品或服务说明

企业的资源(Resources)

　　厂房设备等有形资源说明

　　知识产权等无形资源说明

　　人力资源说明

企业的竞争力(Competitiveness)

　　企业竞争力说明

　　(2) 如何描述行业背景? 行业外部环境形势主要从以下维度来进行分析:宏观分析、行业分析、市场分析,具体分析见第 2 部分第 6.2 章节。

　　比如市场分析(Market Analysis),可以分析以下一些方面:

　　所处行业和行业政策

　　产品或服务的市场规模、市场结构与划分

　　目标市场

　　产品市场状况、发展阶段、市场占有率、排名、品牌状况

　　产品或服务的市场趋势和市场机会

　　项目建议书中并不会做长篇累赘的描述,尤其是生产管理、质量管理等领域的管理项目则更会淡化。

　　行业竞争形势分析工具包括波特五力分析模型、SWOT 分析、GE 矩阵、价值链模型、逻辑树分析法、PEST/PESTEL 等等(见国际 CMC® 教材 T4)。

2) 对企业面临的管理问题的清晰理解和描述

　　上文已经充分强调了这一点的重要性。因此,在这一部分,项目建议书应

该详细分析企业的内部环境,清晰地描述项目中的关键问题,以促进双方共识的达成和理解的深化。

行业内部环境主要从以下维度来进行分析:战略职能(比如组织问题分析、竞争分析、企业资源与能力分析)、运营职能(比如营销分析、财务分析、人力资源分析、供应链分析、技术分析、信息分析),具体内容见第 2 部分第 6.2 章节。

问题描述可以采用以下形式:

(1) 战略问题(横向、纵向、定位、方法)。

(2) 结构问题或流程问题(部门设置、流程设计)。

3) 对公司存在这些问题的明显原因的分析

在分析原因时,你可以借用以下一些管理工具的思维结构,例如:

(1) SWOT 分析的 4 个维度。

(2) "鱼骨图"分析的维度。

(3) 金字塔原理的结构(结论先行、以上统下、归类分组、逻辑递进)。

4) 项目目的、范围、人员的说明

针对公司存在的问题或机遇,具体说明项目旨在解决的问题或面临的机遇,界定项目的研究或实施范围和预期成果,以及项目团队成员的专业背景和角色分配。

例如,项目可能涉及对特定业务流程的优化,这就需要详细说明具体的业务功能、预期的地理位置范围、研究的深度和广度、项目研究或实施的重点领域,并描述项目实施中对细节的关注程度。

2. 工作方法(思路)和步骤

1) 专业公司将要采用的方法

专业公司在寻求解决方案时,研究和工作方式应当基于丰富的经验和合理的假设,采用切实可行的工作方法和思路。更多关注"怎么做",目的是让企业认识到问题的重要性,并相信专业公司能够帮助他们解决问题。

解决方案描述如何通过项目建议书中的思路和调研得到的数据,对发现的现象及相关假设进行深化和验证,并以有效的形式组织展示结论及可执行的方案。

企业往往希望专业公司能够提供以下说明:

(1) 问题的解决方式。

（2）专业公司将要采用的方法体系。

（3）专业公司计划和企业的合作方式。

对于复杂的管理项目，专业公司应该提供一个流程图，清晰展示必须完成的任务，以及每一项任务所需的时间周期，同时还应该说明企业的评审时间点。

由于管理项目的复杂性，项目建议书中的这一部分内容可能非常具体和有针对性，但是专业公司可以提供一些常用的管理技术、方法和工具，以及在这一部分和企业达成以下共识：

（1）帮助企业确信该专业公司是非常合适的。项目建议书中这一部分内容必须从企业角度出发，提供决策所需的详细信息，阐明企业所面临的问题与建议方案之间的关系。同时，要反映企业的业务需求，说明建议方案将如何有助于解决企业所面临的问题。

（2）使无形产品有形化。菲利普·科特勒（Phillip Kotler）认为：……服务提供者的任务是"管理各种依据""把无形的产品有形化"。知识服务是无形产品，这大大增加了沟通和成交的难度。项目建议书应包含相关的行动方案和具体安排，使客户能直观感受到服务的存在。项目建议书内容越具体，管理服务的有形性就越强。

（3）排除不确定性的风险。无形性可能导致不确定性。企业往往会采取相应的行动以增加安全感，在这种情况下，专业公司的品牌形象和过往经验对减少不确定性有重要影响，它们能够有效降低企业所感知的风险。

项目建议书的这部分内容应该让企业感到放心，但避免过度夸大其词。中小型专业公司常通过降低客户风险的策略来斟酌和撰写项目建议书，从而赢得竞争。

（4）影响企业内其他人员。即使在项目建议书阶段，咨询师也可能无法接触所有影响购买决策的人。科特勒列举了组织中的六种购买角色：使用者、影响者、决策者、批准者、购买者、看守者。阅读项目建议书的人可能比咨询师所知道的人要多，所以，项目建议书应考虑到已知和未知的各种角色，确保即使项目的执行方式的口头协议已达成，也要详细表达出来，以便企业中"不知道的人"阅读。

（5）提高专业公司的差异性程度。项目建议书应树立专业公司的形象，区分差异化服务提供者和同质化服务提供者，这种印象不仅影响项目获得的可能性,还影响客户愿意支付的费用。

如果专业公司的服务缺乏独特性,那就没有继续讨论下去的必要了。但是,专业公司应强调服务的差异性,以显示其服务更适合客户,相比之下,竞争对手的服务适合性较低。

2) 解决问题的关键步骤

我们用麦肯锡方法——解决问题的七个步骤(7 Easy Steps to Bullet Proof Problem Solving)来进行说明(具体见国际CMC®教材 T4),如图 5-1 所示:

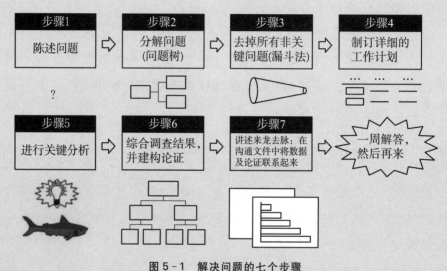

图 5-1　解决问题的七个步骤

示例:描述专业公司的方法(思路)和步骤,如图 5-2 所示。

通过四步骤,确定基于购入地块的最佳盈利模式

可能盈利模式分析
1. 确定可能的盈利模式:
"穷尽法"设计可能的盈利模式
-设定"穷尽法"的前提
-设计所有可能的盈利模式
·根据产业分析、区域分析、可行性等因素筛选可能的盈利模式

盈利回报率分析
2. 对盈利模式进行盈利回报、风险等深入分析:
·分析盈利模式的投入、盈利性、未来前景等
·分析盈利模式的风险
·比较产生建议的盈利模式组合

研讨确定盈利模式
3. 和某企业高层研讨确定盈利模式:
·介绍分析方法、分析模型和建议盈利模式组合方案
·研讨,修正并确定盈利模式组合

盈利模式实现建议
4. 盈利模式的实现建议:
·分析、建议设定盈利模式实现所需的关键能力和资源
·协助某企业获得相关资源和能力

确定回报最高的盈利模式

1. 采用"穷尽法",考虑基于购入的地块,某企业可能的运作模式

所获信息(前提)

- 某企业在浦东机场附近购入3 000多亩土地,初步计划建设物流园区
- 物流园区的初步定位在航空物流方面
- 航空服务是某企业的基础产业,已陆续开通全国各大城市间50多条包机航线,服务网络覆盖全国,并进行入股武汉航空公司、收购宜昌机场等战略活动

可能方向(假设)

- 假设发展模式一:航空物流园区租、售管理服务
- 假设发展模式二:基于航空物流园区的航空物流仓储管理
- 假设发展模式三:拓展航空物流价值链,提供更全面的航空物流服务
- 其他假设发展模式:基于浦东航空港规划,其他可能的发展模式,例如:租车服务、酒店、相关服务等

示例:从理解航空物流业入手,分析各种可能的业务模式

可能方向(假设)	业务模式定位关键问题	解决思路
·假设发展模式一:物流园区租、售管理服务	·建成怎样的航空物流园区? -面向什么物流市场(货运、快递、物流外包)? -面向什么行业市场(商业信函? 电子产品? 零配件?) -确定客户后,应提供哪些服务和仓储设备? -应提供哪些延伸服务和特色服务?	·从客户市场角度研究航空物流业,即找到园区的客户群、服务需求、市场机会,由此研究物流园区的合适定位、发展规划
·假设发展模式二:基于物流园区的航空物流仓储管理 ·假设发展模式三:拓展航空物流价值链,提供更全面的航空物流服务	·进入航空物流业的哪个细分市场和环节? -进入哪个物流市场(货运、快递、物流外包)? -进入什么行业市场(商业信函? 电子产品? 零配件?) -进入物流价值链的哪个或哪些环节? -提供哪些服务?	·从参与竞争角度研究航空物流业,即判断是否有发展机会、所需能力和资源,由此研究进入的合适定位、发展规划

图 5-2 示例:描述专业公司的方法(思路)和步骤

3. 项目预期利益和项目计划

1) 项目预期利益

项目建议书中的这部分,需要非常清晰具体地向客户阐明支付多少咨询费用,能够获得什么样的预期利益,解释项目建议书中的方案为什么能够解决客户所面临的问题。

虽然项目建议书中已经包含了服务交付(Deliverable)的说明,但企业可能需要专业公司对项目预期成果进行评估。因此,专业公司可以提供对项目成果的评估,包括对特定实施措施(如建立 JIT 制造系统)可能带来的成本节约进行合理且量化的预测。

在此需要强调的是,商业合同中的承诺必须兑现。因此,明智的做法是不

要发布任何不切实际的陈述和观点,而应该事先向客户阐明所获得的价值存在一定的风险。以上面的 JIT 制造项目为例,专业公司应该提供一个预期成本节约的范围,而不是一个确切的数字,并同时提供一套完整的行动建议。

建议向企业传达以下项目价值和利益点:

(1) 所需要的投资、时间及回报。

(2) 利用了专业公司的专家资源。

(3) 完成了企业既定的方案和任务(比如制度流程建设)。

(4) 获得了分析报告。

(5) 解决了企业的问题。

(6) 实现了企业潜在的机遇。

(7) 提升了企业的竞争地位。

需要说明的是,关于项目预期利益和项目交付成果的说明,可以细分为对阶段性成果的阐述,或者对整体交付成果的说明。

示例:本项目将为企业制订一套卓有成效的管理方案,包括战略规划、组织结构和流程设计、考核激励方案。

项目成果

协助企业制定战略规划:

(1) 协助企业确定其战略定位,包括业务范围(横向/纵向),即明确企业应该从事哪些业务以及在哪些领域进行操作。

(2) 此过程中,提供方法和流程的示范,帮助企业在未来能够自主制定战略。

为企业提供清晰、可执行的组织结构方案,并具体落实到各个人事岗位:

(1) 解决企业面临的管理幅度和管理层次问题,包括扁平化管理的实施。

(2) 改善总部与事业部之间的协调,如市场策划、研发等。

(3) 明确地区部门的作用和设置,如北京办事处的职能。

优化企业的管理流程,提高工作效率和协调程度:

(1) 加强总部功能与事业部的对接,包括财务、市场策划、研发、生产、人力资源等方面。

(2) 质量控制。

(3) 售后服务。

（4）项目管理。

为企业设计有竞争力的薪酬激励方案，以及完善的绩效管理制度：

（1）薪酬制度。

（2）绩效管理制度。

2）项目时间计划

我们直接用一个案例来进行说明，如表 5-4 所示：

表 5-4　项目时间框架

内容 \ 月周	1 (1 2 3 4 5)	2 (6 7 8 9)	3 (10 11 12 13 14)	4 (15 16 17 18)	5 (19 20 21 22 23)
项目启动	▷				
模块1:现状评估					
—外部分析	▬▬▬ (1–5)				
—内部分析	▬▬▬▲ (1–6)				
模块2:战略规划					
—公司核心能力		▬▬▬ (6–9)			
—公司发展方向		▬▬▬ (6–9)			
—战略要素		▬▬ (6–7)			
—战略制定/执行/调整		▬▬▬▲ (6–9)			
模块3:组织结构和流程设计					
—公司组织原则			▬▬ (10–11)		
—公司组织结构			▬▬ (10–11)		
—所属单位结构建议例子			▬▬ (10–11)		
—关键流程			▬▬▲ (12–14)		
模块4:考核激励方案					
—薪酬体系		▬▬▬ (6–9)			
—考核方案的制订			▬▬▬ (11–14)		
—过渡方案			▬▬○ (11–14)		

▷启动会　△中期讨论会或报告　○最终报告

4. 专业公司的相应经验和能力

1）专业公司的经验和能力

项目建议书中的这一部分旨在展示专业公司具备实现承诺的经验和能力，以说服企业（在项目建议书后续的部分）。

专业公司应展示其过往项目的经验和成功案例，以证明其能力。如果案例描述较长，可以将其作为附录，而在正文中突出与企业需求相似的关键项目案例。

这一部分的内容避免泛泛而谈,例如,"我们的咨询师拥有广泛的国际经验",而应具体说明咨询师的能力如何与项目要求和企业的潜在担忧相匹配。

因此,项目建议书中这一部分的内容应该实事求是、准确无误,最重要的是将项目需求和企业的担忧点结合起来,以展示专业公司在具体环境下的执行能力。实际上,很可能会再延伸一步。有学者在研究中提到了他们公司如何通过深入分析竞争对手的项目建议书,进而改进了自己撰写项目建议书的方法:

我们改进了撰写项目建议书的传统方式。这种改进使得我们的优势能够更加明显地与企业的需求相匹配,并且鼓励企业去评估其他竞标者是否具备相同的能力。我们的研究显示,对一些重要领域我们非常了解,而参与投标的竞争对手却没有类似的特长。

在不提及或诋毁竞争对手的前提下,通过展示专业公司的特长以及与企业需求的匹配度,提高自身的竞争力,同时减少竞争对手的吸引力。

此外,如果企业对专业公司解决问题的方式有所担忧,可以在这部分详细说明,以缓解企业的顾虑。

2) 相关客户名单和项目案例

专业公司在提供服务时,应当列出一些客户名单,尤其是那些在行业内具有领导地位或上市的知名企业。同时,还应提供一些与潜在客户行业相同或相近的成功企业案例,并对此进行特别强调。

3) 参与项目的关键人员

在项目建议书中,关于团队成员的介绍应该简洁明了,将他们的详细简历放在附录部分。

请记住,附录中的个人简历与求职简历有所不同,它应该更加简洁,只需概述相关的经历,不必详尽列出每一段工作经历或每一个参与过的项目。在专业项目中,人才是最关键的因素,因此专业公司需要全力以赴地展示其团队成员如何与企业的需求相匹配。这意味着,专业公司推荐的项目团队成员应具备与企业行业相关的工作经验以及与项目专业领域相关的经验。

在条件允许的情况下,专业公司的主要任务是在准备项目建议书之前与企业进行会面,并在准备项目建议书以及向企业演示的过程中,根据实际情况做出必要的调整。例如,如果项目的执行需要大量咨询师的参与,那么在项目建议书中就应该增加对这些咨询师的介绍,以确保企业能够了解到专业公司为项目配备的人力资源。

此外,在项目建议书中,专业公司推荐的项目团队成员可能会面临一些不可控制的事件,比如生病或辞职,这可能会让企业担心实际参与项目的咨询师与建议书上的不一致。为了解决这一问题,专业公司应该在建议书中说明其应对这类突发事件的策略和预案。

5. 标准术语和条件

如果将所有的界定内容放在项目建议书的正文中,可能会使阅读变得困难。因此,咨询师在撰写项目建议书时,应将标准术语和条件等内容放在最后进行说明。

标准术语和条件部分的目的是确保对项目和合同有一个准确的理解。对于专业公司而言,这样做是为了让企业接受自己的术语和定义,而不是接受企业提出的术语和定义。尽管在某些情况下,企业可能会提供一套标准术语作为合同的一部分,但这些术语往往无法涵盖项目中的所有重要内容。以下是一些实际例子:

(1) 哪里的法律?在跨国或跨地区的合同中,确定适用法律是一个关键议题。专业公司可能倾向于选择本国法律以简化流程和降低风险。

(2) 一天指多少?对于"一天"的定义,不同专业公司可能有不同的标准。因此,明确这一定义对于项目时间线的规划和合同执行至关重要。

(3) 双方在什么样的情况下可以取消合同,应该收取多少合理的费用?双方应在合同中明确规定在何种情况下可以取消合同,以及取消合同时应支付的合理费用。提前明确这些条款有助于双方在未来的合作中避免误解和纠纷。

(4) 项目结束之后,专业公司向企业提供的资料,企业有多大的使用权?如果项目成果仅仅是一份报告,这个问题比较简单;但若涉及专业公司的专有测评工具或知识产权材料,如课程材料等,则需详细规定企业的使用范围和限制。

(5) 确认专业公司能够保守商业秘密至关重要,除非企业授权专业公司披露有关信息。

(6) 在不可抗力导致失误的情况下,双方商定互不追究责任是一个明智的做法。

（7）如果因企业原因导致项目未达到预期成果,专业公司可能需要某种形式的补偿。通常,双方合作不足可能导致成本增加或项目延期,而非完全失败。因此,明确界定如何收取额外成本或避免项目延期的条款,对双方都有益。

6. 附录

附录中可以添加参与项目关键人员的简历,针对项目建议书中提及的管理方法、管理工具等进行技术说明,以及其他必要的附件,例如:

（1）参与项目的关键人员的简历。

（2）技术说明(比如管理方法、管理工具等)。

（3）其他附件。

4. 对咨询师撰写项目建议书的几点建议

1）在项目建议书中对所提出的建议进行论证

虽然在与企业会面的过程中,已经与企业就相关建议或意见进行了确认,但仍应在项目建议书中以书面形式再次向企业确认:你所听到的和理解的内容与提交的项目建议书上的内容完全相符,准确无误。

2）注重企业所获得的利益而非技术

企业更关注项目给他们带来的实际利益,通常对你所采用的新颖流程、技术或模式并不感兴趣,除非你能够明确说明这些技术将带来哪些具体的好处。换句话说,企业往往更关注结果,因此你必须让他们看到所购买的项目服务所带来的实际价值。

3）使用企业通用的行业术语

在项目建议书中使用企业所在行业的专业术语,不仅能够让提案显得更为定制化,满足企业的个性需求,还能使内容更易于被企业理解和接受。

4）利用会面时讨论到的问题与需求

与企业会面时发现的问题和需求,以及双方的讨论,构成了项目建议书的基础。这种方式使得服务能够针对特定企业进行量身定制,从而实现个性化。由此产生的效果是让企业感受到"咨询师确实了解我的业务和我所面临的问题"。

5）注意避免被企业追问"又怎么样?""结果呢?"

如果企业在阅读项目建议书后,不断提出"那又怎么样?""结果呢?"或者"对我有什么利益?"等问题,这可能意味着项目建议书中的建议缺乏足够的个性化,未能充分展示其与企业需求的紧密联系。企业可能会觉得这些内容没有差异化,无法与其他竞标者的提案区分开来。因此,你必须清楚地向企业展示,每一项建议都将如何为其带来具体的利益。

5.3.4　招投标

1. 投标文件/标书

管理项目的投标文件通常由技术标书和商务标书组成。

技术标书就是专业公司撰写的《项目建议书》。

商务标书的范本通常由招标企业提供给专业公司,若未提供,可以参考本教材"附录 6"部分的范本格式撰写。商务标书中一般包括经济标书,有些企业也可能要求经济标书单独制作。

经济标书是指与设计方案相对应的具体项目报价及报价说明,主要是预算报价部分,即基于自身和外界条件对承接整个管理项目所需费用的报价。与工程类项目不同,管理项目通常采用简易的报价表(又称投标一览表,见本教材的"附录 6"的范本)代替经济标书。

商务标书主要用于审核投标公司是否满足招标文件要求的资格等条件,通常在投标报名阶段进行资格预审,只有符合条件的公司才有资格参与投标。

技术标书则用于评估投标公司的技术实力和经验,对于技术要求复杂的项目,技术文件的编写内容和格式都有具体要求,投标人须严格按照企业提供的投标书文件范本准备。

在投标过程中,商务标书是参与投标的门槛,经济标书是入围的关键,而技术标书则是决定胜负的最后一环。专业公司能否赢得项目,往往取决于经济标书和技术标书的表现。

2. 如何制作商务标书

如果企业已经提供了商务标书的范本,那么建议严格按照该范本的要求来填写和制作标书。任何一厢情愿的更改都可能导致投标被拒绝。

商务标书的常见内容可以参考本教材的"附录 6"部分。

此外,有些企业可能还会要求提交电子版的标书,通常使用 U 盘或光盘等存储介质来提交。

标书制作是招投标过程中一个重要的环节。根据招标的范围,标书可以分为国际招标书和国内招标书;而按照招标的具体对象,标书主要分为三大类别:货物、工程和服务。其中,管理项目属于服务类。

1) 标书的制作方式

为了便于标书的演示,专业公司通常使用 PowerPoint 软件制作成 PPT 格式,或使用 Office Word 软件制作成 DOCX 格式文件。

文件应统一使用 A4 纸打印,注意字体和字形的搭配,以确保整体视觉效果良好。

装订方式应为穿孔滚装式,若客户有特别要求,则应遵循其要求。

文件的纸张装饰图案和页眉可以根据不同公司的特点自行设计,但必须保持规范和统一。页眉需包含公司标志和文件名称。

文件的编制原则上应按照用户招标文件的顺序编号,并逐项回应内容。

文件制作地点为××市。

需要盖章的部分,应按照公司用印规定统一办理。

2) 标书的装订和封装

在装订标书时,必须确保胶封成册,因为如果采用活页或其他形式,标书可能会被判定为不合格,导致在投标审核时无法通过。

标书封装时,技术标书和商务标书必须分开处理。

完成技术标书和商务标书后,根据企业的要求,可能需要将两者的内容刻录到光盘或拷贝到 U 盘,并分别封装,以备投标时存档。

在分开封装标书时,应避免使用档案袋,而推荐使用黄色牛皮纸,并用打印的封条进行封装,封条上必须加盖公司的公章。

标书中包含的各种授权书和函,在打印后必须加盖公司公章方才有效。

3. 投标的基本流程

投标人首先需要获取招标文件,并进行认真分析研究。如果条件允许,可以安排与企业的初步会面。在此基础上,编制投标书。投标书实际上是一种有效期直至规定开标日期的"要约",内容必须非常明确。中标后与招标人签订合同时需要包含的所有重要内容都应在投标书中列明,并且在有效期内不得撤回、变更报价或对投标内容进行实质性修改。

为防止投标人在投标后撤回投标或在中标后拒绝签订合同,招标人有时会要求投标人提交一定比例或金额的投标保证金。一旦招标人确定了中标人,未中标的投标人所交纳的保证金将被退还。

投标的基本流程可以参考本教材第 2.1 章节招投标内容。作为专业公司,在这个阶段的主要工作包括以下几个方面:

(1) 按照招标书文件规定的条件和要求制作投标书,并递交给企业。

（2）如果企业有要求，在规定时间内交纳投标保证金。

（3）按照通知的时间、地点和程序，出席开标现场。

（4）准备并进行项目建议书的演示和说明。

4. 项目建议书的演示和说明

专业公司的内在动机是把每一个项目建议书都转化为项目合同，尽管这种愿望并不总能实现。

有些企业在选择专业公司时，往往更关注价格而非质量，尤其是在必须严格遵守内部预算的情况下。从理论上讲，大多数企业在面对问题时，追求的是"成本费用与解决方案的有效性"之间的平衡。

参与竞标的专业公司之间的报价差异可能非常大。

一般来说，在一次非正式竞标活动中，某些专业公司可能在企业收到其提交的项目建议书时就已被淘汰，只有少数专业公司会被邀请进行演示和说明，以便双方深入讨论项目建议书。一旦项目建议书提交给企业，主动权也便从专业公司转移到了企业手中。

需要说明的是，在非正式的竞标活动中，尽管企业也会邀请多家专业公司提供项目建议书（技术标书）和投标一览表等（商务标书部分），但通常不会要求进行保密封装。企业评标委员会在阅读完所有投标文件后，可能只会邀请三家专业公司进行会面演示和说明。而在正式招投标中，投标文件不会事先拆封，所有参与投标的专业公司都有机会进行演示和说明。

在这个阶段，专业公司与企业保持温和的接触可能会带来积极结果。需要强调的是，任何不符合职业道德的商业公关行为都不在讨论范围内。如果在提交项目建议书后较长时间没有收到企业的回复，不要催促，可以尝试通过电话确认企业是否已收到投标文件，并询问是否有更多有助于推进项目的信息，这样可以让企业感受到你对其项目的关注。

即使企业已经排除了其他竞标者，或者根本就没有邀请其他公司参加竞标，专业公司仍然有必要进行项目建议书的演示和说明。这一环节往往是"选美比赛"的重要组成部分。

企业通常会邀请几家专业公司进行项目说明书的演示和说明，安排可能在一周或一个月内，甚至同一天进行。演示和说明的顺序可能是随机安排的，也可能通过抽签决定。

每家专业公司的演示和说明时间通常在 15～45 分钟之间，之后会有 5～15

分钟的提问环节。所以,在进行演示和说明时,不应简单照读项目建议书中的内容,事先的演示排练显得尤为重要。

"选美比赛"可能会有预选过程,同样,项目建议书的演示和说明也可能不止一次。

小型专业公司可能会发现,按照企业安排的特定日期参加"选美比赛"存在一定困难,因为他们可能难以召集演讲人,导致灵活性不足。企业在安排演示和说明的时间上往往采取一种"来不来由你"的态度(编译者注:这可能是因为企业作为甲方的强势地位,也可能是因为企业在测试专业公司对项目的兴趣程度)。当专业公司的项目关键人员(合伙人或项目经理)正在处理其他客户项目时,情况尤其尴尬。虽然有些企业会尽量灵活,可以协商另行安排时间,但由于企业自身的限制,往往只能调整到一些既定的日期。对于正式的招投标,如果不能按照企业安排的日期参加,可能意味着被淘汰。

为了做好充分的竞标准备并进行有效的演示和说明,可以参考本章开头提到的立项和启动阶段的目的。也可以回顾第 2 部分第 3.3.2 章节,关于演示和说明技巧的内容。

延伸

在人员安排方面,如果条件允许,建议专业公司安排三位人员参加演示和说明,他们的角色分工如下:与企业所在行业相关的行业专家,与企业项目相关的职能专家,商务人士(可能是女性)。

在演示时,职能专家作为主讲人;在讨论和回答企业评委提问时,职能专家和行业专家可以互补,一位在回答时,另一位仔细聆听,并在必要时进行关键性补充。商务人士负责维护公司关系,职能专家和行业专家不适合参与商务关系。

如果企业不是在同一天安排所有竞标者进行演示和说明,例如,一天内只安排一家专业公司,建议商务人士提前几天与企业沟通,在正式演示和说明之前,为企业的管理高层进行一次 1~2 小时的培训。培训内容与项目及企业面临的问题相关,目的是接触和影响企业中那些影响购买决策的人员。大多数企业对这种免费培训安排通常非常乐意。

最后,无论竞标成功与否,都要把这次机会视为一次宝贵的学习经历。如果

成功赢得项目,要在适当的时候与企业交流,了解企业为何选择你;如果失败,可以询问企业选择其他专业公司的原因(当然,不要让客户感觉你在批评他的决策或试图改变他的决定),了解自己还有哪些不足。这样的分析不仅可以提高未来竞标的成功率,还可以与企业建立关系,同时也是获取竞争对手信息的有效途径。

5.3.5 谈判和合同

谈判通常集中在商务标书的部分,主要涉及项目服务内容和费用的磋商。例如,企业可能对提出的方案和方法表示认可,但认为费用过高,因此想要探讨是否有其他方式可以在部分工作上节省成本。

1. 专业人员的费用和开支

谈判阶段的一个关键议题是明确企业需要支付的费用。合同费用可能是固定的,也可能是基于时间的变动费用,包括项目预付费用(或称为项目启动费用)或按阶段分期支付。费用可以是双方协商的固定费用,也可以是在每个阶段工作结束后再商议下一阶段的费用调整。

在这部分中,对企业的支付问题应进行非常清晰的界定和说明。然而,复杂的费用计算方式可能会让企业感到困惑,使得企业难以与竞标公司之间进行价格对比(企业可以要求所有竞标公司都按照阶段工作进行报价)。关于管理项目的付费计算方式,可以回顾第 2 部分第 5.3.2 章节的"项目经济预算"。

常见的项目费用支付方式有以下几种:

1) 阶段性支付或一次性支付咨询费

按照管理项目的不同阶段付费,在中国常见的支付模式如表 5-5 所示。

比如 3∶2∶3∶2 模式,即项目启动前支付项目总额的 30%,调研诊断阶段验收完成后支付项目总额的 20%,设计和方案阶段验收完成后支付项目总额的 30%,培训和实施验收完成后支付项目总额的 20%。各阶段的比例可以根据实际情况商量调整,如演变成 3∶3∶3∶1 或其他模式。

表 5-5 中国常见的项目费用支付模式

支付模式	阶段支付比例					备注
	项目启动前	调研诊断	设计和方案	培训和实施	售后服务	
3∶2∶3∶2	30%	20%	30%	20%		
3∶4∶3	30%		40%	30%		

支付模式	阶段支付比例					备注
	项目启动前	调研诊断	设计和方案	培训和实施	售后服务	
5∶5	50%			50%		
1	100%					
				100%		

在首次合作时，由于双方尚未建立信任关系，专业公司往往希望在项目的早期阶段获得较高比例的付款，而企业则倾向于在项目后期支付更多。

2）按照咨询师人员费用计算

例如，每人每小时的平均费用为100美元，不论是项目总师/合伙人、项目经理、咨询师、分析顾问，还是其他工作人员，都按照平均的费用标准计算。在实际操作中，通常会约定总工作周期（如16周）、每周工作小时数（如40小时），以及项目人员数量（如4人，甚至还会具体约定其中多少位项目经理、多少位咨询师）。那么项目总体费用是：100美元/时×4人×16周×40小时＝256 000美元。

这笔费用基本上没有讨价还价的可能，一旦专业公司投入人员，无论项目结果如何，企业都需要支付这笔费用。

3）按照发生的费用计算

项目的过程中的所有费用，如差旅费、通信费、调研费等，由企业实报实销。咨询费用则根据咨询师级别不同而有所差异，如果企业对咨询师的能力不满意可以要求更换。以下是参考价格：

CMC®总师/首席：按照每天20 000元的标准收费；

项目经理：按照每天10 000元的标准收费；

国际CMC®：按照每天8 000元的标准收费；

高级咨询师：按照每天4 000元的标准收费；

分析师/助理：按照每天1 000元的标准收费。

根据双方确定的咨询师团队级别、人数和服务天数计算标准费用，再根据管理项目的难度和企业规模确定计算系数（0.5～1.5之间，国际专业公司的计算系数会更大），从而得出实际咨询费用。

4）按照咨询效果收费

近年来，一些专业公司和企业接受了基于咨询效果的"对赌模式"收费，常见于市场营销(比如营销业绩完成)、生产管理(比如产能提升率、成本降低率)和质量管理(比如产品合格率提升)等容易量化的长期项目。双方设定分级收费标准,专业公司收取较少的基本服务费,根据达成的目标获得相应咨询费,有时也用股权代替现金收益。

双方应考虑自然增长、自然降低和公司资源投入等外界因素,以避免个别专业公司"坐享其成"。

费用支付的其他考虑事项:

(1)除了咨询费之外,还需明确其他费用(如差旅费)的支付方式,这些费用是按照成本计算还是应该扣除一定的管理费;

(2)在下列情形下,项目费用应该如何调整:项目启动延迟,项目需要跨越几个年度并且附加增值税(或其他类似的法定税收)。对于大多数项目而言,增值税的处理相对简单。然而,当项目涉及跨国合作时,情况会变得更加复杂,尤其是当项目的一方位于另一个国家的税区,而执行项目的专业公司和企业又分别位于不同国家时。在这种情况下,寻求会计顾问的专业意见是非常必要的。

同时,为了确保合作双方对合同条款有共同的理解,项目建议书中的"标准术语和条件"部分应当明确界定所有相关术语。

2. 支付协定

专业公司在项目建议书中应清晰说明开具发票的方式、发票类型以及费用支付的时间节点。如果这些事项未被明确阐述,可能会给企业留下专业公司在项目结束前无支付要求的印象,这将对专业公司的现金流造成显著影响。

具体来说,合同条款中可能包含以下与支付相关的事项:预付款(项目启动费用)、分期付款(分阶段付款)、支付的滞后允许天数等。

3. 合同的法律意义和影响

在我们讨论立项和启动阶段的合同特征,尤其是项目建议书时,我们必须记住,项目本身就是专业公司和企业之间的一份合同。当企业将项目委托给专业公司时,它们期望专业公司能在约定时间内完成特定工作以实现协议目标;而专业公司则期望企业能提供合同中约定的条件,并及时支付相应款项。

如果企业没有收到项目建议书中承诺的项目成果,它们有权要求专业公司履行承诺,可以合法拒绝支付全部或部分咨询费和开支,甚至在某些情况下要求赔偿损失。相反,如果专业公司严格遵循项目建议书完成了项目,它们有权要求企业支付咨询费和开支,并且可以通过法律手段强制企业履行义务。

项目建议书和商业合同(通常企业会将项目建议书作为具有法律效力的附件纳入商业合同中)应阐明所有可能引起争议的事项,以防止误解和确保双方履行合同中的权利和义务。如果企业对专业公司提交的账单没有争议,那么通过法律途径追讨未付款项将不会太复杂。因此,专业公司需要提供并妥善保管所有项目材料,并确保这些材料得到企业项目负责人的签字和公司盖章。

取消合同的情况也可能发生,专业公司可能会遇到企业环境变化(如项目管理者离职或企业被收购)导致项目无法继续的情况。在某些情况下,企业可能会在不发出警示信息的情况下取消合同,甚至忽视专业公司对项目的承诺。合同取消可能发生在项目启动前或启动后。因此,专业公司通常在收到企业支付的第一笔费用后才启动项目,这样可以降低风险。

在合同被一方取消的情况下,另一方有权获得与项目执行情况相当的补偿。不过,这并不意味着专业公司在企业取消合同时不采取行动。受损方有责任尽量减少损失,且相应的支付额度应与利润损失挂钩。法院支持这样的申诉:如果专业公司不采取法律行动减少人员损失,企业必须承担相应的咨询费用、杂项成本和利润损失(编译者注:请留意不同国家的法院支持情况不相同)。在诉讼中,法院通常会重视书面记录,如日记账、往来信函、会议记录、电话联系记录和双方协商的事项,某些国家的法院也认可电子邮件、微信等电子证据。在某些情况下,企业可能否认合同的存在,这时案情[6]证据就变得至关重要,这也是仅依赖口头协议而没有书面合同的风险。

强调双方权利并不意味着任何一方都愿意或应该起诉对方。诉讼成本高昂,且总有一方会败诉。通常,法律顾问会评估胜诉概率,决定是否起诉。

有时,诉讼可能只是一种策略,实际上双方可能会通过协商解决争端。任何争端都可以通过对话和讨论解决,可能需要双方做出让步。专业公司也必须考虑客户关系和法律行动的长远后果,有时选择放弃起诉,转而寻找新客户。

由于合同构成了一种法律关系,因此必须谨慎行事,以避免在项目的立项和启动阶段产生任何误解或错误解释。专业公司有时可能因过于热情而忽略了理性,过度宣称自己在特定领域的专业技能或以往经验。那些遵守职业道德标准的公司往往能够避免陷入这种陷阱。

本教材"附录8"部分包含了管理项目服务合同样本,值得仔细阅读和理解其条款。

5.3.6　正式项目规划

专业公司和企业签订了商业合同,接下来就是进行正式的项目规划。主要工作包括以下几个方面:

对初步项目规划进行重新评估和确认

项目计划

项目管理

项目启动会

1. 对初步项目规划进行重新评估和确认

对初步项目规划进行重新评估时,需要确认以下几个关键方面:

确定双方的项目小组成员名单和项目经理,并编制组织结构图和联络方式

确定并列出双方开展项目所需的资源清单,并检查这些资源是否到位

确定双方将遵循的项目管理制度

确定专业公司编制的项目计划

确定项目小组的办公场地和必要的办公设备、可能的交通和食宿安排

确定项目启动会的时间、地点、预计规模和参与人员

2. 项目计划

制订具体的项目计划,包括项目阶段及目标、具体项目任务和评估标准、项目小组责任分配(包括主要责任和配合责任),并把这些目标和任务落实到具体的工作日程上,按天进行编排(见表 5-6)。

表 5-6　××企业××管理项目计划表

项目阶段	项目目标	项目任务	评估标准	项目组责任人		日期进度安排(××年××月)					备注
				专业公司	企业/部门	1星期×	2星期×	3星期×	4星期×	…	
一	1.	1.1									
		1.2									
		1.3									
	2.	2.1									
		2.2									
		2.3									

专业公司(签名):　　　　　企业(签名):　　　　　日期:

制订的项目计划需要遵循 SMART 原则[7]。

3. 项目管理

许多咨询业务确实可以被视为管理项目。若要满足客户需求并帮助企业实现目标,有效的项目管理是成功的关键因素。有效的项目管理通常具备以下特征:

注重结果:强调项目结束时所取得的具体成果

明确起点和终点:通常会设定明确的截止日期

广泛识别问题:用多种方法说明可能会出现的、与客户有关的广泛问题

客户满意度:确保企业决策层对项目目标的实现感到满意

资源管理:在不确定性和风险条件下,有效管理稀缺资源,包括财务、人力和技能

考虑到项目的复杂性和客户越来越多的期望,有效的项目管理包括四个步骤:计划、组织、实施、控制。这些步骤都强调结果导向,即必须实现的明确目标。有效的项目管理可以采用的基本技术包括里程碑计划和工作分解结构(WBS)。这两种技术对于项目团队的所有成员都非常有用。

1) 计划

在项目管理周期中,第一步工作通常是制订计划,包括收集相关信息,分析与新项目相关的实际情况,确保专业公司提供的项目服务能够满足企业的项目需求,并对相关风险进行识别。在项目启动之初,可能会采用"里程碑计划"这一技术来辅助项目管理。

通过设定一系列里程碑,项目目标被分解成一系列易于实现的小目标,项目团队在完成这些小目标的过程中能够不断获得成就感和激励。这就像攀登一座高山,从山脚到山顶,沿途设置营地 1、营地 2、营地 3 等中间目标,然后按顺序逐个达成。

里程碑计划是一种项目规划方法,它以目标为导向,基于目标分解结构(OBS)。一个里程碑通常包含三个要素:

描述要达到的阶段

达到预期阶段的必要准则(具体的、可衡量的)

预测的达成日期

2) 组织

项目总体管理的第二步是组织管理,关键任务是将里程碑或中间目标与具

体的项目任务相联系。项目任务是可识别的工作单元,目的是便于将责任明确分配给具体的个人。

为了达到特定的里程碑,需要完成相应的一组任务。通过审视项目小组的预期成果,可以事先制订整个项目的工作计划,并通过这个计划将项目小组成员、发起人以及企业内的其他相关人员联系起来。

工作分解结构(WBS)有时也是"责任表"的基础,它明确了项目小组中每个成员的职责——"谁"负责"什么"。实际上,这意味着项目中的每个人都对应着不同的里程碑目标,并承担着明确的职责。一旦工作分解结构完成,就可以根据之前的指导来编制项目预算。

尽管已经确定了与项目相关的所有里程碑和任务,但仍需解决一个问题:任务完成的先后顺序,即确定最优的"关键路径"(那些不先完成就会影响项目完成日期的任务顺序)。在对达成里程碑的最佳顺序达成共识后,个人任务的顺序也就相应确定了。完成这一步最常用的方法是使用柱状图或甘特图(参考国际CMC®教材 T4)。在编制甘特图时,需要考虑在排除其他优先级和干扰因素后,完成一项任务所需的时间。

3) 实施

项目管理的第三步是项目的实施。这是项目经理的核心职责,需要根据工作分解结构(WBS)、责任图和项目预算来协调项目活动。具体来说,项目经理需要负责以下几个方面的组织工作:

编制 WBS,并使其与项目小组其他成员相协调,分配个人责任

编制时间表和项目预算

解决冲突与分歧

管理项目,以达到客户指定的要求

报告该项目的进度

4) 控制

第四步就是控制项目。主要涉及三个方面:

监督项目进展情况(同项目目标相对比)

采取纠正措施,以确保项目的进展不出现偏差

为每个团队成员提供关于他们贡献和业绩的反馈,这些反馈应重点关注质量问题,尤其是企业对项目成果的反应以及他们对项目目标达成程度的评价

5.3.7 项目启动会

在准备参加企业项目启动会的演示和说明，以及与企业沟通确认项目规划的具体事项的同时，专业公司的商务人员应适时提醒客户按照合同约定支付相关费用（如项目启动费）。通常，专业公司会在客户支付费用后参加项目启动会，但应避免直接表露这一需求，以免影响升温中的企业与咨询师之间的关系。因此，需要经验丰富的商务人员巧妙且细致地处理这一事宜。

在项目启动会上，建议企业安排悬挂包含企业名称简称、专业公司名称简称和项目名称等内容的横幅，比如"××企业与××公司××管理项目启动会"。横幅设计可以是将企业简称和专业公司简称上下排列，或者主标题只包含企业名称和项目名称，而将专业公司名称以较小字体作为副标题出现。

专业公司保留启动会现场照片也是必要的，可以作为公司宣传使用（在不违反商业秘密约定的前提下）。

第 **6** 章

调研和诊断阶段

　　本章阐述了项目管理中的一个核心环节：信息的收集与调研，以及基于这些信息的诊断分析。强调对企业或组织的活动进行战略性分析和常规性分析的重要性，识别并重新构建企业或组织面临的问题所需的基本要求，并说明了如何进行分析和诊断。

　　最后，本章强调了掌握社会科学研究的基本方法的重要性。

6.1 调研

管理项目的性质决定了所需收集的数据类型。数据往往包括企业内部数据和企业外部数据。数据收集的目的是获取一定量的客观事实,但这些事实可能会因为夹杂主观事实和解释而变得扭曲。根据不同项目的具体要求,主观性信息可能与客观性信息同样重要,甚至在某些情况下更为重要。

收集的数据只有经过整理和分析才能产生价值,因此建议你在收集数据之前,先了解相关的分析因素,或者根据这些因素列出需要收集的数据清单。

选择数据收集的类型不仅受企业商业活动的影响,还会受到企业文化和政治因素的影响。例如,某些利益关联者或部门的观点可能表面上与项目无关,但实际上也应该被考虑在内。在这种情况下,你需要运用策略、判断力和直觉。

因此,在数据收集阶段,应与企业保持密切沟通,但这并不意味着让企业来主导整个数据收集活动。同时,要记住,所需数据及其收集方式可能会随着更多信息的涌现和初步分析的推进而需要进一步的调整。

6.1.1 调研和数据收集途径

1. 内部数据

要收集企业内部业务数据,你可以从以下几个途径获取:

企业年报、月报、周报

企业业务计划和预算文件

企业账目和会议记录

技术记录和销售记录

员工个人记录

有关关键供应商和顾客的记录

这些记录有助于你评估企业的销售和财务表现。企业财务状况是否健康可以通过多种财务比率来判断,比如权益比率、长期负债比率、库存销售比率、资本回报率、权益回报率、回款利润率、营业利润率。从这些比率中得出的信息可以用于进一步的企业评估。如需深入了解这些专业知识,可以咨询会计顾问。

由于信息技术(Information Technology, IT)也是企业活动中的一个重要方面,因此收集企业 IT 系统的信息也同样重要。例如,IT 系统是如何运作的,IT

系统的目标是什么,用户对系统的看法如何等。因此,在收集数据时,应同时考虑书面信息和基于访谈的信息。

有些项目可能还需要人力资源方面的数据,如人员流动率、员工态度、企业文化等。这种信息你可以通过问卷、调查、访谈和企业文件记录等形式来获得。

2. 外部数据

为了获取与股东、供应商、顾客、市场和公共形象相关的外部数据,你应该收集以下重要信息:

谁是主要的股东,金融界对企业(如果是上市公司)的看法如何

谁是企业的主要供应商,它们的财务状况如何,在市场上的地位怎样

谁是企业的主要顾客,他们是如何了解到企业的

企业的市场规模有多大,市场的成长速度如何,市场的发展模式是什么,面临哪些威胁

企业在各个市场上的地位如何,企业的市场产品或服务是基于什么建立的(价格、质量、技术、服务范围、定位、地理、历史文化等)

这些信息可以通过以下来源获得:市场研究报告,如来自 Jordan、Euromonitor、Key Note、Mintel 等机构的报告,以及股票经纪人报告、贸易期刊和报纸。这些信息大多数也可以用于对企业及其竞争对手进行基准分析。通过详细的标杆分析,可以揭示企业在生产率和质量方面与竞争对手的差距。

3. 行业竞争形势分析的数据

撰写项目建议书时,行业数据和分析报告是不可或缺的部分。一个不争的事实是,让数据说话往往比单纯的文字描述更具说服力。

在专业领域,人们往往不直接使用 Google、百度这类商业搜索引擎,而是倾向于使用专业的数据库和搜索工具。当然,如果你面对的是一个完全陌生的领域,或者需要搜集一些零散的信息,商业搜索引擎仍然是一个可用的选择。

获取产业或行业数据报告的途径有如下几大类:

宏观数据

世界银行的公开数据库

世界数据图册提供的全球各国公开的数据

国家部委(如商务部)发布的官方统计和行业数据

国家总局(如国家旅游局数据中心、国家电影局)提供的特定领域官方数据

各类年鉴

国金证券研究所发布的相关资料

Weforum Reports(世界经济论坛报告,内容涵盖国际发展趋势和经济议题)

投资金融数据

Capital IQ:标普旗下的核心金融数据库

CB Insights:提供 CBI insights 系列报告,涵盖公司估值、独角兽公司等数据

CrunchBase accelerates innovation:提供创业公司投资并购信息

Dow Jones VentureSource:道琼斯提供的行业投资报告

IPO Center:提供 IPO 相关趋势报告

J. P. Morgan:摩根大通提供的投行报告

Pitchbook:提供私募股权、风险投资、并购行业报告

Private Company Financial Intelligence:主要关注未上市公司的所有投融资资料

Tencent Holdings-Trefis:提供各公司收入模型预测和关键驱动因素趋势

SEC. gov:美国证券交易委员会网站,提供美国上市公司的年度财务报告

Stock Market Insights:Seeking Alpha 提供的二级市场金融分析数据

Thomson One:路透社提供的投资数据服务

The Downround Tracker:追踪公司估值下降趋势的工具

The Complete List of Unicorn Companies:独角兽公司的综合列表

Venture Intelligence:专注于私募股权和风险投资的数据库

ChinaVenture:投资中国网,提供 IPO 和投融资报告

Baidu Investors:提供各大上市公司的季度财报

WIND(万得)数据:提供金融市场数据和分析工具

巨潮资讯网:发布中国上市公司季度和年度财务报告

IT 桔子:提供中国创业公司的投融资数据和报告

新三板在线:提供各行业新三板上市公司的财务数据和高管数据等

券商行业研究报告:可以根据行业和报告类型进行筛选

互联网数据

中国互联网络信息中心(CNNIC)

企鹅智酷/腾讯网

腾讯大讲堂

百度开放服务平台、百度云数据

百度数据研究中心

阿里研究院

网易大数据

优酷指数

PP 指数/PPTV

360 研究报告

TalkingData(第三方移动数据服务平台)

BI Intelligence(Business Insider 信息技术报告)

Ericsson 移动行业报告

GamesIndustry.biz 游戏行业报告

GSMA 全球移动互联网经济分析报告

IDC 硬件出货量全球报告

Newzoo 手游行业报告

Precisely Everywhere(Comscore)互联网行业报告

零售数据

尼尔森:提供市场研究和消费者行为数据

益普索:提供市场调研和咨询服务

Euromonitor:提供全球市场研究和数据分析

GfK Global:提供终端消费数据和市场研究

北京赛诺数据:前身为中国社会经济决策咨询中心,提供市场数据和分析

其他细分市场数据

艾媒网:提供新经济行业的数据和分析

Adfonic:提供广告行业的报告

DataEye:提供移动广告和电商数据

艺恩:提供文娱行业的数据

旅游圈:提供旅游和酒店行业的数据

卡思数据:提供短视频和网红分析数据

CADAS:提供全球航空公司的研究报告

Canalys:提供智能手机行业的报告

Gartner Press Release Archives:侧重于智能手机、PC 等数据

Kantar Worldpanel:提供 Android 和 iOS 的市场份额统计数据

Mobile, Online & Digital Market Research, Data & Consultancy：提供通信无线行业的报告

Yozzo：提供电信数据

App Annie Blog：提供 App 指数报告

App Annie：提供 App 分发行业的数据

Flurry：提供 App 行业报告

Fiksu-Data-fueled mobile marketing：提供 App 应用监测报告

Insights-Jampp：提供 App 应用数据

Today's Articles on Digital Marketing and Media-emarker：提供数字营销和媒体的报告

综合性的调查专业公司

国际：科尔尼、盖洛普

中国：零点、易观、赛迪、慧聪、艾瑞

专业管理咨询公司

麦肯锡、波士顿、罗兰·贝格、贝恩、摩立特、埃森哲、韬睿惠悦、奥纬、怡安翰威特、合益、奥美、惠普、艾意凯、WPP、普华永道、德勤、毕博、毕马威、安永、IBM GBS(BCS)、凯捷

智库或行业协会

国际 CMC 中文官网 www.cmc.cn：提供行业大数据

国际智库(如布鲁金斯学会、兰德公司、伦敦国际战略研究所)：提供广泛的政策研究和分析

中国智库(如中国社科院、国务院发展研究中心、中国信息通信研究院)：提供政策研究和咨询服务

各行业协会(如中国城市轨道交通协会)：提供各行业发展数据

NVCA Venture Investment(美国国家风险投资协会)：发布投融资行业报告

各上市公司的财报

上市公司的财务报告确实提供了最全面的信息，涵盖用户、商业、渠道、增长和业务策略等多个方面。要深入了解一家公司，除了查看财务报告，还可以参考美国证券交易委员会(SEC)的上市报告

通常，上市公司的 IR(投资者关系)页面会提供完整的财报 PDF 文档下载。此外，推荐关注公司每期的财报电话会议，这些会议中 CEO 会对财报进行解读，

回答相关问题

各大公司不定期发布的报告

高德地图:《××××年度中国主要城市交通分析报告》

腾讯微信城市服务:《××××年微信政务民生白皮书》

淘宝:《××××年中国消费趋势数据》

Growing IO:提供互联网增长的数据分析手册

Talkingdata:发布移动游戏运营数据分析指标白皮书

6.1.2　公认的信息数据收集方法和道德原则

1. 咨询师的信息数据收集方法

咨询师有4个公认的信息数据收集方法:

报告和文件

一对一访谈和集体访谈

用问卷的形式抽样调查员工的经验和态度

实地观察

每种数据收集方法都有其独特的优势和局限性,以下是对这些方法的分析。

1) 报告和文件

如果报告和文件能够准确反映企业的事实,它们就为数据收集提供了坚实的基础。

然而,报告和文件的不足之处在于,它们通常是为了特定的受众而编写的,这意味着它们可能会假设读者已经具备了一定的背景知识,因此可能会省略一些对咨询师来说很重要的细节。尽管如此,这些文件对于咨询师的调研工作仍然具有不可忽视的价值。

2) 访谈

访谈分为两种形式:一对一访谈和集体访谈。这是一种常用的信息收集方法,因为它允许与受访者进行个人接触。在开始访谈之前,需要向受访者提供正式的保密承诺,这通常会鼓励他们愿意分享企业的真实情况,从而使你能够收集到企业中重要的主观信息。在访谈过程中,重要的是要让受访者感觉到他们对项目成果有所贡献,这样他们就更愿意开放地表达自己的观点。

然而,访谈也有其缺点:它对访谈者的技能有较高要求,包括如何提出有效问题和进行有效沟通,这些都直接影响访谈的结果。此外,访谈是一个耗时的过程。

3) 问卷调查

与访谈相比,问卷调查是一种不太耗时的数据收集方法,它便于咨询师进行数据对比和分析。

然而,问卷调查也存在一些不足之处:受访者可能会误解问卷上的问题,或者因为担心隐私泄露而不愿意完全坦诚地回答,导致他们提供的答案可能不真实。此外,问卷通常不提供额外的解释空间。

针对这种情况,咨询师可以采用匿名问卷调查和直接收取问卷(不经过任何企业员工之手)来减轻被访者的压力。问卷设计应考虑到结果和评估标准的影响,同时考虑到受访者的社会和专业背景差异,确保问卷的表述清晰、客观,并且对不同受访者来说不会产生理解上的歧义。问卷设计应体现出对新观念的开放性,以收集更全面和深入的数据。

4) 实地观察

实地观察是一种非常有效的数据收集方法,许多咨询师都采用这种方式来获取第一手信息,这些信息具有极高的价值。然而,实地观察的有效性可能会受到两个主要因素的限制:

(1) 咨询师可能过于关注自己要寻找的信息,而忽视了项目实际需要的信息。

(2) 咨询师的出现可能会影响人们的行为,使得观察到的行为与平时有所不同,从而无法看到真实的情况。

尽管如此,实地观察还是能够帮助发现企业中的细节问题,很多时候,正是这些细节信息揭示了更深层次的问题。

此外,咨询师还经常以"神秘客户"的身份进行实地观察,比如在银行或营业厅服务管理中,咨询师会以普通用户的身份去办理业务,以此来进行观察和体验服务。

2. 收集资料应遵循的道德原则

1) 对专业公司和研究者

道德原则体现在以下几个方面:

(1) 研究者必须为企业保守业务机密,不得泄露调研成果。同时,专业公司应建立文件管理制度,确保不同项目成员只能接触到其工作职责范围内的企业资料。

（2）确保整个调研工作的质量，避免信息失真。调研报告中要说明调研所采用的方法，以便企业能够判断调研结果的可信程度。

（3）在一定时期内，不应为同类客户提供相似的项目服务；或者在服务前就制定相关约定，以避免利益冲突。

2）对回应者（被调研者）

道德原则体现在以下几个方面：

（1）确保受访者是自愿参与调研，而不是在任何形式的强迫下。同时，有必要向受访者清晰地说明调研的背景和目的。

（2）对受访者的身份和访谈内容严格保密，避免在调研报告中提及可能对受访者个人或其单位造成伤害的信息。要确保调研结束后，受访者不会因为参与调研而受到任何不利影响。

（3）调研设计应避免对受访者或易受伤害的群体造成潜在风险，并确保受访者提供的信息不会被用于任何非研究目的。

3）对企业（委托者）

道德原则体现在以下几个方面：

（1）契约精神：企业不应以任何借口拖延付款或拒绝付款，应严格遵守合同约定。

（2）诚信：企业不应将一家调研公司的报告泄露给另一家公司，以此要求后者提出解决方案。同时，如果企业已经确定合作方，只是为了满足内部流程（如货比三家）而假装有项目需求，从而向其他公司索取免费的调研计划或方案，这种行为是不诚信的。

（3）公正地发表调研结果：企业在发布调研结果时应保持公正，避免断章取义或发布误导性信息，以免误导公众（特别是那些可能根据这些信息做出投资决策的人）并对专业公司的声誉造成损害。

4）西贝尔提出的收集资料应遵循的道德原则

约安·西贝尔（Joan Sieber）详细阐述了以道德方式收集资料的方法。以下是对一般总体进行调研时应遵循的一些道德原则，这些原则是所有研究者都应该了解的。

告知受访者：道德调研的一个基本前提是，研究者必须告知受访者他们自愿参与的是什么活动。这意味着调研过程需要受访者的自愿合作，并且他们有权知道调研的目的、过程和可能的影响。

保护受访者:一个必须坚持的基本道德原则是,无论受访者是否同意参与调查,他们的工作和生活都不应受到不利影响,他们的信息也不应被非研究机构的人知晓。

对受访者的奖励:大多数情况下,对受访者的奖励是精神上的,例如,让他们在访谈过程中感到愉悦或觉得自己做了有价值的事情;有时也会提供物质上的奖励。向受访者提供奖励时,应以一种不损害对其回答信任度的方式进行。研究者应遵循的重要道德准则包括不夸大奖励,并按承诺提供奖励。尤其重要的是要遵守对资料进行合理分析和传播的承诺。

对于专业公司和研究者来说,道德责任包括以下几点:第一,研究者有责任向受访者全面准确地披露调研内容,确保受访者在充分了解研究背景和目的的基础上参与调研。受访者不应被置于被欺骗、误导或不当对待的境地。第二,必须重视研究者的工作安全,不应安排研究者前往不安全的地点,或在不安全的环境中要求他们执行工作任务。

6.1.3　确立研究的问题点

一旦数据收集完成,待分析和诊断的问题就会变得更加明确。通常情况下,会出现一系列问题点,这些问题点表明企业的目标与实际能力之间存在差距,或者企业的目标与财务业绩之间存在不一致。这些问题可能还表明企业当前采取的战略中出现了相互矛盾的情况。

在这一阶段,所收集的数据和信息可能并不总是指向同一个方向。通过分析和诊断,可以揭示具体的情况,帮助识别问题的根源。

6.2　分析

在开始数据收集之前,明确研究分析的目标至关重要,这样才能确定所需收集的数据类型。否则,最终可能会收集到大量无用的信息。

卡尔弗特·马卡姆(Calvert Markham)是一位咨询师、培训师和学者,他指出,"如果不需要考虑数据的用途,那么就可以设计一个高度结构化的数据收集方案"。因此,建立一个框架,或者说一个他所称的"实施模型",对于确定所需数据类型是非常有帮助的。

6.2.1　CMC® 企业内外环境分析模型

CMC 协会/国际咨询协会开发了一个企业内外环境分析模型,供 CMC® 管理师和 CMC® 咨询师使用。这个模型主要包含两类分析:第一,战略性分析,即外部环境分析,评估企业的主要活动和目标,以及这些活动和目标得以实现的外部环境;第二,常规性分析,即内部环境分析,从日常运营的角度考察企业的资源和能力(见表 6 - 1)。

表 6 - 1　CMC® 企业内外环境分析模型

类别		层次	分析维度	常用分析工具
战略分析	外部环境	宏观分析	宏观环境分析 (产业大环境)	政治环境 经济环境 社会文化环境(人口) 技术环境	PEST
				法律/政策环境 自然环境	PESTLE
		中观分析	行业市场分析	行业分析: ● 行业生命周期分析 ● 行业竞争结构分析 ● 战略集团/战略群体分析 市场分析	SWOT KSF 五种竞争力模型 竞争态势矩阵 雷达图

续　表

类别	层次		分析维度	常用分析工具
常规分析	内部环境	微观分析	企业环境分析（企业运营分析）	价值链分析 内部因素评价矩阵 职能法 资源法

企业资源分析：
- 有形资源分析
- 无形资源分析
- 人力资源分析

企业能力分析：
- 组织能力分析
- 营销能力分析
- 财务能力分析
- 供应能力分析
- 技术能力分析
- 信息能力分析

……

企业资源和能力综合分析
竞争分析（核心竞争力分析）

企业环境分析涵盖了所有与确立和实现战略目标潜在相关的环境因素，包括外部环境和内部环境两种：外部环境分析通常是对可能的机会与可能的威胁的分析，内部环境分析是对企业拥有的资源和能力的分析。

中国的成语"知己知彼"出自公元前512年的《孙子兵法·谋攻篇》，这个成语可以用来理解企业内外环境分析的重要性。其中，"知己"对应于内部环境分析，目的是识别企业的优势和劣势，主要从资源和能力两个方面进行；"知彼"则对应于外部环境分析，目的是分析市场中的机会和威胁。中国企业从20世纪80年代开始注重"强内功"，即研究企业应具备怎样的内部资源和能力才能抓住外部机会、避免威胁。到了90年代，研究重点转向如何形成核心竞争力，即如何让企业内部资源和能力持续保持优势，从而形成竞争优势。

6.2.2　战略分析（产业行业市场分析）

对企业问题的诊断首先应该从整体的战略分析开始。

这种分析的目的是，对企业有一个大概的了解，以便在进行更加详细的调研工作之前尽可能快速而有效地确认"鞋的什么地方挤脚"。其目的还包括在企业内部推动一个战略过程，确认那些可能会提高其竞争力和盈利能力的领域。

——《欧洲管理咨询手册》（1996年）

战略分析应该研究下面这些问题：

企业核心业务的目的

各个业务单元

企业的整体战略地位以及业务单元的战略地位，研究现在和可能的优势、劣势，并研究竞争对手的情况

企业和业务单元的战略潜力（这一点应该包括财务分析和产品生命周期分析）

如迈克尔·波特（Michael Porter）所说，战略分析应该考察：企业所在行业的竞争状况和市场结构，对企业产生影响的各种市场力量及其竞争对手，以及企业中所有的竞争优势的来源。

在进行战略分析时，可以使用波特的五种竞争力量分析工具（具体工具内容参考国际 CMC® 教材 T4），这个工具有助于判断一个行业的盈利水平和盈利潜力。

与竞争对手相比，企业如何应对各种竞争力量

竞争力量之间的相对重要性是否有变化的空间，是否由新的竞争或新的产品或服务造成的

行业中现有的影响力、潜在的新进入者以及技术是如何对行业产生影响的

波特所提出的其他重要因素还有：

企业自身在产品价值链中能够实现的价值比例是多少

行业的供求平衡关系如何影响产品的价格和行业的利润水平

企业追求什么类型的战略

企业战略的基础是成本优势、差异化，还是市场聚焦

企业当前的战略是否仍然具有竞争优势，或者是否已经受到新竞争者或新技术的威胁

企业的战略是否具有内部一致性

在评估企业战略时，还需考虑企业对那些影响整个行业的力量有多大的影响力，这种考量需要具有长远视角。短期内企业利润的增加有时可能会破坏行业的稳定性，因为它可能引发新的竞争，最终对最初采取变革行动的企业造成不利影响。

在企业内部，存在多种潜在的竞争优势来源。这些优势可以通过分析价值链来识别，价值链涵盖了产品设计、制造、营销和销售等各个环节。

1. 宏观环境分析维度（PEST/PESTLE）

宏观环境分析的目的是探究和预测那些对特定行业和企业有重大影响的宏观环境因素在未来可能发生的变化，并评估这些变化可能带来的影响。这有助于企业在制定战略决策时与宏观环境保持一致，同步发展，抓住机遇（如市场风口），并规避风险。

宏观环境一般包括四类因素，即政治（Politics）、经济（Economy）、社会（Society）、技术（Technology），简称 PEST。也有学者提出 PESTLE 宏观环境六因素分析，增加了法律（Legal）、环境（Environment）。

在进行宏观环境分析时，应重点关注两个方面：一是宏观环境的现状，尤其是与企业所在行业密切相关的因素；二是宏观环境的未来预测，特别是那些可能引起变化的因素。

1）政治环境

政治环境是指那些影响和制约企业的政治要素以及其运行状态，具体包括国家政治制度、军事形势、方针政策和法律体系等。在稳定的政治环境中，企业能够通过公平竞争获取正当权益，得以生存和发展。国家的政策法规对企业生产经营活动具有控制、调节作用，即便是相同的政策和法规，对不同企业来说，可能会带来不同的机会或限制。

政治环境分析的维度包括以下方面：

战争与军事实力

国与国之间的关系

他国的政治条件

世界能源、货币及劳动力市场

政府的管制和干预

进出口限制

财政和货币政策的变化

特殊的地方及行业规定

政府的预算规模

政府采购规模和政策

特种关税

专利数量

2) 经济环境

经济环境是指构成企业生存和发展的社会经济状况及国家的经济政策。具体包括社会经济制度、经济结构、宏观经济政策、经济发展水平和未来的经济走势等。其中,重点分析的内容有宏观经济形势、行业经济环境、市场及其竞争状况。

经济环境分析的维度包括以下方面:

加入 WTO/CPTPP

财政政策

经济周期与发展动力

地区经济增长

国内生产总值(GDP)变化趋势

经济转型

股票市场趋势

通货膨胀率

货币市场利率

汇率

利率规模经济

通货供应量

政府支出

政府预算赤字

国际收支状况

进出口因素

就业水平

劳动生产率水平

劳动力及资本输出

可支配的收入水平

地区间的收入和销售消费习惯差别

消费水平

消费模式

居民的消费趋向

消费支出分配规模

3）社会文化环境

社会文化环境是指企业所处地区的社会结构、风俗习惯、宗教信仰、价值观念、行为规范、生活方式、文化水平、人口规模与地理分布等因素的形成与变动。社会文化环境对企业的生产经营有着潜移默化的影响，如文化水平会影响人们的需求层次；风俗习惯和宗教信仰可能会抵制或禁止企业进行某些活动；人口规模与地理分布会影响产品的社会需求与消费等。

社会文化环境分析的维度有以下方面：

国家和企业市场人口的变化

企业或行业的特殊利益集团

社会责任

价值观、审美观

公众道德观念

对环境污染的态度

人口数量

人均收入

收入差距

家庭数量/户数

人口年龄结构

生活方式

不同年龄的购买倾向

消费心态的变化

对售后服务的态度

地区性趣味和偏好评估

4）技术环境

技术环境是指与本企业有关的科学技术现有水平、发展趋势和发展速度，以及国家科技体制、科技政策等。如科技研究的领域、科技成果的门类分布及先进程度、科技研究与开发的实力等等。在知识经济兴起和科技迅速发展的情况下，技术环境对企业的影响可能是创造性的，也可能是破坏性的，企业必须预见这些新技术带来的变化，采取相应的措施予以应对。

技术环境分析有以下维度：

企业在生产经营中使用了哪些技术

这些技术对企业的重要程度如何

外购的原材料和零部件包含哪些技术

上述的外部技术中哪些是至关重要的,为什么

企业是否可以持续利用这些外部技术

这些技术最近的发展动向如何,哪些企业掌握着最新的技术动态

这些技术在未来会发生哪些变化

企业对以往的关键技术曾进行过哪些投资

企业的技术水平和竞争对手相比如何

企业及其竞争对手在产品的开发和设计、工艺革新和生产等方面进行了哪些投资

外界对各企业技术水平的主观排序是怎样的

企业的产品成本和增值结构是什么

企业的现有技术有哪些可以应用,利用程度如何

企业实现目前阶段经营目标需要拥有哪些技术资源

企业的技术对企业竞争地位的影响如何,是否影响企业的经营战略

5) 法律/政策环境

法律/政策环境是企业外部的法律、法规、司法状况和公民法律意识所组成的综合系统。

法律环境分析的维度有如下方面:

世界性公约、条款

基本法(宪法、民法)

产业投资政策

行业竞争法

行业公约

环境保护法

公司法和合同法

劳动保护法

消费者权益保护法

6) 自然环境

自然环境是指企业所在地区或市场的一系列自然条件,包括地理特征、气候条件、资源分布和生态环境等。由于自然环境各因素的变化通常较为缓慢,企业

较容易应对,因此它们通常不被视为研究的重点对象。

自然生态环境分析的维度有如下两个方面:

可持续发展空间(气候条件、能源利用、水土资源的保护与合理开发、环境保护措施、自然灾害的应对和管理)

媒体关注程度

案例:

下面我们使用一个彩电行业的(简易)宏观环境分析进行说明(见表6-2)。

表6-2　宏观环境分析框架

内容	与彩电行业的相关因素	具体的变化与趋势	机会	威胁	可能对策
人口	• 人口数量 • 家庭户数 • 人口年龄结构				
经济	• GDP • WTO加入 • 地区经济发展				
政策/法规	• 对高新技术产业的投资政策 • 行业法规				
文化	• 具体消费心态变化 • 年轻人购买独立性倾向				
生态	• 环保政策				
技术	• 本产业技术变化 • 竞争产业技术变化 • 颠覆性技术变化,如AI				

2. 中观(行业环境)分析维度

咨询师在进行行业环境分析时,需要关注以下几个关键问题:

行业的主要经济特征

市场规模:小市场通常难以吸引大型或新的竞争者。

市场增长率:快速增长的市场更有可能吸引新进入者,而增长缓慢的市场则竞争更为激烈。

产能:产能过剩导致价格和利润下降,反之亦然。

行业盈利水平:高盈利水平的市场更容易吸引新的竞争者。

进入或退出壁垒：高壁垒可以保护现有企业的地位和利润，而低壁垒则容易吸引新进入者。

技术变革速度：技术变革快的行业，企业面临的风险更大。

产品更新速度：产品更新换代快的行业，企业同样面临较大风险。

产品价格：高价位产品可能会吸引更多追求低价的购买者。

产品标准化程度：标准化产品可能会增加购买者的议价能力。

规模经济：企业需要具有成本竞争力和必要的市场份额、产量。

资源条件：包括资本、时间等，是影响企业进入或退出行业的重要因素。

行业变革的驱动因素和影响力

行业环境的变化往往由一些关键力量推动，这些力量促使行业参与者（如竞争对手和顾客）调整他们的行为，我们将这些力量称为行业驱动因素。咨询师的核心任务是识别这些驱动因素，并评估它们对行业可能产生的影响。这些因素有：

行业长期增长率的变化

产品、技术、营销的变革

行业大企业的进入或退出

专有技术的扩散

行业的全球化加剧

成本和效率的变化

社会关注点、态度和生活方式的变化

购买者的变化、购买者使用产品方式的变化

政府政策的变化

不确定性和商业风险的变化

作为咨询师，你需要明白的是，在行业环境分析中，关键的驱动因素往往不多，通常只有三到四个。因此，区分并识别这些关键驱动因素是行业环境分析的重要任务之一。

市场集中度/战略群体分析

在进行市场集中度和战略群体分析时，咨询师需要关注以下几个核心问题：

最强和最弱的企业有哪些

在行业中要想取得成功的关键因素是什么

评估行业是否有吸引力？分析行业是否具有获得高于平均盈利水平的潜力

1）行业分析

企业在特定行业中开展生产经营活动，因此，研究企业的外部环境时，了解行业特点是至关重要的。

行业环境分析的内容包括行业的发展状况、政治环境对行业发展的影响、行业优势、行业未来发展趋势等。

行业分析主要包括行业生命周期分析、行业竞争结构分析、行业内战略群体分析、行业概貌分析等方面，以下分别进行讲述：

（1）**行业生命周期分析**。行业生命周期分为幼稚期、成长期、成熟期、衰退期，企业在不同时期需要采取不同的策略（见图6-1）。

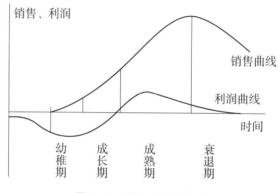

图6-1　行业生命周期图

幼稚期，也称起步期、初创期或导入期。在这一时期，产品尚未完全成熟，行业利润率相对较低，而市场增长率较高，需求增长迅速，技术变化频繁。企业在这一阶段的主要任务是吸引新用户和占领市场份额。由于技术上存在很大的不确定性，企业在产品、市场和服务策略上有很大的灵活性。同时，由于对行业特点、竞争状况和用户需求的了解有限，企业在制定策略时面临较大的挑战。这一时期的主要策略是：跟踪对手、参与或观望。

成长期的市场增长率保持在较高水平，需求快速增长，技术逐渐成熟和稳定。在这一时期，行业特点、竞争状况以及用户需求都变得更加清晰和明朗，企业进入的壁垒也随之提高，市场上的产品种类和竞争者数量都在增加。这一时期的主要策略是：增加投入、增加市场占有率、阻止新进入者。

成熟期的市场增长率和需求增长率都相对较低，技术已经发展成熟，行业特点、竞争状况和用户特点清晰稳定，买方市场形成，行业盈利能力下降，新产品和新用途开发更为困难，行业进入壁垒高。这一时期的主要策略是：提高效率、成本控制、进入和控制特定的市场细分领域、兼并扩张、研发新品。

衰退期的行业生产能力会出现过剩现象,随着技术的普及和模仿,替代产品充斥市场,市场增长几乎停滞,需求下降,产品品种及竞争者数目减少。这一时期的主要策略是:及时退出。

识别行业生命周期所处阶段的主要指标:

市场增长率

需求增长率

产品品种

竞争者数量

进入壁垒及退出壁垒

技术变革

用户购买行为

（2）**行业竞争结构分析**。行业竞争结构分析是为了了解企业自身所处行业的竞争态势。

任何企业在行业中都会面临以下五个方面的竞争压力:潜在进入者、替代品、购买者、供应方、现有竞争者。如图6-2所示。

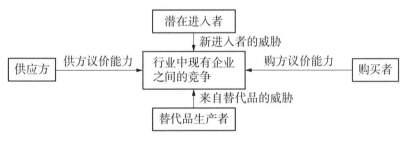

图6-2　行业竞争结构

潜在进入者的威胁

潜在竞争者的进入对现有企业构成重大威胁,因为他们会与现有企业争夺市场份额,并可能引发新一轮的竞争。这种威胁的程度主要受行业吸引力和进入壁垒的影响。如果一个行业发展迅速且利润丰厚,同时进入壁垒较低,那么潜在竞争者的威胁就会相对较大。

进入壁垒主要包括以下几个方面:

规模经济,新进入者如果无法实现规模经济,则难以进入市场;

产品差异化,新进入者为了吸引顾客,需要投入大量资源来建立品牌形象和产品信誉。如果这些努力失败,新进入者可能会损失所有投资。

现有企业对关键资源的控制,如资金、专利技术、原材料供应和分销渠道等,这些资源的控制为新进入者设置了障碍。

现有公司的反击能力,现有企业可能会采取各种措施来反击新进入者,这些反击行为也会增加新进入者的市场进入难度。

替代品的威胁

替代品指的是那些与某一行业产品相同或相似功能的其他产品。例如,洗衣液可以在一定程度上替代肥皂,手机在某些用途上可以替代电视。

替代品之所以构成威胁,通常是因为它们在某些方面超越了原有产品,比如价格更低、质量更优、性能更强或功能更新。如果替代品的盈利能力较强,它们可能会对现有产品造成更大的竞争压力,使得本行业的企业在市场竞争中处于不利地位。

购买者的压力

购买者对行业的竞争压力主要体现在他们对产品的要求提高,比如追求更低的价格、更高的质量以及更优质的服务。此外,购买者还会利用行业内企业之间的竞争,对生产厂家施加压力,以获取更有利的条件。

影响购买者议价的基本因素有:顾客的购买批量、对产品的依赖程度、更换厂家时的成本高低、信息的掌握程度等。

供应方的压力

企业在进行生产经营活动时,需要从供应商那里获取各种必需的资源。供应商为了增加自己的利润,通常会在价格、质量、服务等方面采取行动,这给企业带来了一定的压力。

行业中现有企业之间的竞争

在通常意义上,企业间的竞争主要通过价格竞争、广告战和新产品引进等方式展开。这种竞争的激烈程度受多种因素影响,具体包括:竞争者的数量和实力对比,行业的发展速度,利润率的高低,行业生产能力与需求的关系,行业进入和退出障碍等。当行业发展缓慢、竞争者多、产品同质性高、生产能力过剩、行业进入障碍低而退出障碍高时,竞争就会比较激烈。

咨询师需要知道的规律

五种竞争力对企业的影响越显著,企业在该行业中获得的平均利润率往往越低。

尽可能摆脱五种竞争力的影响（行业现有企业之间的竞争、新进入者的威胁、替代产品或服务的威胁、购买者的讨价还价能力、供应方的讨价还价能力）。

企业应寻求影响五种竞争力，使其朝有利于自己的方向发展。

要摆脱五力模型中的不利因素并影响这些力量的转变，具体见国际 CMC® 教材 T4 关于五种竞争力模型。

（3）**战略集团/行业内战略群体分析**。1972 年，迈克尔·亨特（Michael Hunt）从产业组织理论的角度首次提出"战略集团"这一概念，但并未受到重视。直到 1980 年，迈克尔·波特（Michael Porter）从战略管理理论的角度重新引入了这一概念，将其应用于分析产业结构的特征，并有效地对战略群体进行了划分。波特认为，可以通过考虑一系列特征组合来划分战略群体，并根据不同战略群体的特点来确定环境中的机会和威胁（见图 6-3）。具体分析方法和案例，见国际 CMC® 教材 T4。

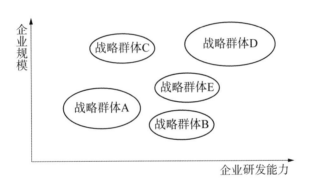

图 6-3　战略群体分析矩阵

在进行战略群体划分时，可以考虑以下特征变量：

产品（或服务）差异化

各地区交叉程度

细分市场数量

分销渠道使用

品牌数量

营销力度（如广告覆盖面、销售人员数目等）

纵向一体化程度

服务质量

技术领先程度（是技术领先者还是技术跟随者）

研究开发能力（生产过程或产品的革新程度）

成本定位（为降低成本所做的投资大小等）

能力利用率

价格水平

装备水平

所有者结构

与政府、金融界等外部利益相关者的关系

企业规模

（4）**行业概貌分析**。主要掌握该行业所处的发展阶段、行业在社会经济中的地位、行业的产品和技术特征等。

2) 市场分析

市场分析的目的，是为了识别市场总量和各细分市场的变化情况，从而揭示在市场变化中潜藏的机会与威胁。

市场分析的维度如下：

市场总量变化分析

产品容量及结构变化分析

地区容量及结构变化分析

消费群容量及结构变化分析

消费者购买动机及考虑因素分析

消费者购买行为变化分析

6.2.3　常规分析（运营及竞争分析）

微观环境是企业生存与发展的具体环境，也是评估企业运营能力的一个重要分析工具。与宏观环境相比，微观环境的因素能够更直接地为企业带来有用的信息，并且更容易被企业识别。

企业内部环境分析主要关注企业所拥有的资源以及基于这些资源构建的经营能力。

企业内部环境分析包括以下几个方面：

企业资源分析

企业能力分析

企业资源和能力综合分析

竞争分析(核心竞争力分析)

1. 企业资源分析

企业资源是指企业在进行生产经营活动中所拥有或控制的所有资源要素的集合,包括人力、财力、物力、技术和信息等多个方面。这些资源可以被划分为三类:有形资源、无形资源和人力资源。作为咨询师,其价值体现在帮助客户识别企业资源,分析与竞争对手的优势和劣势,并提供更优的资源组合建议。

1) 企业资源的分类

(1) 有形资源:是指物质形态的资源,通常可以进一步细分为两类。

实物资源,如生产设备、原材料、厂房等不动产,它们直接影响企业的生产能力和生产成本。

财务资源,如资金储备,它影响企业的经营和投资能力。

(2) 无形资源:是指非物质形态的资源,包括品牌信誉、商标专利、技术资源、企业文化、组织资源(组织经验)等。

(3) 人力资源:是指企业员工所具备的技能和知识,包括专业技能、创造力、解决问题的能力、达成目标的能力、沟通能力、团队忠诚、管理者的管理能力等。这些知识与技能构成了一种特定的资本——人力资本。

2) 资源分析的维度

(1) 企业现有资源及其供应分析。

这一分析维度有以下要点:

管理者和管理组织资源

企业员工资源

市场营销资源

财务资源

生产资源

设备设施资源

组织资源

企业形象资源

(2) 资源的利用状况分析。

遵循集中、有效、弹性等原则,可以采用投入产出比等方法对上述资源进行分析。

(3) 资源的应变力分析。

重点分析对环境变化特别敏感的资源。

（4）资源的平衡分析。

业务平衡分析：对企业各项业务的经营状况和发展趋势进行分析，确定资源在不同业务间的合理分配

现金平衡分析：评估企业的现金储备是否足以应对战略期内的资金需求

高级管理者资源平衡分析：分析高级管理者的资源配置是否与企业战略目标相匹配，包括数量、质量、管理风格和模式

战略平衡分析：评估企业现有资源和战略期内可能获得的资源是否能够满足企业战略目标和方向的需求，确保资源配置与战略规划的一致性

2. 企业能力分析

企业能力是企业将各种资源进行有效组合和协调，以发挥其潜在价值并实现预期目标和任务的能力，集中体现为管理能力。

作为咨询师，其价值在于帮助客户深入了解企业的能力，识别形成能力优势的途径，以及如何将各项资源更好地整合到企业核心能力的发展中。

企业的管理能力包括但不限于组织能力、营销能力、财务能力、人才管理能力、供应能力、技术能力、信息能力等。

1）组织能力分析

组织能力分析是基于对企业自身、组织结构和企业健康性的综合判断。以下是咨询师在进行组织能力分析时应考虑的关键点：

企业的使命、文化与核心业务目标是否得到了理解和认可

企业的重点最近是否有所变化，企业的目标或内部权力斗争是否有大幅度的变动

企业的历史对理解当前活动是有帮助还是构成障碍

企业的组织结构是一个刚性结构还是一个柔性结构

组织结构是否符合企业战略的需要

部门划分是否合理

职能部门职责是否清晰

决策层的分工是否合理

决策效率如何，是否有必要建立信息管理系统以支持决策

管理层的数量是否合适

高层管理者的技能、能力和兴趣如何

沟通机制是否健全,沟通渠道是否清晰有效

企业内部信息流通速度如何

企业内部的协同合作情况如何(适用于多元化企业)

企业的形象和社会声誉如何

2) 营销能力分析

企业营销能力分析是从市场、渠道、产品、技术创新和营销管理能力等多维度对企业进行内部评估,评估的依据来源于企业内部销售报表、财务报表、市场数据报告等。

市场营销能力分析要考虑以下几个关键点:

市场营销战略是以产品为导向、以生产为导向,还是以市场为导向

企业的产品/服务在多大程度上满足了顾客的需求

企业的产品相互支持的程度有多大

是否能对企业的产品进行调整以解决市场问题与顾客问题

企业所追求的是成为市场领导者还是成为市场跟随者

营销战略的优势和劣势在哪里

营销能力分析有以下维度:

市场分析

　　总体销售成长分析

　　分产品销售成长分析

　　细分市场分析

　　地区市场分析

　　市场占有率

渠道分析

　　渠道利用分析

　　渠道激励分析

　　分销渠道分析(数量、规模、控制程度、铺货能力)

产品分析

　　销售分布分析

　　型号分析

　　产品/服务分析

技术创新分析

消费分析

　消费群分析

　消费选购因素分析

营销管理能力分析

　市场成功因素分析

　营销投入分析

　利润分布分析

　生命周期分析

　营销团队洞察消费者需求的能力

　获取有价值的市场信息的能力

3) 财务能力分析

财务能力分析主要从企业盈利能力、偿债能力和运营能力三个维度进行,这项分析依赖于企业内部的财务数据。结合财务指标的变动情况,并考虑企业内部政策调整对这些指标的影响,来判断企业财务能力和财务健康情况。

财务能力分析要考虑以下方面:

财务经理所要实现的目标是什么?

企业在运营资金和流动性管理方面的目标是什么?

是否存在某些决定财务战略的特定外部压力?

财务战略有效运作的程度如何?

财务能力分析有以下维度:

盈利能力分析

　利润率分析

　净资产收益率分析

偿债能力分析

　资产负债率分析

　速动比率分析

营运能力分析

　存货周转分析

　净资产周转分析

可对比的财务指标

　销售收入

P/E 值

利润

每股收益

参考如表 6-3 所示的案例：

表 6-3　财务能力分析

评价内容	指标	修正指标±	评价指标±
财务效益	净资产收益率 总资产报酬率	资本保值增值率 效率利润率 成本费用利润率	领导层基本素质 产品市场占有能力(服务满意度) 基础管理比较水平 在岗员工素质 技术装备更新水平 行业或区域影响力 行业经营发展策略 长期发展能力预测
资产运营	总资产周转率 流动资产周转率	存货周转率 应收账款周转率 不良资产比率 资产损失比率	
偿债能力	资产负债率 已获利息倍数	流动比率 速动比率 现金流动负债比率 长期资产适合率 经营亏损挂账比率	
发展能力	销售增长率 资本积累率	总资产增长率 固定资产增长率 三年利润平均增长率 三年资本平均增长率	

4) 人才管理能力分析

人才管理能力分析要考虑以下方面：

企业目前的人才战略是什么

目前的人才战略同企业的整体要求在多大程度上匹配

企业人才战略的投入是多少

相应的政策体系处于企业层级结构中的什么层次

人才战略对企业的促进或阻碍程度有多大

员工的技能和士气如何

与行业内竞争者相比,企业的员工关系成本如何

人事政策的效率和效果如何

激励制度的有效性如何

平衡就业波动的能力如何

5）供应能力分析

供应能力分析是对关键部件的行业动态和价格趋势进行分析，可以从专业杂志、专业网站、采购部门、供应商等处获得相关数据。

供应能力分析有以下维度：

行业动态分析

　　机会

　　威胁

价格走势分析

参考如图 6-4 所示的案例：

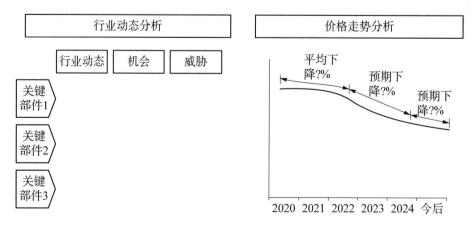

图 6-4　关键原材料的识别和分析

6) 技术能力分析

技术能力分析主要聚焦于评估行业内的技术创新动向,以及企业在采用和开发新技术方面所具有的优势与不足,可以从行业协会、专业杂志、研发部门、行业专家及其他渠道获得相关信息。

技术能力分析有以下维度:

技术创新历史及趋势分析

重点创新分析

技术创新的影响分析

技术创新程度分析

参考如图 6-5 所示的案例:

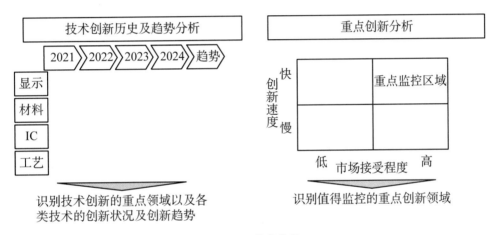

图 6-5　技术分析

7) 信息能力分析

信息能力分析旨在评估企业价值链中各个活动之间的信息流动情况,这一概念出自 1996 年的《欧洲管理咨询手册》。通过这种分析,我们可以识别信息管理中可能存在的问题,并发现哪些活动是信息密集型的。分析结果有助于揭示企业价值链与组织结构之间的差异,从而识别企业在信息管理上的薄弱环节和日常运作中效率较低的部分。

信息能力分析要考虑以下两个方面:

企业的信息需求是什么

当前的战略在多大程度上满足了企业的信息需求

总经理常常发现:相对其他方面来讲,很难评估 IT 职能部门的业绩。IT 领域常常成为企业内部冲突的源头,因为现有的信息系统无法按需提供正确格式、及时的信息。因此,我们需要对IT职能部门制定政策的方式进行审查和分析。

3. 企业资源与能力综合分析

公司资源与能力综合分析是综合考量各个竞争要素的重要性以及企业在这些要素上的拥有程度,从而判断企业的竞争力和增长潜力。

企业资源与能力综合分析有以下维度:

行业竞争重要性分析

企业拥有关键要素程度分析

行业竞争重要性与企业拥有程度的综合分析

各项资源与能力优势劣势分析

参考如表6-4所示的案例:

首先,采用关键成功要素分析法来确定行业竞争的重要性。关键成功要素是指在特定行业中,对企业竞争成功至关重要的因素,例如,在彩电行业,品牌影响力和市场推广能力可能就是决定竞争成败的关键环节。

表6-4　行业关键成功要素分析

重要程度分析	技术	销售	市场推广	售后服务	品牌	物流	采购	人力资源	资金	产品质量	成本	生产能力	政府关系	横向得分
技术	1	1	1	1	0	2	2	2	2	1	2	2	1	18
销售	1	1	0	2	1	2	2	2	2	2	2	2	2	21
市场推广	1	2	1	2	1	2	2	1	2	2	2	2	2	22
售后服务	1	0	0	1	1	1	2	2	2	1	1	2	2	16
品牌	2	1	1	1	1	2	2	2	2	2	2	2	2	22
物流	0	0	0	1	0	1	1	0	1	0	0	1	2	8
采购	0	0	0	1	0	1	1	0	2	1	2	2	2	10
人力资源	0	0	1	0	0	2	2	1	2	2	2	2	2	15
资金	0	0	0	0	0	0	1	0	1	1	0	2	2	7
产品质量	1	0	0	1	0	2	0	0	1	1	0	2	2	10
成本	0	0	0	1	0	1	1	0	2	2	1	2	2	13
生产能力	0	0	0	0	0	0	0	0	0	0	0	1	2	3

由上表可以看出,在彩电行业,品牌、市场推广、销售、技术、售后服务、人力资源是企业竞争的重要因素。

可以通过判别矩阵法来定性识别关键成功要素,操作步骤如下:

采用"无领导小组讨论"或者集中讨论的方式,构建一个矩阵,其中包含所有待比较的竞争要素。对矩阵中的每一个格子进行打分,采用二二比较的方式,例如,将纵坐标的"技术"与横坐标的"技术""销售""市场推广"等其他因素分别进行比较。如果认为 A 因素相对于 B 因素更重要,则给 A 因素打 2 分;如果两者同样重要,则打 1 分;如果 A 因素相对于 B 因素不重要,则打 0 分。全部打分完成后,进行横向加总,以此来进行科学的权重分配,一般排在权重前列的因素则称为行业成功关键因素。

其次,进行企业拥有关键要素程度分析(见表 6-5):

表 6-5　企业关键要素拥有程度分析

优劣衡量指标		竞争对比	
		拥有程度优势	拥有程度劣势
技术	开发速度快、技术领先		
品牌	知名度高、品牌形象好		
市场推广	市场分析能力强、市场推广能力强		
质量	质量稳定且合格率高		
政府关系	良好的与地方政府及行业主管部门的关系		
物流	快速的物流服务、低成本		
生产	满足需要的生产能力、灵活的生产方式		
成本	低成本		
采购	低采购价格、稳定的购货渠道		
销售	快速分销能力、有力的销售控制		
资金	强大的资金实力		
人力资源	丰富且高素质的人力资源		

最后,进行行业竞争重要性和企业拥有程度的综合分析方法和优势劣势分析(见图 6-6):

通过在矩阵中根据两个维度对各个关键因素(如品牌、市场推广、销售、技术、售后服务、人力资源等)进行定位,我们可以直观地分析企业在这些关键因素上的拥有程度。

企业应将核心能力建立在行业的关键成功因素上,企业应优先投入资源到那些目前拥有程度低,但在行业竞争中具有重要意义的因素,必须避免投入到那些企业拥有程度高,但重要性不高的那些因素,如果已经制订了这样的投入计划要尽快调整。

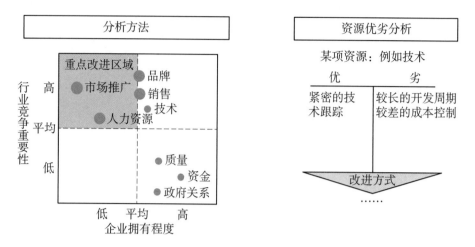

图 6-6　企业关键要素拥有程度和资源优劣分析

4. 竞争分析

竞争分析分为核心竞争力分析和常规竞争分析。

1) 核心竞争力分析

核心竞争力是指那些能够为企业带来比较竞争优势的资源,以及这些资源的配置和整合方式。C. K. 普拉哈(C. K. Prahalad)和加里·哈梅尔(Gary Hamel)提出的"树形"理论形象地描述了多元化企业的构成:企业就像一棵大树,树干是核心产品,树枝是业务单元,树叶、花朵和果实是最终产品,提供养分、维系生命、稳定树身的就是企业的核心竞争力,也称为核心能力。

企业的核心竞争力是形成竞争优势的基础,它们通常无形,源自企业经验和知识的积累,不会因为使用而减少。

核心竞争力的支撑基础体现在企业的内部资源层面,是内层;能力的表现体现在业务与技术层面,是核心中间层;价值的实现体现在市场与盈利层面,是外层,也是最容易被公众感知的。

核心竞争力分析有以下三个维度:

支撑基础

人力资源:包括技术人才和管理人才的数量与质量、决策层和管理层的素质与能力、员工培训机制、核心人才激励与留才机制

技术设备:涉及研发费用与销售额的占比、技术开发能力和开发成果的数量、技术创新周期、工具设备的先进性

管理机制:包括企业战略思维和决策机制、管理体系、组织结构、企业运营机

制、团队学习机制、信息收集机制、企业文化机制

能力表现

有价值性：评估为顾客价值做出关键贡献的程度，包括产品质量、产品性能、产品价格竞争力、售后服务完善度

难模仿性：考察核心技术的领先程度、独特性、专利保护情况、优势技术的难模仿程度

难复制性：分析难以被竞争对手复制的企业独特资源、知识和技能状况

可扩展性：评估核心能力可拓展应用的领域数量、优势技术扩展能力的强度或发展前景

价值实现

市场占有：包括核心产品的市场占有率及其增长情况、品牌信誉、顾客忠诚度的增长率

盈利水平：涉及总资产收益率、净利润率、股东产权收益率、每股收益、市盈率等财务指标

市场前景：考虑潜在客户数量、竞争对手实力、行业进入壁垒、产品的替代性等市场性因素

2）常规竞争分析

常规竞争分析主要是将企业与竞争对手在市场、渠道、产品、技术、财务等方面进行对比。

竞争分析有以下维度：

市场对比

渠道对比

产品/技术创新对比

实力与策略对比

财务对比

案例：进行产品竞争力分析时，可以通过以下指标将本企业的产品或服务与竞争对手进行对比，以识别本企业在各个方面的优势和劣势：

产品市场地位分析（指标：市场占有率）

产品收益性分析（指标：边际利润率、量本利）

产品成长性分析（指标：销售额增长率、市场占有率的增长率）

产品竞争力分析（指标：产品技术水平、质量水平、外观包装、成本价格、商标

品牌、售前售后服务、渠道、促销策略等）

产品生命周期及产品结构分析

新产品开发状况分析

通过上述分析，咨询师可以更全面地了解企业所面临的市场形势。正如马卡姆所指出的，咨询师在初始阶段不应急于做出判断，而应深入思考。他建议在早期阶段"不要瞎忙乎，先要坐下来思考！"

初步分析常常会引导咨询师重新审视项目的焦点。在这个阶段，咨询师可能会面临一些挑战，尤其是在企业对所需开展的工作和存在的主要问题已经有了预设观念的情况下。作为一名外部咨询师，你可能会从不同的视角来探讨问题。

通过上述一系列分析，可能会揭示出企业之前遗漏、低估或忽视的问题。有时，一些管理项目在最初的表面问题经过深入调研和分析后，需要对企业的问题或项目进行重新定义。这可以用一个简单的比喻来说明：一开始可能以为是消化系统的问题，但经过调研分析后却发现实际上是呼吸系统的问题。

6.3　诊断

拉里·格雷纳(Larry Greiner)和罗伯特·梅茨格(Robert Metzger)认为:"在诊断阶段,要深刻理解相应的问题,还有很多胜败攸关的事项。"他解释道:"目光敏锐的咨询师也有必要估计客户变革的愿望。如果客户的员工安于现状,不论多么充满智慧的解决方案也会被人忽略或抛弃。"

格雷纳和梅茨格还提出这样一个观点:客户的问题不太可能只有一个原因或者只有简单的原因,所以他提出了下面三个忠告:

(1)"中止早期对问题或解决方案的判断。"咨询师应避免过早下结论,特别是在对问题或解决方案的初步判断上。这样可以保持一定的客观性,避免被客户的预设立场所影响。

(2)"审查每一棵树背后所掩藏的东西。"这意味着问题的解决方案可能来自一些看似不太可能的地方。咨询师需要深入挖掘,探索问题背后可能隐藏的因素。

(3)"不要完全相信客户的分析和诊断。"咨询师不应完全接受企业员工所作的分析和诊断。这是因为人们往往不会意识到自己可能是问题的一部分,或者可能由于利益关系而无法客观地看待问题。

在诊断阶段,咨询师可能会面对海量数据,这可能导致信息过载。对此,格雷纳和梅茨格提出了 4 条宝贵的建议来应对这一挑战:

(1)"把病症和病因区别开来。"人们通常描述的是病症而非病因。咨询师可以获取更多信息,但核心任务是寻找问题的根源。

(2)"接受多因原则。"大多数问题和机会都有多个原因,咨询师需要识别所有可能的因素。

(3)"认识原因之间的相互关系。"例如,IT 系统失效可能与公司战略变化、供应商变化或管理者需求变化有关,而不仅仅是 IT 系统本身的问题。这些原因通常是相互联系的。

(4)"理解相互依赖原则"。对于不良的管理和组织行为,通常存在合理的解释。在建议变革之前,咨询师需要找出实际原因并解决它。

换句话说,咨询师需要了解当前状况是如何形成的。阿瑟·特纳(Arthur Turner)于 1982 年在《哈佛商业评论》中提到:

有效的诊断不仅仅是考察企业的外部环境、技术和经济特性以及非管理者成员的行为,咨询师还必须探究以下问题的原因:

为什么执行经理做出的某些决策现在看起来是错误的?

当初为什么会忽略一些现在看来非常重要的因素?

6.3.1　诊断工具

为了进行专业的诊断,咨询师通常熟练掌握众多经过验证的管理工具和咨询工具。这些工具在国际 CMC® 教材 T4 中会有详细的使用方法和案例说明。这里,我们仅列举 14 种最常用的诊断工具,并将其分为两类:

1. 特别适用于企业外部宏观问题诊断(企业战略)的诊断工具

五种竞争力量模型(迈克尔·波特)

麦肯锡 7S 模型(麦肯锡咨询公司)

价值链分析(迈克尔·波特)

标杆学习(Benchmarking)

波士顿矩阵(波士顿咨询公司)

PIMS(Profit Impact of Market Strategy)

战略评估(Strategic Evaluation)

2. 特别适用于企业内部微观问题诊断(常规管理)的诊断工具

ABC 作业成本法/基于活动的成本核算(Activity Based Costing)

德尔菲法/专家调查法(The Delphi Technique)

小组过程模型(Group Process Model)

帕累托原则(Pareto Principle)

配对比较(Paired Comparison)

力场分析(Force Field Analysis)

关键事件(Key Events)

6.3.2　研究方法

一名优秀的咨询师通常对各种研究方法的优劣有着深刻的理解,并且明白哪些因素会决定研究的成败。

我们提出两个主要的观点。

(1)咨询师必须十分清楚自己对企业问题的心理假设和专业假设。这些自然的、本能的、习惯性的假设在咨询师下意识的状态下可能产生很大的影响。

（2）咨询师必须意识到自己对企业可能产生的影响。仅仅是出现在企业中或进行访谈，都可能改变企业的行为和做法。

马卡姆提到 20 世纪 30 年代哈佛大学的工业心理学家埃尔坦·梅奥（Eltan Mayo）在美国所做的霍桑实验。梅奥的研究表明：人们的行为方式会因为他们被观察而受到影响。

克里斯·阿吉里斯（Chris Argyris）在其著作《介入理论和方法》（*Intervention Theory and Method*）中深入讨论了一些研究方法的问题。他提醒读者注意"精确研究的无意结果"，并指出企业的外部研究小组作为一个独立的社会系统，其存在可能引发怀疑和恐惧，从而导致欺骗和不合作行为。

阿吉里斯还提到了组织理论家沃伦·本尼斯（Warren Bennis）的观点，即研究者进行访谈的形式可能被视为研究企业文化的障碍，这意味着访谈设计或问卷设计可能无法发现研究者期待的真相。

阿吉里斯还提出了一个重要的担忧：研究者在进行解释性研究时，是否没有预设的假说？每一种认识行为都是一个有选择性的决策过程，这个过程包含了许多应该显性化的假说。员工指出，进行解释性研究的研究者在提问和记录的过程中往往有一个或多个假说。

然而，在管理项目中，将假说显性化可能并不明智。一定程度的隐瞒往往是必要的，以防止被访谈者预先判断出提问者的意图。

咨询师在进行研究分析时，访谈、问卷和调查是核心部分，这些技术都需要结构化的方式。社会科学中关于研究方法的一个有益指导是开放大学社会科学三级教程（Open University's Social Science Third Level Course）；3A 区涵盖《研究方法》《研究》；3B 区涵盖《设计》。建议咨询师参考和学习这些资料。

说明

在讨论数据收集、分析和诊断时，我们往往将它们视为三个独立的行为，但在实际操作中，这些步骤是相互交织和重叠的。一些咨询师认为数据收集和数据分析实际上是一个连续的活动：在开始收集资料之前，你必须清楚自己需要什么样的信息。对于这一点，当然存在多种不同的看法。然而，所有咨询师都认同的是：在项目的早期阶段，保持公正性是至关重要的，它将对后续所有工作产生影响。

6.4 调研诊断报告

咨询师在完成数据收集、分析和诊断等一系列调研工作后,通常会撰写并提交一份管理项目的诊断报告。

调研诊断报告的核心价值在于咨询师能够以第三方独立的视角,运用第一性原理,全面、客观地反映和分析企业的现状,帮助企业识别存在的问题,并深入分析本质原因,提出切实可行的改进建议,以提升企业的管理水平和经济效益。

调研诊断报告是整个调研流程的总结,包括计划、执行、数据收集、整理、分析和诊断等环节。它是调研人员智慧的成果,也是企业所需的关键书面成果之一。报告作为一种沟通工具,旨在将调研结果、战略性建议以及其他重要发现传达给企业管理层。因此,咨询师有责任认真撰写调研报告,准确分析调研数据,并明确提出调研结论。

调研诊断报告的格式主要包括以下几个部分:

(1)封面:包含调研诊断报告的标题、类别、编写单位、编写人和编写日期等基本信息。

(2)摘要:简要概括调研报告的目的、方法、主要内容和结论,字数一般为200~300字。

(3)目录:列出报告的各个章节及其相应的页码,便于快速查找。

(4)正文:正文部分包括以下内容。

引言:阐述调研的背景、目的和意义。

调研内容:明确调研主题、范围和对象。

调研方法:描述所采用的调研方法(诸如四大公认方法)、工具和样本选择等。

数据分析:对收集的数据进行整理、分析和解释,通过图表、文字等形式展示分析结果。

现状分析:详细描述调研对象的现状,包括业绩、理念、流程等。

问题诊断:分析存在的问题及其对企业经营的影响。

结论与建议:总结调研的主要发现,并提出具体的改进措施和建议。

(5)参考文献:列出在调研过程中参考的所有文献资料。

(6)附录:包括调研问卷、访谈记录等辅助材料。

报告的结构，也可以参考本教材/指南的第 2 部分第 3.3.1 章节"撰写报告"中关于咨询报告的结构和内容的指导。

在调研诊断报告经过项目委员会讨论并通过后，咨询师将进入下一个阶段，即设计解决方案阶段，以解决调研中发现的问题。

经典管理箴言

奥里特·加迪耶什（Orit Gadiesh）
贝恩咨询（Bain & Company）全球主席 [1993-2025]

"战略的本质是选择不做什么，而不是做什么。"

"竞争优势的核心在于创造独特的价值，而不是模仿。"

"全球化时代，企业要同时具备全球视野和本地化能力。"

第 **7** 章

设计和方案阶段

　　本章将阐述如何设计项目的备选方案（初步设计）和项目操作方案（详细设计）。无论管理项目的性质如何，也不论企业与咨询师之间的关系如何，分析和诊断阶段最终都要过渡到设计和方案的阶段。

　　解决方案通常是在完成分析和诊断之后提供的，有时也会分阶段提供，特别是在管理项目周期较长的情况下。无论具体情况如何，咨询师都需要对企业面临的各种选择进行权衡，充分预估企业可能对解决方案产生的抵触态度，并清晰地说明相应解决方案对企业的影响，尤其是积极的影响。

7.1 项目备选方案（初步设计）

在完成分析和诊断之后，咨询师将着手设计解决方案，通常会提出多个备选方案。接着，会组织一个由企业和咨询师共同参与的评估会议，以确定最佳的解决方案。最终，咨询师将撰写一份详细的项目操作方案。

最理想的情形是，企业组建一个项目小组，与咨询师小组合作，共同设计和评估咨询师提出的解决方案。对每个备选方案进行可行性研究，包括权衡各种方案的优势和劣势，估算实施各方案所需的成本和代价，评估可能的行动路线，规划实施方案的具体步骤，确保企业决策层对必要的变革有所准备。

这一阶段的主要工作是设计解决方案和提供操作方案。其流程大致如下：

设计和提出备选方案

备选方案评估会

确定最佳解决方案

提供具体操作方案

7.1.1 设计和提出项目备选方案

咨询师在初期阶段设计和提供的解决方案通常是宏观层面的，属于初步设计，而非详细的项目操作方案。在这个阶段，咨询师通常会提出多个可行的备选方案，并说明每个方案的优势和劣势。正如俗语所说，"条条大路通罗马"，一个问题往往有多种解决途径或方法，每个途径或方法都可以视为一个方案，这些列入考虑的方案被称为备选方案。

在设计备选方案时，咨询师需要考虑以下几个关键因素：

1. 设计之前：回顾项目最初的问题

在设计咨询建议和解决方案之前，咨询师应该回顾项目最初的目标和问题。有时在处理大量数据、事实、数字和访谈记录时，咨询师可能会忽略最初的项目目标。

因此，咨询师应该思考下面几个问题：

你为该企业尽力实现的目标是什么

企业的核心问题或关键问题点是什么

是否存在某些具体的环境因素（外部或内部）在项目开始之后发生了变化

（例如，董事会是否有新的高管任命，竞争对手是否改变了战略或推出了新产品或服务，行业或整个经济的经济预测是否有所改变）

在企业所面临的所有问题中，哪些是最关键的

对企业来说，解决问题的优先顺序是什么

企业内部变革的时间进度是什么，也就是说，企业内部发生变革之前还有多少时间

建议的变革将如何提高企业的盈利水平和盈利能力

2. 合理的备选方案设计

要合理设计方案，尤其是备选方案，可以遵循以下建议：

（1）控制备选方案的数量。通常来说，准备 3 到 5 个备选方案是比较合适的。如果方案太少，可能会限制思维，考虑不够全面；而方案太多，则可能会增加不必要的时间和成本，并且容易导致方案之间的同质化。

（2）差异性。每个备选方案都应有明显的区别。

（3）跳出局限。备选方案不能只局限于自己熟悉的技术和知识领域。

3. 备选方案清单

咨询师的一项关键任务是为企业呈现多个可选的解决方案，使企业了解每个方案的利弊和潜在风险。财务上的利益也会因选择不同的方案而有所差异。在向企业陈述这些备选方案时，应考虑以下企业特征：

企业的短期直接需求

企业的长远要求

企业的技能和能力

企业的财务健康性

企业的内部政治格局

企业的变革能力

企业的财务要求和期望

这些特征将对备选方案的选择和实施产生重大影响。它们不仅决定了备选方案的方向，也强烈影响着咨询师建议的方案是否会被采纳。如果咨询师提出的备选方案未被客户接受，通常是因为这些方案没有充分考虑上述特征。

4. 让客户参与

让客户企业参与到解决方案的设计过程中是非常关键的。如果企业能够积极参与这一过程，将显著提升解决方案的有效性和权威性。反之，如果企业没有

参与,他们可能不会对解决方案的实施感到有责任,也不会有强烈的"主人翁意识"。

因此,企业应该参与解决方案的共同设计,或者对咨询师提出的解决方案提供建设性的反馈。企业对哪些方案最有可能带来最大利润,有着自己的见解,因此可能会提出一些修改或补充意见,这正是我们所期望的。请记住:如果企业在之前的项目过程中一直没有参与,现在是时候让他们积极参与进来了。

5. 避免设计方案的误区

1) 只有一个方案

咨询师基于自己的理解和判断,得出了自认为最适合的解决方案,但没有考虑多个备选方案。所有的方案设计都仅基于这一方案,评审时也只有这一方案可供讨论。

这样做的问题是:方案实施后的成功概率不高或者可能成本过大、周期过长。评估过于简单,不够全面。在方案评审时可能出现过度偏爱单一方案的情况,因为只有一个方案,评审者可能会全力维护这个方案,即便它存在不合理之处。

2) 备选方案过于详细

一些咨询师在设计解决方案的过程中,对所有备选方案都给予了同等的重视和详细的规划。

这样做的问题是:花费大量的时间和精力。方案评审时容易陷入备选方案细节中,从而忽略整体。

3) 追求完美

特别是对于新入行的咨询师来说,在开始设计解决方案时,他们往往倾向于追求完美。这不仅体现在满足业务需求上,还表现在展示自己的技术能力方面,力求使设计方案的每个细节都达到最佳状态。

7.1.2　备选方案评估会

1. 促成备选方案评估会

优秀的咨询师通常会采取以下方法来引导企业:协助企业获得对自己和企业本身的新认识,并深入理解。让企业能够参与到自身解决方案的制订当中并做出贡献是这个过程的重要组成部分。

因此,在形成最终解决方案之前,咨询师往往会组织一次备选方案评估会

议。在某些情况下,这种组织工作是由咨询师和企业共同完成的。为确保会议的成功,你应该注意以下几个因素:

(1)留出充足的时间,可能的情况下也许是一整天。

(2)应该向所有参会者简要介绍相关的数据和关键事实。

(3)应该制定一个灵活的会议日程。其中的一个方法就是把日程分成三个部分:

创意

创意评估

实践意义和后果评估

创意阶段,要鼓励大家提出新颖的建议和概念,即使它们看起来与众不同或不寻常。就算是模糊或混乱的观点也可能包含有价值的想法,因为它们可能是潜在的好主意的萌芽。哪怕是最初看起来不切实际的观点,最终也可能证明是可行的。在这个阶段,你不仅应该激励他人提出想法,而且在适当的时候也应该贡献自己的观点。

创意评估阶段的目标是筛选出值得进一步探讨和分析的创意。重要的是要区分创意评估阶段的批评意见,将它们分为客观和主观两类,因为有些观点从主观角度看可能不足,但从客观角度看可能是正确的。在这个阶段,你可能会扮演一个关键角色:冷静地质疑某些批评意见。

在实践意义和后果评估阶段,你需要从实际的角度对选定的观点进行更深入的考察。例如,如果一个建议的新产品已经通过了初步评估,但实施它可能需要新的营销策略或对企业的制造流程进行改变。因此,这一阶段要求对新观点可能带来的实际后果进行全面的分析和评估。

2. 备选方案常用的评价方法

备选方案评估会可以采用头脑风暴、360 度评估等方法。除此之外,常用方法还有:

1) 经验判断法

这种方法依赖于决策者的实践经验和判断能力来选择方案。首先,识别并淘汰那些无法实现目标的方案;其次,对剩余的方案进行深入分析和评估;最后,通过全面权衡,选择出最满意的方案。

2) 数学分析法

利用数学模型进行科学计算以选择方案。这种方法较为科学和精确,但需要完整的数据支持。

3）试验法

在少数典型环境中选择试点单位进行试验，以收集经验和数据，作为选择方案的依据。这种方法适用于在重大方案选择时，当缺乏经验、没有现成资料，难以判断且无法应用数学模型的情况。

3. 评估备选方案的 4 个因素

咨询师应该考虑下面 4 个因素，来对备选方案进行评估：

1）一致性

评估备选方案的各个部分是否能够协同工作，形成一个协调一致的整体。如果存在不一致的地方，需要找出方法使它们能够更好地协调一致。

2）现实性

评估备选方案是否真正满足了客户的需求。格雷纳和梅茨格指出，许多咨询师"一方面界定相应的管理问题，但是另一方面所实施的解决方案却只是迎合咨询师或企业所钟爱的观点"。因此，备选方案应该与最初的项目问题紧密相关，确保方案的实际性和针对性。如果备选方案脱离实际，它们就不太可能成为最佳的解决方案。

3）操作性

判断备选方案是否完全可行。如果某个方案不可行，要明确需要做出哪些修改才能使其变得可行。同时，还要评估备选方案在财务上的重要性。

4）未来相关性

在评估备选方案时，需要考虑它们是否能够适应未来可能发生的变化。如果备选方案没有考虑到未来情境的变动，那么这些方案所带来的好处可能是短暂的，不能持久。

在这个过程中，不同的人可能会有不同的观点：一些人可能倾向于采取激进的变革措施，而另一些人可能更偏好渐进式的变革。由于所有的数据或诊断结果不可能完全一致，咨询师的专业技能就体现在如何评估各个备选方案上。咨询师必须运用财务标准、技术标准、市场标准、人力资源标准来综合评估每个备选方案。

4. 考虑咨询师的角色

咨询师在项目中所扮演的角色对企业的期望有着重要影响，进而影响备选方案的形成方式。你可以回顾第 3.2.4 章节关于咨询师角色的介绍。

当咨询师扮演合作者角色时,企业通常已经对分析和诊断做了大量的工作,并且对解决方案有了一定的思路。当咨询师被视为专家时,企业虽然不一定会完全接受咨询师的所有观点和建议,但仍然期望咨询师能够提供强有力的指导和专业意见。因此,咨询师需要考虑自己在企业与咨询师关系中所扮演的角色。

彼得·布洛克(Peter Block)提出:从总体上来讲,咨询师往往会扮演下面三种角色中的一种:

专家

助手

合作者

作为专家的咨询师,他们被视为教导者和知识宝库,通常是问题的主要解决者。企业期望咨询师能够提供专业的解决方案,并将解决问题的重要任务委托给他们。

当咨询师扮演助手角色时,企业往往保留大部分的决策权和主动权,而咨询师的角色是配合企业,为既定的问题提供答案和支持。

在合作者角色中,咨询师与企业员工共同工作,展现出高度的合作性。"问题的解决过程也就成了一项联合工作,处理问题时既要关注技术问题还要关注人际影响和人际技能"。咨询师不是直接解决企业管理者面临的问题,而是利用自己的专业技能帮助他们自己解决问题。

咨询师还有一个相对新的角色——风险承担者。这种角色通常出现在IT项目中。在这种角色中,咨询公司和企业共同分担项目的风险,并共享项目的成功和利益。

因此,咨询师还可能扮演研究者、外聘员工或"催化剂"等角色。在实践中,咨询师的角色可能会在这几种之间灵活转换,以适应项目的不同需求和阶段。

5. 确定最佳解决方案

备选方案评估会议的目的是选择并确定一个双方都认同的解决方案,这个方案将作为咨询师撰写项目操作方案(详细设计)的基础。

然而,管理项目的这个阶段往往涉及较高的政治敏感性。咨询师和企业可能需要对解决方案的细节保密,仅向极少数人透露,尤其是那些可能支持解决方案的人士。同时,咨询师和企业有时也会故意"泄露"部分信息,以测试企业内部的态度和反应。

在这个阶段,咨询师与企业之间的讨论可能会推动解决方案的形成进入新阶段。企业可能不会完全接受或拒绝咨询师提出的解决方案,而可能提出需要修改方案的某些部分,特别是在企业战略或其他重要方面发生变化的情况下。同样,咨询师提出的解决方案可能使企业错失一些新机遇,而这些机遇在实施解决方案的过程中可能会对方案产生重大影响。

因此,当前的任务是推动召开一个由公司决策层和咨询师共同参与的会议,共同讨论推荐的备选解决方案以及出现的任何新观点,最终形成一个双方都一致同意的最佳解决方案。

7.2　项目操作方案（详细设计）

在与企业项目小组共同筛选和评估备选方案，并确定最佳方案之后，咨询师需要投入相当长的时间来撰写具体的操作方案文件，这个过程类似于医生开具药方，但复杂程度和工作量远超于此，可能需要一个月甚至数个月的时间才能完成。

撰写操作方案的方式有很多种，这取决于咨询师在项目中扮演的角色：作为专家角色，通常由咨询师团队负责完成全部的操作方案；作为助手角色，通常是由企业项目小组负责完成操作方案，咨询师只负责传授方法和提供问题的答案；作为合作者角色，咨询师和企业项目小组一起工作，分工合作完成操作方案。

管理制度是规范企业成员行为和指导工作的标准。企业一旦成立，相应的管理制度也随之产生。制度的实施和执行依赖于流程；如果制度无法得到执行或者执行不力，通常意味着流程存在问题。而流程执行的质量，则依赖于明确的标准和详尽的记录表格。

借鉴 ISO 文件分层的概念，具体操作方案通常包含 4 层文件，即制度、流程、标准、表格/记录的设计：

（企业基本法）

制度

流程

标准

表格/记录

有的企业还会制定用于指导企业运营和管理的"企业基本法"，比如华为的《基本法》。这类文件相当于企业内部的"宪法"，一切制度必须服从于这一基本法。由于企业基本法通常不会轻易修改，所以本教材/指南不展开说明。

7.2.1　设计和提出项目操作方案

1. 制度

在企业管理中，制度通常指的是管理制度，它们构成了企业的法规。在这些制度的基础上，企业可以发布实施细则文件，以及涉及研发、生产、营销、供应链、财务和人力资源等业务流程和标准。通过使用表格记录原始数据,可以反映制度执行的实际情况。合理的管理制度有助于简化业务流程,提升管理效率。

1) 管理制度的特点

系统性:任何制度都不可能孤立存在,它只存在于企业管理系统的框架之内。

权威性:制度一经颁布,在其适用范围内具有强制约束力和指导性。

普遍适用性:制度发布后,任何与之冲突的旧制度都将被废止,新制度在特定范围内普遍适用。

公平性:制度对于企业的所有人员都具有约束力,确保每个人都能受到公正的奖惩。

稳定性:制度发布后需要保持一定的稳定性,不应频繁更改。在相同类型的作业中,应始终遵循同一制度执行。如果确实需要修改或废止现有制度,应发布新的制度来替代。

2) 撰写管理制度的原则

合法性:第一,内容要合法。撰写的管理制度,必须遵守所在国家的法律法规(如《中华人民共和国公司法》《中华人民共和国劳动法》等),同时要符合企业的基本法或章程。第二,程序要合法。制度的制定应经过民主讨论,并进行公示,确保程序的合法性。

可操作性:制度必须具体可行,确保执行者能够理解和实施。应配备相应的流程、标准和记录,对于无法执行的条款应及时废除。

可衡量性:制度中的行为标准应明确,尽可能量化或行为化,并能够通过记录来验证这些标准。

可监督性:使用必要的检测手段,确保能够灵敏准确地反馈制度执行情况。

具有一定柔性:制度应该有一定的灵活性和可调整性。

3) 管理制度的范本

（企业 logo）

×× 公司

×××× 管理制度

文件编号：××-001
××××年×月×日发布，××××年×月×日施行
第 1 版（××××）第 1 次修改

（内部资料　注意保密）

×× 公司
×××× 管理制度

目录
（略）

第一章　总则
第一条　（目的）为了……，制定本制度。
第二条　（解释）本制度所称……。
第三条　（内容）
说明：总则部分内容是对于整个制度的理解总结和归纳。
第二章　（分类）
第×条
……

第三章　（分类）
第×条
……

第×章　附则
第×条　（定义）本制度下列用语的含义：
……
第×条　（范围）……适用本制度；有关……另有规定的，适用其规定。
第×条　本制度自××××年×月×日起施行。

2. 流程

业务流程管理(BPM)是指完成一项任务或业务活动的方法和步骤,其核心目标是提升员工的工作效率和企业的生产力,通过优化业务流程来推动企业价值的增长。

在进行业务流程规划之前,需要先实施流程管理。业务流程管理包含以下几个关键环节:

业务流程的设计(BPD)

业务流程的执行

业务流程的评估

业务流程的改进

专业公司 Process Renewal Group 的创始人罗杰·伯尔顿(Roger Burlton)强调:"企业正在认识到,全面而可靠地理解自己的流程对于实现任何绩效目标都是至关重要的。如果大多数企业还没有开始业务流程管理,那么他们一定已经在着手这项工作了。"

业务流程设计的目的是在尽可能低的成本和最快的速度下支持业务活动,以时间为基础进行流程优化,并以增值和反应速度为衡量标准。业务流程设计涵盖了信息、需求、预测、计划、采购、生产、仓储、运输和交付等全过程。

业务流程设计阶段主要包括两项任务:其一,透视现有流程质量,根据最佳解决方案和企业内外环境进行优化;其二,审查流程清单,对于尚未建立的流程,组织资源进行撰写和建立。咨询师通常将业务流程管理按照变革程度分为三个层次:业务流程的建立和规范、业务流程优化(Business Process Improve, BPI)、业务流程重组(Business Process Reengineering, BPR)。由于大规模的 BPR 成功率并不高,因此在实施时应保持警惕,谨慎进行。

1) 业务流程的特点

层次性:业务流程具有明显的层次结构,这体现在从宏观到微观、从整体到部分、从抽象到具体的逻辑关系中。这种层次关系不仅符合人们的思维习惯,有助于构建企业业务模型,而且反映了企业内部部门之间的层级关系,不同层级的部门对应着不同的业务流程和权限。

业务流程可以划分为战略流程、运营流程和支持流程,其中的各项活动可以视为"子流程",进一步细分为更多活动,形成企业流程的多层次结构。

咨询师通常会先建立主要业务流程的总体框架,然后细化每项活动,落实到各个部门,形成独立的子流程和辅助业务流程。

目标性:业务流程旨在通过投入和产出的转换过程实现明确的输出(目标或任务)。其核心目的在于确保管理的稳定性、规范运作、风险规避、增值服务,并支持业务目标的实现。

内在性:任何目标的实现或任务的完成都离不开特定的流程,不存在脱离流程的事物或行为,这就是流程的内在性或普遍性。

整体性:流程至少由两个或两个以上的活动组成,这些活动通过某种方式结合,共同服务于某一目的,体现了流程的整体性特征。

动态性:流程总是从一个状态转变为另一个状态,按照一定的时序关系从一个活动过渡到另一个活动。这一系列活动朝着既定方向逐步推进,构成了动态的业务流程。

结构性:流程中的各种活动之间存在着相互联系和相互作用的关系。流程的结构可以有多种表现形式,通常表现为串联、并联、反馈三种基本结构,它们的不同组合使得企业中看似杂乱无章的活动呈现出有序的规律性。

2)业务流程设计的原则

遵循环境要求的前提原则:企业的主要环境约束是政府的法律法规,包括健康、安全、环保等因素。企业流程设计必须考虑这些法律法规,确保产品设计和生产流程符合环保和安全标准。

以顾客满意为中心的核心原则:企业流程应围绕提升产品或服务满足顾客需求的能力来构建。企业需要把握自己的核心竞争力,并根据这些能力确定核心业务流程。ISO质量管理原则中强调以顾客为中心,这是提高顾客满意度的关键。

资源约束原则:企业资源包括有形资源、无形资源和人力资源。在设计业务流程时,咨询师需要充分分析企业的资源限制,确保流程设计符合实际条件。

以人为本原则:员工的工作方式和日常作业流程对企业至关重要。每位员工都应理解展现在他们面前的业务流程,包括图形、说明文字和相应的规范标准。此外,设计流程时应鼓励员工积极反馈流程运行中的问题,以促进流程的持续改进。

3) 业务流程设计的方法

（1）绘制流程图。业务流程的绘制方法有文本法、图形法和表格法，其中流程图法（Flow Charts）最为常见，它遵循 ANSI 标准，易于理解。

你应该尽可能地使用模型来描述流程。最常用的模型有三种：跨职责流程图、活动图、数据流图（见本章节的"流程/标准的示例"）。

跨职责流程图，强调业务背景，建议使用 Visio 工具。

活动图，强调对业务的指导，建议使用 Rose 或 Together 工具。

数据流图，强调数据的流通、加工和处理，建议使用 Visio 工具。

示例如图 7-1～图 7-3 所示：

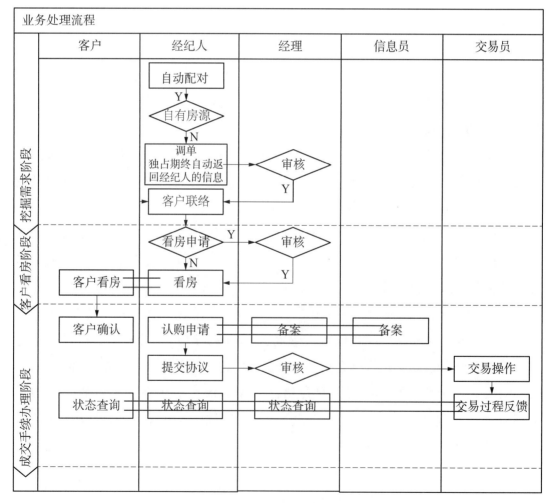

图 7-1　跨职责流程图示例

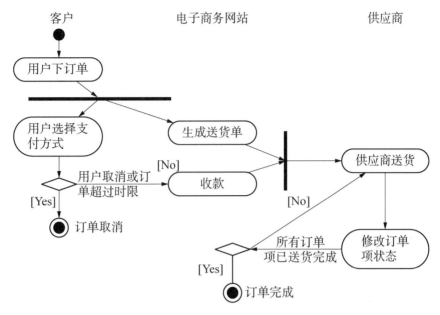

图 7-2　带泳道的活动图

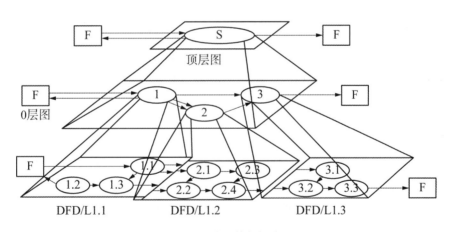

图 7-3　分层的数据流图

（2）流程的分析和设计方法。业务流程的分析和设计可以采用多种方法，包括价值链分析法、ABC 成本法、流程建模和仿真、基于统一建模语言（UML）的业务流程分析建模法、头脑风暴法、德尔菲法、标杆瞄准法。

这些方法的介绍和如何使用，见国际 CMC® 教材 T4。

（3）业务流程有以下四个分析维度：

活动：分析流程中的活动是否过于复杂，是否有简化的空间。

活动的实现形式：探讨是否有更高效的实现方法或工具。

活动的逻辑关系：评估各环节的先后顺序是否可以调整，以改进流程。

活动的承担者：考虑是否可以通过改变活动的承担者来提高流程效率。

通过对现有流程进行简化、整合、增加或调整等措施，可以提升流程效率。同时，明确流程的承担者，有助于监督流程的整体表现，避免责任推诿现象的发生。

3. 标准

1）标准的定义

国际标准化组织（ISO）的国家标准化管理委员会（STACO）对"标准"的定义是：标准是由一个公认的机构制定和批准的文件。

2）标准的分类

按使用范围划分，标准可以分为国际标准、区域标准、国家标准、专业标准/行业标准、地方标准、企业标准等六个级别。

按成熟程度划分，标准可以分为法定标准、推荐标准、试行标准、标准草案。

按内容划分，标准可以分为基础标准（包括名词术语、符号、代号、机械制图、公差与配合等）、产品标准、辅助产品标准（如工具、模具、量具、夹具等）、原材料标准、方法标准（包括工艺要求、过程、要素、工艺说明等）。

按照标准化对象，标准通常分为技术标准、管理标准和工作标准三大类：

技术标准是为了在标准化领域中协调和统一技术事项而制定的标准，技术标准通常包括基础标准、产品标准、方法标准和安全、卫生、环境保护标准等。

管理标准是为了在标准化领域中协调和统一管理事项而制定的标准。管理标准包括管理基础标准、技术管理标准、经济管理标准、行政管理标准、生产经营管理标准等。"管理事项"主要指企业管理中的战略管理、营销管理、设计开发管理、生产管理、质量管理、设备设施管理、人力资源管理、财务管理、供应链管理、信息管理等与技术标准相关联的重复性事务和概念。

工作标准是为了确保员工在工作岗位上能够完成企业或用户所要求的合格产品质量而制定的标准，包括责任、权利、范围、质量要求、程序、效果、检查方法、考核办法所制定的标准。

本章节说明的标准主要是指管理标准和工作标准。

国际标准由国际标准化组织（ISO）理事会进行审查。一旦ISO理事会批准，这些标准就由ISO的中央秘书组正式颁布。在中国，国家标准由国务院下属的标准化行政主管部门负责制定。行业标准则是由国务院的相关行政主管部门制定(编译者注:在中国,行业协会制定的行业标准属于推荐性标准,不具有强制性)。对于那些没有国家标准或行业标准的产品,企业应当制定自己的企业标准,作为组织生产的基础,并需要向相关部门报备。如果法律对标准的制定有特别的规定,那么应遵循法律的具体规定来执行。

3) 流程/标准的示例

流程通常由管理程序文件和流程图构成,有些流程还需要附上相关标准文件。管理程序文件的结构、流程图、标准如表 7-1、图 7-4、表 7-2 所示。

表 7-1　管理程序文件的结构(示例)

文件名称	××××管理程序		文件编号	××-001
制订部门		版次	A	页次	1/2
××××管理程序 1. 目的 2. 适用范围 3. 名词解释 4. 权责(职责) 5. 工作程序(流程) 　5.1　×××× 　5.2　×××× 6. 相关表格/记录 7. 相关文件 8. 附件 　8.1　流程图 　8.2　作业标准(或规范)				
拟定		审核		批准	
日期		日期		日期	

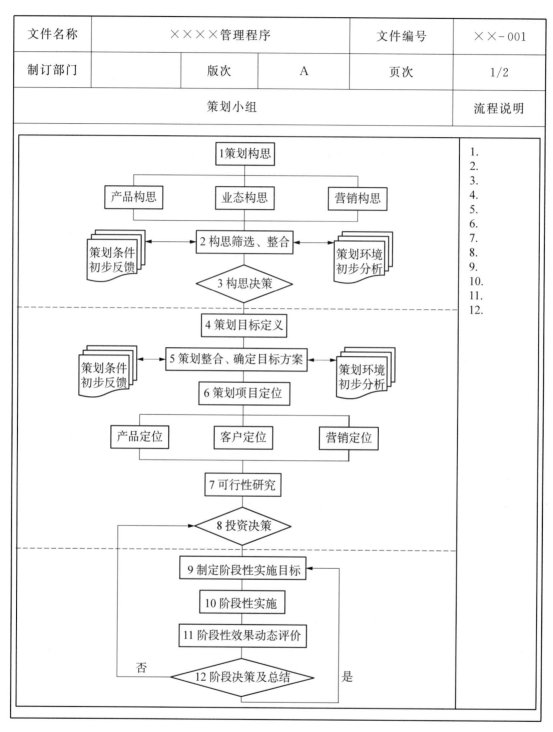

文件名称	××××管理程序		文件编号	××-001
制订部门		版次	A	页次	1/2
策划小组				流程说明

图 7-4　管理程序流程图

表 7-2 作业标准（示例）

序号	评价类目	基本要求	总体要求	要点指引	参考分	方法
1	远见卓识的领导 80分	1 文化引领（20分）	领导团队以使命感和文化认同引领方向，驱动企业迈向卓越	**文化建立**：企业高层着眼于长远发展，确立了包括宗旨、使命、愿景、价值观、核心理念在内的企业文化价值体系；注重通过标准引领、创新驱动、绿色低碳、内生增长等特质培育企业的长期竞争力；企业文化理念易于理解，满足企业的需求，引领企业迈向卓越	4	适用于过程评分指南
				文化传递：企业高层通过内外沟通、品牌推广、信息传播等活动，将企业文化的核心价值观和理念传递给员工及利益相关方；高层领导通过自己的言行践行企业文化，起到示范作用；有针对性地开展文化活动，在全体员工中形成对企业文化的共识	5	
				机制保障：建立了企业文化保障机制，并以内部规章制度的形式固化；通过制度规范、教育培训与奖惩措施，引导员工遵循文化理念，营造创新、尽责、追求高绩效、持续改进的企业氛围，鼓励全体员工共同致力于达成企业目标	5	
				文化发展：企业高层定期审视企业文化对于企业发展的适宜性，根据形势和任务的变化进行完善；注重品牌建设，注入鲜明的文化内涵，使其为社会所认知	6	
		1.2 组织治理（20分）	企业建立了规范的治理体系并有效运作	**治理结构**：按照现代企业制度的要求，建立起适宜的治理架构和议事规则；明确决策、执行、监督等方面的职责权限，形成了科学且有效的职责分工和制衡机制	5	
				治理规范：严格遵守适用的法律法规、政策和标准规范，履行质量安全责任，确保合法合规运营；采取监督、审计等有效管控措施，监测关键业务活动的合规性；积极推动道德建设，在某些领域成为行业楷模	5	

续　表

序号	评价类目	基本要求	总体要求	要点指引	参考分	方法
1	远见卓识的领导80分			**风险防控**：从保障业务可持续发展的角度出发，识别了在政策、运营、财务等领域的关键风险；采取了有针对性的防控措施，有效规避了风险，降低了潜在损失	5	适用于结果评分指南
				治理优化：识别产品、服务和运营可能对社会造成的不利影响并主动改善；积极履行企业的经济、社会、环境等责任；对领导层及治理机构成员的绩效进行评价，以推动领导力和治理水平持续提升，不断完善治理体系	5	
		1.3领导结果（40分）	提升了企业治理和绩效水平以及经济和社会效益	**诚信守法**：守法经营（体现在安全事故的低发率、污染物排放的达标率、员工保险的全覆盖等方面），治理有效（如员工对企业文化的高度认同、领导考核的积极结果），风险防控（如财务报告的准确性、审计建议的采纳和违规事件的减少）等 **品牌信誉**：社会形象（如高知名度、媒体的正面报道），品牌评价（如品牌估值、品牌排名、驰名商标认定等），信用信誉（如信用评级、所获荣誉或奖励）等 **企业业绩**：企业规模（如产值、产量、服务人群），盈利能力（如业务收入、利润、出口创汇额），增长质量（如投资回报率、资产负债率、所有者权益），行业贡献（如行业排名、行业价值链占比、行业组织任职）等 **社会责任**：经济贡献（如纳税额、解决就业人数、技术升级），环境贡献（如产品资源化程度、减排量、绿色认证），社会责任（如安全生产标准化、促进文教卫体发展、社会责任认证），公众福利（如公益支出、社会事务参与、受益面）等	40	

4. 表格/记录

表格，又称为表，是一种用来收集原始数据的书面记录。它主要用于办公场合，其中微软公司 Office 软件套件中的 Excel 就是一个广泛使用的制表工具。

例如,常见的项目进度计划表、项目风险管理表、项目状态报告表、项目总结表等都属于表格的应用实例,在此不进行详细讲述。

7.2.2　操作方案评估会

管理项目的具体操作方案制订完成,就需要组织一场会议,让企业项目团队和专业公司的项目团队共同参与。在会议中,根据"一致性、现实性、操作性、未来相关性"等原则对方案进行评估,以确保为接下来的培训和实施阶段做好充分的准备。

延伸:

咨询师提供的推荐和解决方案对企业和咨询师自己可能具有不同的含义,这一点有时容易被忽视。对于企业而言,咨询师的方案可能是他们必须采纳的方案;而对咨询师来说,这可能只是众多项目中的一个。因此,在提供建议时,应避免过度详细地指出企业的不足,因为企业自身可能已经意识到这些问题。

同时,应避免在报告或方案中包含过于敏感的信息,特别是那些可能被竞争对手利用的保密信息。即使是被认为最机密的文件,也有可能落入竞争对手手中。为防止这种情况发生,应与企业就最终文件的内容达成共识。

最重要的是,咨询师需要站在企业的立场上思考。设计方案时,应考虑企业当前的实际情况,并结合未来发展的需求。方案不仅要具有实际操作性,还应具有激励人心的效果。

经典管理箴言

托马斯·沃森（Thomas J. Watson）
IBM 前总裁

"思考（Think）。"
"失败是成功之母，但前提是你从中学到了什么。"
"企业的文化是其最大的资产。"

第 8 章

培训和实施阶段

本章将阐述如何通过培训实现知识转移，并提出在实施过程中需要考虑的关键问题。每个部分都会提出一个问题，并对其进行详细说明。以下是每个部分关注的问题和领域：

（1）如何通过培训实现知识转移？咨询师向企业管理者传授知识是确保项目在咨询师撤离后仍能顺利进行的关键。

（2）实施是什么？探讨实施的定义和领域，注意实施过程中的非理性和行为问题，这些通常是心理学家而非咨询师的专长。

（3）为什么推荐方案得不到实施？密切关注咨询师的推荐方案在推行过程中可能遇到的常见障碍。

（4）有什么典型"技术"可以辅助实施？虽然没有万能的解决方案，但确实存在许多技术和工具能为成功实施提供助力。

（5）咨询师的角色是什么？咨询师需要哪些技能？一旦咨询师涉足实施，他们会发现需要一套不同的技能，这些技能对于仅涉及方案设计的咨询师来说是不必要的。

在本章的结尾，你将看到一个检验清单。无论你是否参与实施过程，这个清单都有助于确保你在企业/客户中的投入能够创造价值。

8.1　项目实施计划

项目实施计划需要详细阐述项目推行实施的各个方面,包括人员、内容、时间和方法。它需要具体说明要完成的任务、完成任务的具体步骤、完成的时间节点以及每个成员的职责。因此,项目实施计划也被称作项目行动计划,可参考图 8-1 来设计。

参考第 2 部分第 5.3.6 章节提到的(正式)项目规划阶段,项目实施计划已经制订。更早的(初步)项目实施计划可以追溯到"项目建议书"阶段。因此,可以理解为,在当前阶段,项目实施计划是对之前计划的进一步优化和调整,是针对项目操作方案的具体而详细的实施计划。

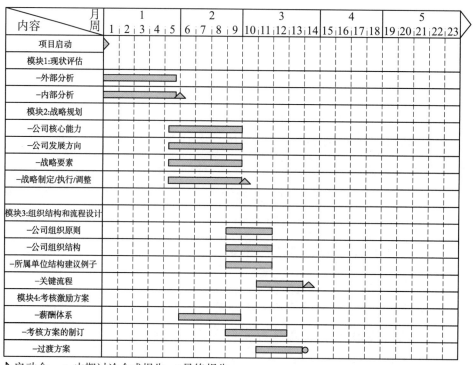

图 8-1　项目时间框架

8.1.1　制订项目实施计划的步骤

完整的项目实施计划包括以下七个步骤。

1. 实施规划

解决方案的实施推行可以分为四个阶段:

前期筹备阶段,主要任务是明确责任分工,建立沟通机制。

试点验证阶段,主要任务是局部落地,积累经验,验证操作方案的可行性。

全面推广阶段,主要任务是复制成功经验,全范围执行,动态优化流程。

固化复盘阶段,主要任务是成果标准化,建立长效机制。

2. 推行步骤

1) 前期筹备

成立专项组:在项目指导层的支持下,由项目管理层牵头,设置 PMO(项目管理办公室),明确相关部门的推行责任人。

资源盘点:确保资金预算、IT 系统、外部合作方等支持资源到位。

风险预判:通过 SWOT 工具分析识别项目推行的阻力点,比如人员抵触、技术瓶颈,并设计相应的对策。

本阶段的输出成果包括:推行任务清单、权责矩阵、沟通计划等。

2) 试点验证

选择试点单元:优先在一至两个业务线或区域试运行。

数据埋点监控:设定 KPI 仪表盘,比如流程效率提升率、成本节约值等。

本阶段的输出成果包括:试点评估报告、问题清单等。

3) 全面推广,或称规模化推广

分层培训:项目决策层和或项目指导层宣贯会、中层工作坊、一线操作指南。

双轨运行机制:新旧模式并行,设置三个月的过渡期。

动态反馈:通过企业微信/钉钉建立"问题直通车"通道。

本阶段的输出成果包括:执行进度看板、项目优化日志等。

4) 固化复盘

标准化输出:将成功经验固化为制度、标准(SOP)、数字化工具。

激励绑定:将推行成果纳入部门或个人绩效考核指标。

持续改进:每个季度开展"回头看"检查,启动优化循环。

本阶段的输出成果包括:标准化手册、复盘总结、绩效考核指标等。

3. 工具和方法

项目实施推行可能会用到以下工具和方法:

(1) 甘特图:用于清晰展示任务依赖关系与里程碑节点。

(2) RACI 矩阵:用于定义任务中谁负责(Responsible)、谁批准(Accountable)、咨询谁(Consulted)、通知谁(Informed)。

（3）PDCA循环：通过"计划－执行－检查－改进"确保闭环管理。

（4）数据看板：实时数据监控、决策支持、效率提升、目标跟踪、以及增强数据透明度。

（5）变革阻力评估表：用于评估管理变革可能的阻力。

（6）变革态度调研问卷：用于获取员工态度、识别阻力、评估准备度、提供数据支持决策、预测风险等。

8.1.2　项目实施计划的内容

项目操作方案（详细设计）完成并通过评估会，所谓万事俱备、只待推行。再好的操作方案，也只有落地推行实施，才能够见证是否会有期待中的丰硕收获。以下是阶段五"培训和实施阶段"通常包含的内容：

1. 制订详细计划

解决方案的详细推行计划应包括确定推行策略、研讨推行方法、安排推行顺序，并进行前期沙盘推演，以评估方案的实施质量和实施效益。同时，需要预先考虑到规避第8.3.2章节中项目实施失败的常见障碍，考虑选择第8.3.3章节中的辅助项目实施的典型技术，以获得项目实施的质量保证。

2. 执行计划

执行计划是项目实施的核心环节之一，包括制定甘特图式的详细推行计划、组建实施小组、分配任务和进度安排、召开实施动员大会、组织具体实施，并确保项目实施小组与各个部门之间保持紧密合作。

3. 培训和知识转移

正式推行前的一个重要工作就是就项目操作方案和所涉及的专业知识、方法、经验，以培训的方式进行知识转移，确保项目能够按照预期顺利推行。培训主要分为实施小组的技能培训和接受变革的部门的培训。

4. 项目实施及监控

在项目实施过程中，持续监控和评估计划的执行情况，包括设定监控指标、定期检查推行进展，并根据实际情况进行必要的调整。

5. 优化和调整

根据监控结果，不断优化和调整推行计划，包括获得项目决策层的必要支持，收集反馈信息，识别并纠正已知的偏差，预防可能出现的未知情况，确保能够顺利地按照既定目标和进度推行。

8.2　培训与知识转移

管理项目的本质在于发现问题、分析问题、解决问题,并在此过程中不断实现知识转移。麦肯锡咨询公司认为,专业咨询师的价值主要体现在以下三个方面:第三方的视角、专业工具/方法、知识的传递和转移(这一点很重要)。咨询师通过共享专业知识和技能,帮助企业管理者吸收并转化为自己的知识,实现知识的重组。我们鼓励企业管理者发展成为 CMC® 管理师,即兼具企业管理和咨询双重能力,这样他们不仅能够在企业内部推动项目实施,而且在咨询师撤离后,仍能继续顺利推进项目。

对于咨询师而言,除了专业能力外,还需要具备培训师的素质,掌握知识传递和转移的方法,这对于项目的成功实施至关重要。

8.2.1　知识转移分析 KTA 框架

在知识转移影响因素的研究领域,意大利知识管理学者维托·阿尔比诺(Vito Albino)等人在 1999 年提出的知识转移分析(Knowledge Transfer Analysis, KTA)框架具有显著的代表性和广泛的影响力。KTA 框架主要由以下四个部分组成:

1. 转移主体(Actors)

转移主体包括知识源和知识接收者,知识源是知识的拥有者(如咨询师),知识接收者是接收知识的主体,可以是个人也可以是企业。

2. 转移媒介(Media)

转移媒介是指用于传递数据和信息的任何方法。从结构上看,转移媒介由编码和通道组成,编码是指任何能够表达知识内容的方式,如语言、文字、符号、手势、动作等;通道则是编码后知识传递的途径,包括面对面交流、电话、文件、视频等方式。转移通道的选择在一定程度上决定了知识转移的速度和成本。

3. 转移内容(Content)

转移内容是指被转移的具体知识内容,通常被视为完成特定工作的能力。当知识接收者掌握了与被转移知识相关的能力后,知识转移便成功了。知识内容是整个知识转移活动的核心。南希·狄克逊(Nancy Dixon)提出了五种知识内容转移的方法,包括"连续转移、近转移、远转移、专家转移、战略转移"。

表 8-1　狄克逊五种知识转移方法

类别	定义	任务和背景相似性	任务的性质	知识的类型	举例
连续转移	团队从特定背景下完成任务所获得的知识,被应用到在不同背景下完成相似任务的过程中	知识接收方(也是知识发送方)在新背景下完成相似的任务	经常性,非常规	隐性知识,显性知识	在进入一家机械设备企业项目时,团队可能会利用之前在汽车制造项目中积累的知识
近转移	团队在长期从事的重复性工作中积累的显性知识,被其他执行类似的工作团队再次使用	知识接收方所执行的任务和发送方执行的任务在背景上是相似的	经常性,常规	显性知识	美国的一个团队发明了一种方法,可以在 60 秒内安装一台电锯;随后,英国的团队应用这一知识,并将安装时间缩短了 10 秒
远转移	将一个团队在处理非常规工作时获得的隐性知识,传递给组织内其他从事类似工作但处于不同背景的团队	知识接收方的工作性质与发送方相似,但背景不同	经常性,非常规	隐性知识	同行帮助:不同医院的医生可能会从各地赶来,协助一个团队研究一种特殊的治疗方法
专家转移	当一个团队遇到超出其知识范围的技术问题时,在组织内寻求他人的经验	知识接收方与发送方执行不同的任务,但有相似的背景	常规,但很少发生	显性知识	一位咨询师可能会通过电子邮件询问某个特殊行业客户的行业数据,最终获得了 5 位咨询师的回复
战略转移	完成一项不常发生但对整个组织至关重要的战略任务所需的集体知识	知识接收方执行的任务对整个组织都有影响,但与知识发送方的背景不同	不经常发生,非常规	隐性知识,显性知识	一个企业并购了 B 企业,随后在并购 C 企业的过程中,另外一家企业运用了在 B 企业项目中所学到的知识

英国哲学家迈克尔·波兰尼(Michael Polanyi)在 1958 年提出了"显性知识"(Explicit Knowledge)和"隐性知识"(Tacit Knowledge)这两个核心概念。根据波兰尼的观点,人类的知识可以分为两种类型:可以被明确表述和记录的,通常

以书面文字、图表、数学公式等形式存在的称为显性知识；那些难以用语言明确表达的知识，通常是个人在行动和实践中所掌握的称为隐性知识。

日本著名管理学家野中郁次郎（Ikujiro Nonaka）提出了新知识是通过隐性知识与显性知识之间的相互作用和转换而创造出来的理论。他与另一位教授竹内弘高（Hirotaka Takeuchi）合作，基于这一理念提出了著名的知识创造 SECI 模型（见图 8 - 2）。这个模型使用"知识螺旋"这一形象的比喻来描述新知识不断被创造的动态过程。

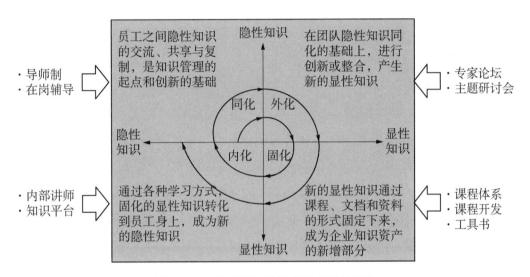

图 8 - 2　SECI 模型和基于 SECI 模型的设计

学者哈维·辛格（Harvi Singh）和克里斯·里德（Chris Reed）提出了一个重要的教育理念：通过在正确的时间，采用合适的学习技术，匹配合适的学习风格，向合适的学习者传授适当的能力，可以实现最优化的学习效果。

4. 转移情境（Context）

对于企业来说，可以分为企业内部情境和企业外部情境两类。企业内部情境主要包括组织文化、价值观和战略等方面，而企业外部情境则涵盖了经济环境和产业特征等因素。知识转移的 4 个组成要素之间的相互作用形成了知识转移活动。当知识转移的双方拥有共同的经验和感受，转移情境良好，且知识内容的显性化程度高、模糊性小，同时具备合适的转移媒介时，知识转移的效果就会显著提升。

8.2.2 实现知识转移的步骤

知识管理专业协会(KMPRO)提出了实现知识转移的5个步骤,分别是:

1. 培训转移

显性知识的篇幅和信息量有限,每个人对文本的理解和看法也各不相同。因此,在进行知识转移时,必然需要进行培训、讲解和答疑。

2. 显性知识的转移

咨询师完全依赖口述和现场培训是不现实的,且没有足够的时间和精力。必要的文本、素材、资料、经验汇总、培训教材等显性知识,可以随时查阅和重复使用,并且更加条理化。

3. 知识的吸收理解

在完成知识文本的阅读、视频的查看、现场的培训后,需要给学员一定的时间来吸收和理解所学内容。根据不同的掌握程度,有针对性地进行强化学习。

4. 持续地训练

训练过程中的80%是重复和模仿,这就像学习打球一样,需要不断重复同一个动作直到熟练。虽然这个过程可能会让人感到枯燥,但绝对不能省略。

5. 勇敢地试错

在训练达到一定次数后,学员需要通过实践来进行试错。这种试错可以是在模拟环境中进行,也可以是在真实的管理项目现场。通过逐步试错,学员会建立自信,学会举一反三。当他们能够独立承担这项工作时,我们就可以说,这一知识转移已经完成。

8.2.3 影响知识转移的主要因素

影响企业知识转移的因素很多,其中最关键的两个因素是知识的隐性特征和接收方的吸收能力。

1. 知识的隐性特征

知识是企业核心的生产资源,分为隐性知识和显性知识两大类。企业的核心竞争力往往体现在难以模仿和不可替代的隐性知识上。因此,知识管理的核心任务是挖掘咨询师和企业员工头脑中的隐性知识。

通过开发和利用隐性知识,企业能够形成自己的知识资产和竞争优势,如信誉、服务、商标等;体现智力劳动的成果,如专利、商标、版权等知识产权;企业内部发展动力的资产，如企业管理和经营方式、企业文化和企业信息支持系统；企业宝贵的信息资源，如各种记录性文献以及企业员工的知识、能力、经验、工作技巧等。

由于隐性知识不易交流与共享，具有高度个人化的特征，这常常是知识转移中困难和失败的主要原因。隐性知识主要通过人际交往、精神形式、技术技巧和经验交流的方式传递。如果某项技术或能力包含的隐性知识成分很高，那么学习和掌握这项技术或能力就会变得更加困难。同样，如果与某项技术或能力相关的知识大部分是隐性的，那么咨询师和企业员工之间的知识转移过程就会变得非常具有挑战性。

2. 知识接收方的吸收能力

韦斯利·科恩（Wesley Cohen）和丹尼尔·利文索尔（Daniel Levinthal）在1990 年提出了"吸收能力"这一概念，它描述的是企业评估外部知识价值、吸收消化这些知识并将其商业化应用的能力。如果知识接收方缺乏足够的先期知识储备，这将造成知识黏性，也就是说，知识接收方的吸收能力对知识转移的效果有着显著的影响。

8.3　实 施

8.3.1　项目实施及监控

1. 项目实施

"Implementation"(实施)一词源自动词"Implement",意味着完成、开展或执行某项任务或计划。

在解决方案的实施阶段之前,通常有一个解决方案的形成过程(即第四阶段项目方案的设计和撰写过程)。实施过程与形成过程有着本质的不同。解决方案的形成过程通常基于理性、客观事实和分析。咨询师在这个基于客观理性的事实和分析的领域内运作项目,并为企业提供帮助。与形成过程相比,实施过程往往涉及人的因素,而人的行为通常不是完全理性的。因此,一个在理性环境中形成的解决方案被应用到一个通常被认为是非理性的人的世界中。实施过程就是将解决方案付诸实践的过程,因此实施领域与形成领域是不同的。实施过程就是完成这项工作的过程,因而实施领域也就不同于形成领域。

实施是项目成功的关键。如果没有实施,即使是最优秀的项目解决方案也无法发挥其价值。即便咨询师不直接参与实施过程,也应该提前考虑解决方案的实施问题。

在过去40年管理咨询的发展过程中,人们对其在商业领域创造的价值存在担忧。部分原因是咨询师通常专注于解决方案的形成和设计,而很少考虑他们离开后企业在实施过程中会面临的问题。

实施是一个独立的领域,没有一劳永逸的解决方案,但经验至关重要。特别是在企业中,其可靠性不仅取决于是否重视实施过程,还取决于能否展示实施成果。最终,完成工作的都是人,而人的行为往往是非理性和难以预测的。那些擅长实施的个人或企业通常也擅长与人打交道,这些技能很难从书本中学到。因此,你越是深入实施,学到的东西也就越多。

2. 项目监控

项目监控可以从三个层面开展:

项目跟踪:项目各级管理人员根据项目的规划和目标,在项目实施的整个过程中,对项目的进度、质量、成本、风险以及影响项目的内外部因素进行及时、连续、系统的记录和报告。

项目控制：项目管理者根据项目跟踪提供的信息，与原定计划和目标进行对比，找出偏差，分析原因，研究制定纠偏对策，实施纠偏措施。

变更管理：对于正常发生的变更，提出变更请求，说明变更的原因，提出变更实施方案或计划，并在变更影响分析中关注变更对成本、进度的影响，变更的风险，影响范围，以及变更本身所需的资源等。

8.3.2　项目实施方案失败的主要原因分析

推荐的解决方案最终未能成功实施可能有多种原因，以下是对一些常见原因的简要概述。

通常来说，失败的原因可能是多方面的，而不仅仅是单一因素所致。一个擅长实施的咨询师能够深刻理解这些风险，并通过一系列问题来识别和揭示这些风险，进而采取相应的措施来处理这些风险。

1. 形成方案过程的质量较差

解决方案的形成过程对其实施质量有着直接影响。在这个过程中，存在三个常见的陷阱：

分析的质量不高，观点窄或主观性强：问题（What）的界定工作做得不够好

重点放在愿望（Wants）上而不是需求（Needs）上

没有详细的计划或没有考虑相应的后果：方式（How）描述不够详细

1）分析的质量不高，观点太窄或主观性太强

如果解决方案的形成过程基于质量不高的分析诊断，或者建立在过于狭窄或主观性过强的观点上，那么这个解决方案可能会包含实际错误，从而阻碍其实施。

一个常见的情况是，解决方案的形成过程虽然影响广泛，但却完全基于企业高层管理者的观点，而没有得到外部利益相关者（如客户和供应商）以及企业内部较低层级员工的认可。实施失败可能是因为逻辑本身存在缺陷，从而使得那些在实施的过程中抵制变革的人能够有机可乘。

因此，咨询师需要对解决方案进行严格的初步检验：

谁将受到变革的影响

他们在多大程度上得到了考虑

如果那些在实施过程中将受到影响的人没有被充分考虑，那么实施失败的

风险就会增加。

2) 重点放在愿望上而不是需求上

在解决方案的形成过程中，一个常见的错误是将重点放在企业的愿望上，而不是真正的需求上。以战略管理项目为例，企业可能希望得到一套新的战略，但真正的需求可能与企业团队严重的本位主义、缺乏统一意见和战略制定能力等问题密切相关。如果没有首先确认和解决这些根本需求，即使制定了出色的战略，实施过程也可能因为团队分歧而变得困难。在这种情况下，咨询师可能无意中成为问题的一部分。

有一个关键问题值得思考：是什么促使企业产生了聘请咨询师的需求？这个问题的答案可能揭示了影响实施的障碍。"5 个为什么"（5WHY）是一个探索问题根源的有用工具，它从三个层面实施：

为什么会发生？从"制造"的角度

为什么没有发现？从"检验"的角度

为什么没有从系统上预防？从"体系"或"流程"的角度

在每个层面上连续多次询问"为什么"，以得出最终结论，并详细探究答案背后的深层次原因。只有深入挖掘这三个层面的问题，才能发现根本问题，并寻找解决方案。

3) 没有详细的实施计划或没有考虑相应后果

在解决方案的形成阶段，咨询师往往花费大量时间研究企业需要采取的行动，而忽视了如何执行这些行动的具体计划和潜在后果。这通常源于缺乏详细的实施计划和对后果的考虑。

解决方案的形成过程可能花费 90% 的时间来确定问题（What），而只有 10% 的时间来探讨解决方案的实施方式（How）。然而，在实施过程中，90% 的障碍来自如何执行（How），而只有 10% 的障碍来自要解决的问题（What）。常见的情况是，确定要采取的行动花费了大量时间，而在行动的实施上却缺乏耐心；问题刚刚得到澄清，实施过程就开始了，但因为没有制订清晰的实施计划，没有预估实施可能产生的后果，实施过程很快就会陷入僵局。

结果，行动规划及其细节在解决方案的形成和实施之间被遗忘，导致解决方案的形成过程成为时间的浪费，而实施过程变成一场灾难，所有参与者都感到失望和受伤。

解决方案的形成过程不仅重要，而且其运作方式和内容都必须谨慎处理。

然而,过度的分析和规划可能导致决策瘫痪。因此,必须在形成过程中对各个因素进行平衡,以降低实施过程中的风险。

2. 变革的原因模糊或站不住脚

前面已经提到,在解决方案的形成过程中,通常会投入大量时间来研究必须执行的行动(What),而直到这一阶段接近完成时,才开始考虑如何执行(How)。然而,即将实施的变革可能会影响到那些并未参与解决方案形成过程的人。即使这些人参与了形成过程,也可能存在这样的问题:推荐的方案设计得很好,但并没有为变革设定一个清晰的情境,这是常见的问题。

另一个普遍问题是,虽然为变革设定了一个清晰的情境,但这种情境只对设定者有说服力,并不能说服其他人。当被问及为什么要实施变革时,不应期望人们将"提升股东价值"这样模糊的理由作为激励自己的因素。

精心设计的规划会详细考虑不实施解决方案可能带来的后果,用能够触动实施过程中涉及人员情感的方式,清晰表达实施变革的利益和不实施所带来的痛苦。成功的实施(通常带来大规模改善)往往是在某种危机之后发生的,这并非巧合。

因此,在实施开始之前,一定要确保设定了一个具有强大说服力的清晰情境,这个情境要能触动参与变革人员的情感,不仅包括实施变革的利益,还包括不实施所带来的痛苦。完成这项工作的一个方法是填写所谓的痛苦和利益矩阵。

在图8-3所示的四种情境中,只有一种情境预示着成功,而其他75%的情境都可能导致失败。因此,在这些情境中,失败的可能性远大于成功。通过仔细阅读这一部分列举的失败原因,你就会理解实施过程的复杂性,以及为何许多"变革"最终未能成功。

图8-3 痛苦和利益矩阵

3. 没有正确理解其中的政治格局和权力后果

我们都听说过"企业政治"（Corporate Politics），尤其在咨询行业，特别是那些专注于设计方案和管理服务的公司，我们常常自豪地认为自己能够"超越于政治冲突之外"，保持一种高尚、专业和公正的立场。然而，对于企业内部人士来说，公开讨论这些问题往往涉及很大的政治敏感性，导致这些问题经常被回避，这实际上也是许多项目失败的原因之一。

为了避免这种情况，最好在形成方案的阶段就解决这些问题，而不是等到实施阶段。解决这些问题的第一步是识别出变革中的潜在"赢家"和"输家"。对变革的抵触往往来自那些担心变革会导致他们失去某些东西（如职位或薪酬）的人。如果不能识别这些群体，并制订具体计划来积极管理和控制他们所感知的损失，那么项目失败的风险就会增加。

如果在方案形成阶段没有充分考虑实施过程中可能带来的人员变动和影响，那么执行起来将会遇到更多困难。这个问题不应该仅仅被视为一个安抚人心的工程，它关乎的是项目是否能够高效实施。

4. 忽略了变革的心理方面的因素

实施项目方案几乎无一例外地意味着变革。这里我们将简要地概述两种对变革的反应，如果忽视这些反应，可能会导致实施的失败。

人们面对变革的反应通常会经历从震惊到否认，再到愤怒、沮丧，最后终于理解和接受的过程。关键在于允许这些情绪自然发生，而不是否认它们。如果推动变革的人对那些看似不合理的反应（如否认和愤怒）不能给予适当的理解和响应，就可能引发许多实施上的问题。

另一个问题是实施解决方案的人的典型心理变化。许多人最初可能抱有一种"不知情的乐观主义"，但随着实施过程变得艰难，他们的情绪会转变为"知情的悲观主义"。随后，他们可能会进入"打退堂鼓阶段"，开始通过缺席或走过场的方式来逃避责任。这导致实施过程变得步履蹒跚，最终可能以失败告终。企业决策层对于负责推进实施的人员所提供的有形支持，本应是对这种情况的补救措施，但遗憾的是，在某些情况下，甚至连这种补救措施都没有。

5. 有效的支持过程不到位

实施新的解决方案几乎无一例外地意味着某些变化，有的是替换旧有的做法，有的是对现有流程的补充。

在几乎所有情况下，实施不仅需要技巧，还需要新的技能和资源。然而，由于过分关注方案的执行,这些需求常常被忽视。一个典型问题是对新技能的培训,这个领域往往得不到足够的重视。许多实施过程依赖于临时组建的项目小组,这些项目小组被"授权"去推动变革,但这种授权往往是在缺乏适当培训的情况下进行的,比如缺乏 CMC® 项目管理方面的专业培训。另一个常被忽视的领域是团队动力学(Group Dynamics,又称群体动态学)。成功的实施往往依赖于团队的有效运作,但许多人几乎没有或完全没有接受过这方面的培训。当团队动态变化阻碍实施进程时,整个实施过程也会停滞不前。

另一个关键因素是及时的沟通和监督。在许多实施项目推出后,往往缺乏有效的监督和检测手段,比如对实施进展和成果的跟踪。设定的目标也不符合SMART⑦原则。此外,时间、成本和质量之间的平衡也常常得不到有效管理。因此,资源配置不当,实施过程可能会对企业的日常运营产生"漏球"影响,导致实施陷入泥潭,最后也就平静地偃旗息鼓了。

6. 没有灵活性

规划不足的对立面是过度规划,这会使得项目从一开始就丧失了灵活性,而缺乏灵活性同样可能导致实施失败。

任何解决方案都是基于一定假设的预测。然而,一旦制订了详尽的计划,无论这些计划是基于什么样的静态世界假设(这种详尽的计划正是建立在这个假设之上),人们往往会严格遵守这些计划。对于实施来说,这种做法显然不是明智的。因为实施计划所依赖的许多假设迟早会发生变化。

因此,一个成功的实施策略应该是可调整的,否则缺乏灵活性将导致失败。虽然行动计划(What)可能是固定的,但行动的执行方式(How)应该有一定的灵活性。确保执行方式的灵活性的一个方法是在规划实施方案时,采用权变规划⑧或情景规划⑨。这种做法在规划中考虑了相应的灵活性,就像对实施过程采取灵活的思考方式一样。其中,后者可能比前者更为重要,因为许多情景更贴近现实情况。

7. 误把服从(Compliance)当归属或承诺(Commitment)

要让实施过程得到坚持和遵从,参与实施的人员必须对这一过程抱有信心。这种信心不仅仅是基于理性和逻辑的理解,还必须包含情感层面的信任。换句话说,仅仅在理智上认同实施过程是不够的,还需要赢得情感上的信任,否则员工很难做出真正的承诺。

那些虽然认同但并不信任的人可能会表现出服从,但随着时间的推移,他们的服从可能不会转化为归属感或承诺,因此实施过程也难以得到持续的推进和遵从。在一个以雇佣关系为主导的企业中,员工的服从可能更多是基于恐惧而非真正的认同。由于缺乏归属感或承诺,许多员工不会坚持和遵从变革过程,导致预期的结果无法实现。

解决方案设计得越周全、逻辑性越强,获得理智认同的可能性就越大。在解释"为什么"和"如何"方面做得越细致、越彻底,赢得信任的机会也就越大。如果缺少了理智认同或情感信任中的任何一个,都可能带来风险,如图 8-4 所示。

图 8-4　信任和认同的平衡

8. 变革与文化和性格不匹配

每个企业都有其独特的文化,而文化和个人性格之间存在着紧密的联系。企业文化的形成受到员工个性的影响。在实施解决方案时,如果忽视了企业文化的因素,往往会导致失败。

例如,在一支具有企业家精神和分权化特点的销售团队中,如果实施一个高度系统化的变革,而没有为试验和创新留出空间,那么变革很可能不会成功。实施方式必须与现有的文化相契合,而不是与之相抵触。

另一个例子是,一位倾向于授权的管理师新加入了一个集权式的企业,他可能会感到沮丧,因为他推行的变革要求员工承担更多责任,而员工可能并不愿意迅速承担这些责任。因此,变革必须考虑到文化因素,采取渐进式的变革策略。

归根结底,实施是由人来推动和实现的。你掌握的描述文化和性格的工具和技术越多,在实施过程中你的准备就越充分。这些工具和技术可以帮助你深入理解问题,使你能够更清晰地识别那些常被忽视但对成功至关重要的细节。

9. 实施失败的共同原因

实施过程的失败往往不是由单一因素引起的,而通常是多个因素相互作用的结果。对于那些渴望成为实施领域专家的人来说,关键在于保持对各种情况的警觉,以便能够更敏锐地识别和规避潜在的陷阱。

上述提到的失败原因只是一些常见的例子,实际上还有许多其他可能导致失败的因素。有些原因可能较为罕见,比如自然灾害对精心设计的实施计划的影响;有些原因可能带有悲剧色彩,比如实施团队中关键成员的突然离职。这些列举的因素并不令人意外:我们相信,许多人都有过实施失败的经历。如果你回顾自己的经历,没有遇到过其中的一些或全部情况,那才是真正令人惊讶的。记住这些经验教训,其价值远超过阅读任何书籍!

8.3.3 辅助项目实施的典型技术和质量保证

1. 辅助项目实施的典型技术

至此,我们已经探讨了实施的含义以及导致实施失败的常见原因。接下来,我们将讨论如何避免掉入这些陷阱,或者在遇到陷阱时如何巧妙地绕过它们。许多文献都提供了确保实施成功的策略,我们将简要概述一些常用的工具和技术,这些工具和技术能够帮助我们实现以下一个或多个目标:

建立主人翁责任感(Ownership)和归属承诺(Commitment)

确保质量(Quality)和权责(Accountability)

保持灵活性(Flexible)和可调整性(Adaptable)

鼓励学习(Learning)和发展(Development)

现在我们分别考察这些领域,来研究能够实现这些目标的工具和技术。

主人翁责任感和归属承诺对于实施阶段的成功和持续性至关重要,没有它们,实施过程可能很快就会瓦解。如果相关的利益相关者没有参与到解决方案和实施过程的设计中,那么建立主人翁责任感将会变得非常困难。

为了促进主人翁责任感和归属承诺的建立,有多种技术和工具可以采用,包括:

沟通战略

研讨与促进

大规模介入技术(比如 OST 工具和未来调查)

标杆学习

不但重视“硬”的理性,而且重视价值观和“软”的感性

内部焦点小组

1）沟通战略

沟通在实施成功中扮演着至关重要的角色,但遗憾的是,几乎很少见到实施计划会包含明确的沟通战略。

一个常见的错误是将沟通视为单向的信息传递。例如,企业项目团队成员可能仅仅传递了变革的信息,却没有留出时间来检测反馈、倾听意见。有效的沟通必须是双向的:成功的实施计划应该包含一个双向沟通战略。这个战略应该涵盖多种沟通方式和工具,而不是单一依赖某一种方法。让沟通对象直接参与到行动中来,也是建立主人翁责任感和归属承诺的有效方式。

2）研讨与促进

建立主人翁责任感和归属承诺的一个有效工具是研讨会。每一次研讨会都需要经过精心规划,并且要清晰地界定预期的结果。座谈会是分享解决方案的有效方式,它允许参会者通过详细讨论相关细节和结果来增进理解。因此,一个成功的座谈会应该留出充足的时间,让参会者提出和探讨新的想法。

主持人不仅要传递信息,还要愿意并能够接受和整合参会者的观点。在主持座谈会时,促进和鼓励参会者的参与是一项关键技巧,这也是实施过程中的一个关键技能。如果需要,应该安排相关的培训来提升这一技能。图 8-5 提供了促进和鼓励过程的总体概述。

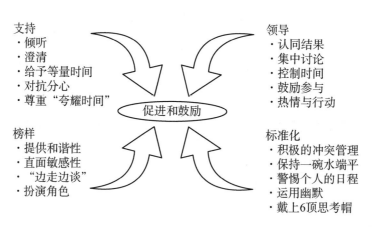

图 8-5　促进和鼓励的关键技巧

3）大规模介入技术

座谈会在人数较少的情况下效果较好,但在人数众多时(比如超过 50 人)实施起来会有一定难度。尽管如此,仍然有一些适用于大规模群体的座谈会形式。大规模介入技术中有三个很好的例子:

开放空间技术（Open Space Technology，OST）

未来调查技术（Future Search）

圆桌技术（Round Table，也称圆桌会议）

在开放空间技术下，个人是参与的主体。首先进行一次演示和说明，提出主要议题供大家讨论，然后每个人可以自由组成小组进行讨论。每个小组都有一个记录员，负责记录小组的讨论内容。最后，记录员将记录的内容传递给中心小组，由中心小组整理整个团队的讨论细节。中心小组的讨论通常会识别出一些关键的行动点。这种技术因为能够让大量人员参与讨论而非常有效，但自由讨论有时可能会偏离核心议题。

未来调查是一个相对集中且可控的过程，需要进行"整个系统"的演示和说明。如果企业要进行未来调查，那么在做相应的演示和说明时，必须确保所有关键群体的代表参与，包括员工、管理者、供应商、顾客和股东。未来调查通常持续三天，在这三天里，每个参与者都会认真地回顾过去、研究现状、展望未来，从而为变革建立主人翁责任感、归属承诺以及共识。

圆桌技术的核心在于鼓励人们积极参与对话。这种技术的应用通常是以那些希望传达解决方案、战略愿景或变革必要性的人进行简短的演示和说明开始的。演示结束后，参与者围坐在圆桌旁，聆听演讲者的介绍。每个圆桌讨论通常围绕三个关键问题展开：

我们的方向是否正确，我们有没有遗漏什么

实施过程中可能遇到的关键障碍是什么

根据我们的战略方向，我们应该停止哪些行动，又应该开始哪些行动

讨论结束后，由圆桌协调员收集并整理各桌的信息，然后在全体会议上进行反馈。这种技术不仅能够迅速激发实施过程中的创意，还有助于检验所提出的假设。如果圆桌通过联网的电脑系统相互连接，就可以迅速收集大量数据。如果管理得当，参与人数可以达到数百人。

4）标杆学习

实施解决方案时面临的一个主要障碍是：在推荐方案付诸实践之前，它们仅仅基于假设。换言之，企业中的许多人对于方案的实际效果并不确定，尽管类似的解决方案在其他企业中可能已经成功实施。

标杆学习最初被用来研究其他企业（通常是那些展现出最佳实践的企业）所取得的成就。随着它成为一种常见的管理工具，标杆学习的应用范围相对缩小，

主要与业绩测量密切相关。

标杆学习通常包括访问相关企业,分析它们达到了哪些业绩标准,并将这些标准作为自己业绩的"标杆"。标杆学习不仅能让企业了解可能实现的目标,还能了解如何实现这些目标。标杆学习成功的关键在于:你必须非常清楚你在访问标杆企业时想要解答的问题是什么。

咨询师可能很难说服企业相信实现后的成果。将企业管理者带到另一个组织,让他们亲身体验那些可以实现的事实和实现途径,可以增强管理者的归属承诺。而且,通过这种方式建立的归属承诺往往比咨询师的说服更加持久。

5) 不但重视"硬"的理性,而且重视价值观和"软"的感性

在努力建立主人翁责任感和归属承诺的过程中,大部分工作都是基于理性和逻辑的。因此,在座谈会和标杆学习访问中,逻辑起点应该是事实。

然而,这种逻辑并不适用于所有"软"技能。价值观的运用对于建立主人翁责任感和归属承诺非常重要,因为行为方式的基础是价值观和态度。

通常情况下,企业期望的价值观与实际价值观之间存在差异。例如,质量和灵活性都很重要,但如果企业不能容忍错误,且决策依赖于级别和权力,那么质量和灵活性就不太可能实现。确认现有的价值观有助于参与实施过程的人员分析解决方案的匹配性。如果解决方案与现有价值观不匹配,但与企业期望的价值观相匹配,那么在实施解决方案的同时,也应该实施相应的价值观。

实施价值观的方法有很多。肯尼斯·布兰查德(Kenneth Blanchard)、迈克尔·奥康纳(Michael O'Connor)和吉姆·巴拉德(Jim Ballard)在他们的著作《顺乎价值,成于管理》(*Managing by Values*)中全面阐述了价值观的实施过程,这本书详细介绍了一种鼓励企业中广泛参与的方式。将这种方法与具体解决方案的实施结合起来,通常有助于建立主人翁责任感和归属承诺。

6) 内部焦点小组

自发性的"对角切"焦点小组技术是建立主人翁责任感和归属承诺的另一种常用方法。

"对角切"是指跨越层级结构和职能部门,忽略传统的级别体系。可以邀请焦点小组研究特定的实施问题,并提出相应的建议行动方案。这种小组的形成往往是基于一个非常明确的陈述(通常是对决策层或全体员工的演讲),他们的讨论也围绕一个非常具体的问题。这种焦点小组能够使人们主动参与问题的探讨,而不是被动接受;同时,由于小组成员通常是直接面对问题的人员,因此他们

能够提出切实可行的实施行动方案。

　　焦点小组面临的一个主要挑战是管理者必须鼓励人们积极参与。这一点需要非常谨慎地处理,如果处理得当,它将教会企业中的员工如何管理自己的时间,并采取最有效的方式参与。

小结

　　总结来说,所有这些建立主人翁责任感和归属承诺的技术都有一个共同点:提供员工参与的机会,并试图营造一种积极的氛围。换句话说,它们使员工能够在解决方案的基础上进行创新和建设,而不是仅仅作为接受者。区别在于:一种是剧院式的会议,高层经理苦口婆心地劝说员工做出承诺(消耗);另一种是互动式的研讨,允许双向对话,员工有机会发表自己的观点,他们的观点被倾听,甚至被高层采纳。

---

2. 项目实施的质量保证

　　对实施过程的管理需要保持一定的质量和透明度。目前,常用的技术工具来实现这种要求包括:

顺其自然("做就行了")与规划行动("项目")

变革小组

沟通策略:把抵制力量显露出来、设置"指挥室"、推出相应的行动

测量技术工具:软和硬

1) 顺其自然与规划行动

　　解决方案的实施大致可以分成两种类型:顺其自然与规划行动。

　　顺其自然(Just Do It)是指实施不需要详细规划和协调。这种方式常被称为"速赢",能够在跨部门的实施中快速实现一些有价值的成果。虽然在大多数实施过程中,包括一些快速取得的成功是有益的,但如果跨部门或更复杂的实施过程仅通过顺其自然的方式进行,那么质量和责任可能会变得不明确。如果出现问题,很难确定责任归属:是谁做的,问题是什么,何时发生,为什么会发生。最常见的实施方式是通过项目规划来实现。

　　大部分企业都会推行一些旨在改善内部运营的项目。成功的关键在于确保参与项目的人员精通项目管理的各种技术工具。项目管理的工具可以在国际 CMC® 教材 T4 中找到,也有许多相应的技能培训教程。总的来说,成功的项目

依赖于以下一些关键因素：

（1）角色和过程清晰明了：每个项目都应指定一位项目经理，负责项目的日常运作、管理和协调项目团队。同时，项目还应有一位"倡导人"，通常是决策层的高级成员，如总经理或副总经理，项目经理向其汇报工作，并从其那里获得支持和建议。在项目小组内部，每项任务都必须有明确的分配和清晰的目标（或评估标准）。项目管理过程应包括定期的进度检查和报告，其中应包含评论和重大事件（也就是说，必须明确具体的日期对应的预期行动和结果）。

（2）项目界定：项目应该有非常清晰的界定，包括具体的目标、成本与效益、完成结果、成功检测标准和基本假设。目标应遵循 SMART 原则[⑦]。

在项目开始之前，应计算相应的成本和效益，明确所需资源及其投入时间。完成结果应该是一些具体可见的成果，比如培训材料、方案文件、员工个人技能提升等。成功的检测标准和具体检测过程都应明确界定，以确保能够实现计划中的利益。所有基本假设都应明确并得到监控（如果基本假设发生变化，实施的理论基础也应相应调整）。

（3）关键路线行动计划：为了监控项目完成所需的不同行动，通常需要使用甘特图或 PERT 图。要规划完成项目所必须采取的行动：行动之间的相互依赖性、谁负责具体行动、完成行动所需的时间。通过理解任务之间的逻辑关系和持续时间，项目经理应能清晰了解整个项目所需的时间和项目的关键路线。

（4）时间、成本和质量的管理及控制：在每天的工作结束时，应该对项目的时间、成本（包括资源）和质量进行评估。如果项目的目标非常明确，且在时间、成本和质量方面的优先级也很清楚，那么项目成功的可能性就会大大增加。无论项目计划中预留了多少时间，实际情况中总可能出现意外，因此项目成功的关键在于：始终保持对环境变化的警觉，并保持足够的灵活性，以便在环境变化时能够迅速做出反应和调整。

在大多数情况下，企业通常会将一群人组织起来，组成项目小组，并指派他们负责实施某个项目。然而，这些团队成员往往没有接受过项目管理的培训，这也是许多项目实施失败的原因之一。

2）变革小组

组建变革小组来协助管理跨部门的实施项目变得越来越普遍。

项目小组的主要职责是完成特定的项目，而变革小组的角色通常不像项目团队那样具有明确的焦点，它们更多的是协调企业内部的各种行动计划或项目运作。变革小组通常直接向决策层汇报,并能够代表决策层在整个企业内协调实施过程。

变革小组具有特别的意义,尤其在实施过程遇到困难时期,变革小组成员可以作为人才储备来协助实施;同时,它也可以作为一种职业发展机会。特别是当一个组织需要跨部门实施多个项目时,变革小组(负责协调)的存在将显著提高成功的可能性。这种小组有助于确保实施的质量和加强责任的落实。

3) 沟通策略

清晰的沟通策略有助于建立主人翁责任感和归属承诺,同时也对确保质量和责任具有重要意义。有多种技术工具可以帮助实现这一目标。

定期更新项目实施进度,并公布达成阶段目标的部门或个人名单,可以增强人们的自豪感和成就感。在沟通时,应避免夸大其词,真实地反映进度。缺乏质量和责任往往是因为实施过程中的实际进展缺乏透明度和清晰度。我们应该充分利用传统工具(如文件、看板)和互动性新媒体(如脸谱网、微信)来加强沟通。

如果有多个实施行动同时进行,设置"指挥室"可能有助于沟通和保持透明度。指挥室的使用包括将正在进行的行动和任务以概览图的形式展示在墙板上,让每个人都清楚谁在做什么,以及对他们的期望是什么。沟通的透明度越高,缺乏责任的风险就越小。需要注意的是,如果某些项目具有特别的机密性和敏感性,那么相关的进度和信息应该保密。

另一个技术工具就是给每个实施行动分配一个名称和识别码。这样做可以帮助人们明确当前进行的项目是什么,涉及哪些员工,以及预期要达成的目标。如果实施过程不为人知,像"地下活动"一样,那么就很难期望有清晰的责任分配。

其他沟通策略包括定期在决策层、项目团队和执行人员之间举行会议。这些会议应该坦诚透明,允许参会者表达他们的感受和意见。应对项目进展和遇到的问题进行坦诚的讨论。抵制坦诚沟通的原因往往是因为害怕公开承担责任,宁愿提供低质量的工作成果。沟通越公开,责任的透明度就越高,项目成功的可能性也就越大。

4) 检测技术工具:从软的技术到硬的技术

在管理活动中,确实存在许多检测技术工具,但它们大多数都集中在明显的硬性问题上,比如财务、生产和物流。实施过程中当然也会包括一些硬性检测指标,这些通常涉及任务的截止日期、进度和预算等。

然而,仅仅检测这些硬性因素是不够的,实施的成功还依赖于一些软性因素。这些软性因素有：参与变革实施的人员感受到的支持程度如何？企业内部对变革的抵制有多普遍？抵制的程度如何？人们的感受如何？他们的态度如何？虽然检测这些软性因素并不容易，但还是有方法可以实现的。其中，技术层面的实施相对简单：

通过采用分级评分制度的问卷调查和问答，可以迅速将这些问题转化为量化的数据。例如，图8-6中展示的方法（使用分级评分制度向项目经理提问）就可以用来收集许多其他类似的无形因素的信息。

对于正全力实施的行动，你在多大程度上感到获得高层管理部门的支持？									
根本没有		几乎没有		有一些		基本上		完全	
1	2	3	4	5	6	7	8	9	10

图8-6　将软因素转化为硬因素的一个实例

这种定量方法的一个核心问题是，它测量的是人们的认知，而不一定是事实。然而，在实施过程中，很多阻碍往往源自认知问题。为了确保进度的质量和参与人员的责任感，识别这些认知因素至关重要。这种定量方法可以辅以定性方法，比如设立一个监督小组。关键问题有：如何进行检测？检测的频率应该是多少？更重要的是，如何处理收集到的数据？如果缺乏反馈循环或后续行动，检测就失去了意义。后续行动应该从积极和支持的角度出发，而不是以破坏和否定为目的。

小结

总结来说，确保质量和责任感取决于对实施过程的细致规划。因此，规划实施过程时不能只考虑"做什么"的问题，还必须考虑"怎么做"的问题。

8.3.4　项目实施策略

1. 保持灵活性和可调整性

如果实施过程不能按照计划（而且绝大多数情形都会是这样）进行，通常有三种策略可以推动项目向前发展：

无为而治

改变你的方式

改变你的期望

1）无为而治

首先,你需要分析项目进度和效果为何偏离了计划,可能存在多种因素阻碍实施。在深入分析原因之前,考虑一种可能的选择:无为而治。许多问题可能会随着时间的推移自然解决。尽管这种方法可能与英国的管理风格不符,但如果问题不是特别严重,你可以选择节省精力、时间和金钱,以应对可能出现的更大问题。

2）改变你的方式

你可以通过以下三个方面来调整:

时间

成本

质量

时间问题可以在关键路线模型中进行研究,但要确保不允许有任何拖延。如果时间紧迫,可能需要投入更多资源(人力或财力),这将导致成本增加。如果时间和成本都无法调整,可能需要牺牲质量,比如接受一个 80％的解决方案。根据二八原则,剩下的 20％可能需要额外 80％的努力,这是否值得? 风险在于,实施过程中的痛苦可能超过了维持现状的痛苦与成功带来的利益之和。在这种情况下,项目实施可能会停滞不前,甚至彻底失败。

3）改变你的期望

除了前面提到的两种策略外,还有第三种选择:重新评估项目是否真正符合企业的需求。有时候,尽管项目的初衷是好的,但客观条件的变化可能使得继续实施变得不再有意义。在最初做出决策时,这本身就是一个艰难而勇敢的决定。在规划阶段,采用情境规划模式可以帮助决策,因为它允许你模拟不同的情况,比如关键的假设错误或变化时,可能发生什么情况。

小结

在考虑上述任何一种选择之前,重要的是要对项目的实际进展有一个清晰的认识。定期进行透明的检测和监督是非常有帮助的,同时,倾听和理解项目团队成员的意见也同样重要。在评估各种选择之前,首先要做的是理解,然后才能做出判断。咨询师在这个过程中扮演着至关重要的角色,他们帮助参与者突破自身的本能倾向,表达和宣泄自己的情感。

---

2. 鼓励学习和发展

至此，我们已经探讨了实施过程与规划过程之间的相互联系，以及如何将它们有效地结合起来。同时，我们也分析了实施过程中可能遇到的问题和一些有助于成功实施的技术工具。

不过，对于实施过程，还有一个关键因素不容忽视，那就是学习。对于当今和未来的企业而言，学习是至关重要的。实施解决方案的过程提供了一个宝贵的机会，助力培养一种学习文化，这种文化鼓励探索，而探索是学习的一个必要条件。这种文化可以通过以下 4 种方式来实现和加强：

团队学习

建立学术机构

建立 JIT 培训

对待失败的态度

1）团队学习

在项目实施中，工作通常由来自企业不同部门的小组成员共同完成。这些成员在日常工作中可能没有太多合作的机会，因此，项目实施为他们提供了一个学习和了解企业其他领域的机会。他们在这个过程中所运用的技能可能与平时工作所用的技能完全不同，这种跨领域的经验有助于提升他们的学习能力。

2）建立学术机构

对于需要大量新技能和新理念的大型项目实施，建立企业内部的学术机构是非常有益的。这样的机构可以作为学习和改进的中心，将实施行动与学术机构中的学习活动紧密结合起来。在这种情况下，实施和学习之间的界限变得模糊，它们融合为一个连续的活动流，或者更准确地说，是一系列通过共同主题联系起来的不同活动。在这种企业文化中，实施过程成为日常工作的一部分，而不仅仅是为了推进项目方案的实施。

3）建立 JIT 培训

在许多情况下，建立学术机构可能并没有我们预期的那么重要。相反，培训往往能够更快速地提升项目实施的质量。特别是，实施及时培训（Just-in-Time，JIT）是一种有效的方法，它强调在员工需要的时候提供必要的培训，以便他们能够迅速适应新的工作和任务要求。例如，如果你的实施团队需要项目管理方面的培训，除了让他们参加 CMC®项目管理培训课程外，更有效的方法是在企业项目实施过程中进行实操性培训，将培训融入实施过程中。这样做不仅可以提高项目实施的质量,还能提升学习的质量。

4）对待失败的态度

在之前讨论"保持灵活性和可调整性"时,我们提到很多实施计划会在中途失败,很多人将其视作失败,参与其中的人也会因此感到受伤。这种情况往往导致一种恐惧氛围,使得大家都不愿意承担风险。我们需要正确分析失败的原因,可能是因为缺乏必要的技能而导致实施失败。

如果将实施过程与学习过程紧密结合,我们就能快速识别失败,而不是让失败造成破坏。在这种情况下,失败被视为学习、提高和调整的机会。个人失败可能会得到他人的指导而不是指责。然而,如果一个人反复失败,这可能表明他的能力与他所扮演的角色不匹配,这时应该考虑更换人选。

许多项目实施失败的原因往往是在问题初现端倪时被忽视,任由问题发展,最终导致所有努力白费。然而,如果能在失败初期就积极地控制和应对,将其视为学习和改进的机会,那么实施行动将更具灵活性,也更有可能成功。

小结

　　将实施过程与学习过程紧密结合是一种非常有效的技术手段,它有助于规避实施过程中常见的陷阱。虽然这需要付出一定的努力,但一旦实现,它为企业带来的益处将远超实施过程本身。

8.3.5　咨询师的检验清单

在实施领域,通常不存在什么万能的解决方案或快速成功的秘诀。因此,我们设计了以下检验清单,作为咨询师在进行调查时的一个起点,而不是一个固定的清单——在这个清单上得分高并不意味着一定会成功(见表 8 - 2)。

表 8 - 2　项目实施检验清单

(1) 解决方案的实施在多大程度上基于理性、深入研究和分析的客观事实?
(2) 参与实施的人员是否普遍认同并相信所选解决方案的正确性?
(3) 客户的基本需求得到满足的程度有多大? 解决方案是如何形成的?
(4) 实施计划的详细程度如何?
(5) 在最初的形成阶段,有多少关键因素已经得到考虑和解决?
(6) 是否已经明确识别了当前状态所带来的痛苦?

（7）实施所带来的利益是否得到了清晰的确认？

（8）痛苦和利益是否从个人角度进行了考量？

（9）是否已经识别出将遭受损失的人？是否有计划帮助他们？

（10）是否有一个清晰一致的沟通计划，包括各种具体的方法？

（11）是否已经考虑了实施的各种备选方案，并制定了清晰的优先级？

（12）实施计划中是否包含了建立主人翁责任感和归属感的元素？

（13）是否有明确的权责划分？

（14）参与实施的人员是否具备相应的技能（如 CMC®项目管理）？

（15）如果建立了实施项目，是否有一个高质量的项目计划：目标明确，关键路径清晰，最终产品明确？

（16）是否有透明和定期的进度和结果测量过程？

（17）在进度测量之后，是否有相应的后续活动？

（18）最初解决方案所基于的假设是否经常变化？

（19）参与实施过程的人所获得的知识是否被沉淀下来，供企业中的其他人学习？

（20）为实施提供支持的人是否具备相应的技能和经验？还是像瞎子领盲人一样？

　　这些问题既可以用于评分，也可以作为讨论的基础。但请记住，它们只是起点，而非终点。

说明

　　咨询师向企业管理者传授知识，是确保咨询师离开后项目仍能顺利进行的关键。要密切关注咨询师推荐的方案在实施过程中可能遇到的常见陷阱。

　　通过培训进行知识转移是一个持续的过程，有必要将培训带到现场。在项目实施过程中，需要持续监控项目的健康状况，并采取必要的纠正或预防措施。

　　实施是一个独特的领域，没有万能的解决方案，但经验在这里扮演着重要的角色。同时，也有许多技术和工具可以辅助成功地实施，项目实施检验清单就是实施过程中的一个诊断工具。

第 **9** 章

总结和评价阶段

这个阶段是对整个项目进行总结和评估，以及将相关数据信息整理归档的过程。特别要介绍的是国际上广泛认可的三个项目管理后评价模型。

项目评价分为两个方面：项目后评价和项目管理后评价。项目后评价通常由企业自己进行，而项目管理后评价则往往由专业公司来执行。

项目后评价的主要目的是在项目完成并运行一段时间后，对项目的目标、执行过程、效益、作用和影响进行系统的、客观的分析和总结。这种技术经济活动更侧重于经济结果的分析，也就是对项目的经济效益进行评价。

项目管理后评价的主要目的是在项目验收和效益评价的基础上，对项目实施过程中的管理和全要素工作进行评价。其内容包括对项目实施团队的管理、项目管理过程和结果、体系执行和运行机制、项目管理者的能力、企业项目管理、投资监管状况、体制机制创新，以及项目目标的实现程度和持续能力改进的评价。

9.1 项目验收总结

项目验收总结阶段的主要工作有以下方面：

交付项目全部成果

合同收尾验收

项目总结报告

项目总结会

项目知识和经验分享

数据和信息入库

9.1.1 项目成果的交付和验收

在项目管理的收尾阶段，咨询师需要完成两项主要任务：第一，对照项目约定内容进行自我检查，解决所有未解决的问题，并交付项目的全部成果。这些成果可能在项目收尾阶段一次性交给客户，也可能在项目的各个阶段分批交付。第二，咨询师需要开始与企业项目小组进行交接工作，准备撤离现场。

项目的总体验收通常在实施（试运行）一段时间后进行，依据项目建议书或项目合同中的约定内容，包括验收流程、标准和成果清单，来确认项目是否达到了预定目标。

一旦项目收尾验收完成，如果合同中未约定后续服务，那么整个项目即告结束，项目的工作将转交给企业项目小组继续进行后续的辅导和运行。

9.1.2 项目总结报告

项目结束时，咨询师应撰写一份总结报告。这份报告需要全面、系统地回顾整个管理项目的工作，并总结项目生命周期的各个阶段。总结的目的是明确关键的成功因素和提升项目管理水平，为未来的项目管理积累经验。项目总结报告的内容可以参考第2部分3.3.1章节的"撰写报告"，或者采用以下格式：

项目综述

工作进度回顾

合同界定的工作完成情况

后续工作建议

9.1.3　项目总结会

正如《道德经》所说:"慎终如始,则无败事。"一个美好的结局同样重要。项目总结大会通常在企业的会议室或酒店举行,与项目启动大会相呼应,它在咨询师的项目总结报告、企业领导或代表的总结以及所有参与成员的掌声中,标志着一段成功合作的圆满结束。

如果项目成果与预期有较大差距,项目可能会以一种双方都不满意的方式草草结束。

9.2　知识管理

9.2.1　项目知识和经验分享

项目结束后,咨询师可以将项目过程中的研究成果或心得体会整理成一份最佳实践(Best Practice)的短文,建议篇幅控制在2到3页。这份短文不仅应该发送给企业项目管理委员会和咨询师所在的专业公司,还应该分享给客户。这样的分享活动对于项目经验的传播和知识积累是非常宝贵的。

9.2.2　数据和信息入库

在项目总结阶段,咨询师的另一项关键任务是整理自己在项目过程中收集的数据、信息和文件,并将其归档存储在专业公司的知识库中。对于专业公司来说,这些资料是非常宝贵的知识资产。在调研和项目实施过程中收集的大量行业数据和企业信息,不仅可以用于未来的类似项目,还可以逐步构建成为公司的大型数据库。此外,项目方案也可以作为其他咨询师的参考和学习资料。

需要特别提醒的是,在整个过程中,必须严格遵守保密协议,并遵循职业道德规范。

9.2.3　知识管理的内容和案例

现代管理学之父彼得·德鲁克曾强调:"在新经济体系中,知识不是与人才、资本、土地并列的生产资源之一,而是唯一真正有意义的资源。"

知识管理包含以下几个方面:

建立学习制度

成立学习领导小组

利用内部人际网

建立以知识贡献率为衡量标准的评价体系

在这部分,我们介绍全球知名的麦肯锡咨询公司的知识管理案例。

1926年,芝加哥大学教授詹姆斯·麦肯锡(James Mckinsey)创立了麦肯锡公司。公司起初由会计师和工程咨询师组成,采用一般化调查提纲(General Survey Outline)的方法培训员工。在每周六早上的例会上,员工会复习一套标准化的分析程序,包括目标、战略、政策、组织、设备、程序和员工等方面。尽管如此,公司还是鼓励员工综合分析数据并提出自己的见解。

1932年,麦肯锡公司迎来了一位拥有哈佛大学MBA学位的年轻律师马文·鲍尔(Marvin Bower),他的加入为公司带来了新的视角。马文·鲍尔主张提升公司形象,将其塑造为行业里的"效率专家"和"商业医生"。他将法律界推崇的职业化理念引入公司,对员工进行职业化思想的渗透。

1945年,鲍尔提出了一项政策,即公司承担的每项任务不仅要为公司带来利润,还要带来其他价值,比如经验积累和声望提升。

到了1950年,鲍尔被提升为合伙人。他和他的团队坚信,经过良好训练、具有高度智慧的专家能够迅速识别问题本质,并通过严谨的分析找到解决方案。

然而,在接下来的十年里,麦肯锡陷入了困境。公司发展过快,导致忽视了技术能力的提升。经过调查分析,麦肯锡提出了T形顾问的发展模型。虽然几乎所有顾问都是出色的I形(专才型或通用型)问题解决者,但他们往往缺乏深入的行业知识和客户所需的专业技术。T形模型旨在通过结合横向的广泛知识面和纵向的行业或产业知识深度,来补充通用I形专家知识的不足。

1976年,罗恩·丹尼尔(Ron Daniel)成为继鲍尔之后的第四任执行董事。他不得不面对客户期望的不断提升,以及来自新竞争者波士顿咨询公司(BCG)的激烈竞争。麦肯锡采用的是以地方办事处为基础的客户关系咨询模式,强调地区办事处能够与商界建立更强的联系和执行当地项目;而波士顿咨询公司则依赖于其高度集中的资源库所产生的"思想领导力",重点推行以专家为基础的"飞来飞去"的项目实施方式。波士顿咨询公司运用了一些简单但强大的工具,如经验曲线、市场份额增长矩阵等,强势进入战略咨询市场,导致麦肯锡的员工开始流失到波士顿咨询公司。

罗恩·丹尼尔上任后的第一个举措是设立了全职培训师职位,这在麦肯锡公司尚属首次,目的是提升咨询师的技术和专业知识。他开始意识到,除了服务外部客户外,内部客户——咨询师的能力提升也同样重要。

丹尼尔继续推进改革,在汽车、金融、工业品、保险等领域创建了以行业为基础的客户部门,并鼓励在战略、组织等麦肯锡的核心业务领域提高专家技术水平。

到了1980年,丹尼尔开始将重点放在知识建设上,他认为知识发展应该成为公司的核心,并且是每个员工的责任。他建立了15个能力中心:战略管理、公司诊断、制度建立技巧、商业管理、变革管理、公司领导、公司财务、国际管理、后勤整合、制造管理、市场营销、宏观经济、信息来源、系统、技术，以及 10 个行业客户部门：汽车、金融、化工、通信信息、电力、能源、医疗器械、工业品、保险、钢铁。

为了建立一个知识分享型组织，15 个能力中心的负责人开始组织包括核心小组在内的活动，这些活动偶尔也会包括业务往来的成员。麦肯锡公司加强了对咨询师的培训，并在公司能力中心和行业客户部门取得了良好效果。最初，许多知识通过在期刊上发表文章来传播，但人们对这些知识的可靠性持怀疑态度，这长期阻碍了内部知识的传播。直到 1989 年，麦肯锡员工手册的发布才开始改变这一现象。

由于出版书籍、发表文章和论文需要大量时间，并非每位咨询师都能做到，为了打破内部知识交流和共享的障碍，弗雷德里克·格鲁克（Frederick Gluck）引入了"业务公告牌"的概念，创办了一份内部刊物，专为那些拥有宝贵经验但缺乏时间和精力将其整理成正式文章的专家而设，他们可以用一两页纸的篇幅分享经验，这大大降低了知识交流和传播的门槛。

1987 年，格鲁克发起了知识管理项目，项目组提出了三个建议：公司承诺建立一个共通的知识库，来源于客户工作积累和业务领域总结；每个业务领域都配备一名全职协调人员，负责监测数据质量和帮助顾问使用相关信息；扩张招聘和升职政策，提供发展为专业人士的职业通道，专业领域呈现 I 形而不是 T 形。I 形顾问是某个领域的纵深发展专家。

麦肯锡公司着手创建了一个业务信息系统（FPIS），这是一个客户计算机数据库，旨在方便查询。由于多年积累的业务知识和经验并未统一整合和排序，他们收集了各业务部门提交的、代表核心知识的 2 000 份文档，构建了业务发展网络（PDNet）。随后，项目组开发了知识资源目录（KRD），列出了公司所有专家和文档名称，按业务领域分类，并制作成小册子，成为麦肯锡的黄页，迅速在公司内部普及开来。

这样，当一线咨询师遇到新项目时，他们可以从知识资源目录、业务信息系统、业务发展网络中搜索相关成百上千份业务文档，并向全球范围内的相关领域同事咨询（可能第二天你的邮箱会收到七八条新的建议、数据或指导）。

格鲁克认为，知识只有在咨询师之间传播并应用于客户问题时才具有价值。麦肯锡公司将重心从拓展知识转移到建立个人和团队能力。格鲁克后来成立了客户和专业人员发展协会（CPDC），负责公司的业务技能拓展。

在几年时间内,格鲁克将原来的 15 个能力中心和 10 个行业客户部门转变为所谓的"72 个活动岛"(部门、中心、工作组、特殊项目)。客户和专业人员发展协会将不同的小团体整合成 7 个客户行业部门:金融机构、消费品、能源、原材料、航空电力和电信、交通、汽车装配和机械,以及 7 个职能能力小组:战略、组织、公司治理和领导、信息技术系统、市场营销、运用有效性、跨部门管理。

格鲁克将知识管理工作移交给客户和专业人员发展协会,成立了客户影响委员会,开始关注客户影响,从执行团队(ET)转变为客户服务团队(CST)。因为传统的执行团队集中三四个月服务于一个特定客户,只能应付短期任务,不能满足客户的长期需求,CST 旨在增加客户的长期合作价值。

格鲁克辞去董事长职务后,继任者拉贾特·古普塔(Rajat Gupta)启动了一个基础知识发展方式,称为业务奥林匹克。具体做法是:全球各地分公司组成 2~6 人的小组,通过最近从客户那里的实践发展新想法,然后整理这些想法以展示形式在各地区间比赛,由公司高级合伙人和客户作为评委。前 20 名小组再竞争公司级别的比赛。

1995 年,变革中心建成,营运中心也在酝酿中。古普塔认为这些机构是麦肯锡培养更多致力于学术和研究领域人才的有效方法。

9.3 项目管理后评价

项目管理后评价,也被称作项目实施过程后评价,这种评价既适用于企业项目团队,也适用于专业公司的项目团队。

项目管理后评价的主要内容包括项目实施团队管理、项目管理过程和项目结果、体系执行和运行机制、项目管理者水平、企业项目管理能力、投资监管状况、体制机制创新,以及项目目标实现程度和项目持续能力的改进情况。但是,项目管理后评价的核心目的有两个:界定项目成功的关键因素,改进项目管理水平。

项目管理后评价的模型主要有三类:项目小组的项目管理胜任力评价、项目小组的项目管理成熟度评价、项目管理绩效评价。

本阶段的主要工作有以下几个方面:

对项目结果的评估

个人反馈

对项目小组(团队)的评估

对项目经理的评估

对项目成员的评估

评估的应用(奖惩机制)

9.3.1 (国际)组织级项目管理胜任力评价模型

这种评价的目的是检验项目小组是否具备管理项目的能力,以及在支持和管理系统中整合人员、资源、过程、结构和文化的能力。这种评价同样适用于项目集和项目组合管理胜任力的评价。组织级项目管理胜任力基准包括以下五个方面:

1. 项目治理能力

项目治理是组织治理的一部分,由指导层(如项目管理委员会)提供战略政策、过程绩效管控和项目持续发展的方向。评价因素包括以下四个:

1) 使命、愿景和战略

项目的使命、愿景和战略对组织的项目管理胜任力的长期发展具有指导意义。

评价项目的使命、愿景和战略是否与企业一致,决策层是否有效传达给所有干系人,并为他们提供必要的资源;是否定期评价和更新企业的使命、愿景和战略;企业是否有收集、分析和评价相关信息的过程;管理层在项目的使命、愿景和战略发展过程中是否纳入相关干系人。

2) 项目管理发展

首先确定项目小组是否有项目管理发展目标。评价其是否与企业制订的使命、愿景和战略一致;项目管理发展目标是否定期更新;企业是否有发展项目管理和收集、分析、评价、使用相关信息的过程;所有相关干系人是否积极参与项目管理发展过程。

3) 领导力

首先确定企业的各个管理层是否都致力于项目并积极参与。评价管理层和执行层是否确定了项目目标和期望;企业在项目中是否发展领导力;各个管理层是否都建立了与干系人之间的沟通;相关干系人是否能积极反馈在项目中的领导力;企业是否培育连接战略和执行层面的决策过程。

4) 关键绩效目标

关键绩效目标包括项目进度目标、成本目标和质量目标。评价决策层、管理层和执行层是否表明了对绩效的期望;企业是否定期监测和控制绩效;管理层的项目经理和执行层的组员是否对绩效过程和结果进行反馈;未能达到绩效目标时,企业是否采取了行动。

2. 项目管理能力

项目管理要求明确项目活动的范围,并遵循一定的项目管理规范,这些规范需要被理解和正确应用。以下是对企业项目管理规范的评价标准:

企业是否清楚界定项目及其与其他管理活动的区别

企业是否对不同类型的项目进行了界定

企业是否有一套项目管理标准,包括过程、方法和工具

企业是否有流程使得项目管理标准能够适应项目的特定要求

所有项目人员是否能够获取、理解并应用项目管理标准

所有项目利益相关者是否能够提供反馈以及持续改进的建议

3. 调整安排能力

在决策层设定了绩效目标和期望之后,项目经理需要在职能部门的支持下实现这些目标,并在执行过程中解决出现的不一致性。以下是对这一过程的评价标准:

1）过程调整安排

首先确认企业是否制定了项目、项目集或项目组合的过程安排标准。评价企业是否确保其过程与内部成员（职能部门）和外部成员（客户、专业公司）的过程相协调；所有项目人员是否能够获取、理解、应用这些过程安排标准；所有项目利益相关者是否能够提供反馈和持续改进的建议。

2）结构调整安排

首先确认企业是否制定了项目组织结构调整安排的标准。评价企业是否确保其功能、角色与内部成员（职能部门）的一致性，以及与外部成员（客户、专业公司）的一致性；所有项目人员是否能够获取、理解、应用这些结构安排标准；所有项目利益相关者是否能够提供反馈和持续改进的建议。

3）文化调整安排

每个企业都有其独特的企业文化，包括价值观、愿景、行为规范、信仰和道德等，这些文化因素会影响项目团队的行为。评价企业是否培养了积极的企业文化；是否有针对项目的文化安排标准和制度；是否确保项目文化与内外成员的文化相适应；所有项目人员是否能够获取、理解、应用项目文化；所有项目利益相关者是否能够提供反馈和持续改进的建议。

4．人员胜任力

人员胜任力指的是项目团队成员的能力和发展潜力。

1）人员的胜任力要求

企业应定义项目人员的胜任力模型。评价企业是否对参与项目的不同人员进行了定性和定量的管理，并制定了相关标准和制度；所有项目人员是否理解并应用这些标准；所有项目利益相关者是否提供反馈和持续改进的建议。

2）人员的胜任力状态

将项目人员的实际能力与胜任力要求进行比较。评价企业是否对所有项目人员的能力状态进行分析；对于未达到胜任力要求的人员，是否有相应的改善措施；是否提供了分析、识别、评价人员胜任力的标准和规范；所有项目人员是否理解这些标准和规范；所有项目利益相关者是否提供反馈和持续改进的建议。

3）人员的胜任力获取

拥有合适胜任力的项目人员是实现项目目标的关键。评价企业是否有标准来识别、评价、选择、分配项目人员；是否利用有效的内部和外部资源来获取所需的人员胜任力；在招聘和分配任务前，是否根据既定要求评价项目人员的适应性;所有项目人员是否理解这些标准和规范;所有项目利益相关者是否提供反馈和持续改进的建议。

4) 人员的胜任力开发

开发的目的是使现有项目人员能够满足项目对胜任力的要求。评价企业是否有标准来选择、实施、评价人员胜任力开发活动;是否利用有效的内部和外部资源进行人员胜任力开发;是否对开发结果进行评价;所有项目人员是否理解这些标准和规范;所有项目利益相关者是否提供反馈和持续改进的建议。

5. 项目资源

项目资源的管理涉及决策层对可用资源的目标和期望的界定,以及管理层和项目经理在职能部门支持下的具体实施。评价项目资源管理的主要方面可以参照人员胜任力的评价方法,具体包括以下四个方面:

资源要求

资源状态

资源获取

资源开发

6. 组织胜任力的评价标准

组织胜任力分为 5 级、6 个维度,如表 9－1 所示。

表 9－1　组织的胜任力级别评价标准

胜任力的级别	评价指标					
	标准的存在	标准的应用	标准的管理	干系人的参与	结果符合目标	完成项目依赖于
初始级	单个项目	有限领域	还没有	项目业主	一些好结果,但时间、预算和范围目标受到挑战	个人层级
定义级	部分项目	单个项目	有限领域	项目业主和重要内部干系人	低于基准	项目层级
标准级	多数项目	部分项目	单个项目	项目业主和所有内部干系人	达到基准	基于流程的项目
管理级	全部项目	多数项目	部分项目	项目业主、所有内部干系人和重要外部干系人	自动高于基准项目组合,超预算在基准水平上	项目与项目集和/或项目组合结合

续　表

胜任力的级别	评　价　指　标					
	标准的存在	标准的应用	标准的管理	干系人的参与	结果符合目标	完成项目依赖于
优化级	项目定制	全部项目	持续改进	所有相关干系人	多数项目能够实现目标,只有很少的项目组合预算超过标准	项目、项目集和/或项目组合与机构的战略结合,一般能达成目标

9.3.2　(英国)项目管理成熟度评价模型

成熟度模型是一种结构化的方法,用于评估企业当前的能力,并帮助企业实现变革和改进。它提供了一个框架,用以描述如何提升和获得某些期望的能力。

英国商务部开发了两个项目管理成熟度模型:

P3M3(项目、项目群和项目组合管理成熟度模型)用于评估项目、项目群和项目组合的成熟度。

P2MM(PRINCE2 成熟度模型)用于评估 PRINCE2 方法的应用成熟度。

1. P3M3 模型

P3M3 模型从以下 7 个方面和 5 个成熟度梯级来评价项目管理的成熟度:管理控制、效益管理、财务管理、干系人参与、风险管理、组织治理、资源管理等 7 个方面和以下 5 个梯级进行(见表 9-2):

表 9-2　P3M3 模型

维度梯级	管理控制	效益管理	财务管理	干系人参与	风险管理	组织治理	资源管理
对过程的觉醒							
可重复的过程							
被定义的过程							
被管理的过程							
优化的过程							

对过程的觉醒,企业是否认识到项目需要不同于日常运作的管理方式,例如,在没有标准过程或跟踪体系的情况下非正式地运作项目。

可重复的过程,企业是否确保每个项目的运作都遵循一定的最低限度的过程和流程,项目之间存在有限的协调性或一致性。

被定义的过程,企业是否集中控制项目过程,并允许单个项目在这些过程中做调整以适应项目的特殊性。

被管理的过程,企业是否获得和保留项目管理绩效的具体措施,并通过质量管理实现更好的预期绩效。

优化的过程,企业是否通过主动解决问题和技术管理进行持续的过程改进,以增强企业提高绩效和优化过程的能力。

需要强调的是,一个组织在不同方面可能达到不同的成熟度级别,有些方面可能高于或低于整体级别,因此需要进行平衡处理。

2. P2MM 模型

P2MM 模型将项目管理成熟度分为 5 个梯级,具体如下:

对过程的觉醒:在这一梯级,可能会有一些成功的项目活动,这些成功通常依赖于关键个人的能力,而不是整个企业的知识和能力体系。

可重复的过程:企业能够在将来复制过去的成功做法。

被定义的过程:企业有明确的目标、输入、活动、角色、验证步骤、输出、验收标准。

被管理的过程:企业拥有成熟的、能够被定量管理的行为和流程。

优化的过程:组织能够持续改进其项目管理过程。

需要说明的是,除了第一梯级的名称与其他模型有所不同,其余梯级与软件工程研究所(Software Engineering Institute, SEI)的能力成熟度模型相同,在这里我们不再说明。

9.3.3　(美国)项目管理成熟度评价模型

项目管理成熟度模型(PM3)可以用来评估项目管理的能力。

美国项目管理协会(PMI)开发的组织项目管理成熟度模型(OPM3)用于评价一个组织(或其部门、小组)管理单个项目、项目群和项目组合的能力。

OPM3 模型从两个维度进行评价:一是项目管理过程的规范化、可测评、可控制、持续改进,二是项目管理最佳实践维度。评价可以通过自我评价或专家评价的方式进行。

规范化,是控制项目管理过程的主体规范化、文档规范化、沟通规范化,以实现可重复实施和保持一致性。

可测评,是测评这些过程对于实现期望目标的有效性,识别并测量关键特性,把输入和结果挂钩。

可控制,确保最佳实践的一致性、可靠性及其应用,即制订控制计划并实施,以实现稳定性。

持续改进,涉及发现问题并通过改进方案以实现最佳的项目结果。

自我评价表由一系列问题组成,这些问题可以根据企业的具体情况设计。组织根据实际情况回答"是"或"否",回答"是"的问题越多,表明组织的项目管理成熟度越高。

表9-3是组织的项目管理成熟度自我评价的部分参考示例。

表9-3　组织的项目管理成熟度自我评价(一)

问题	规范化	可测评	可控制	持续改进
制定项目章程的过程是否_____?				
制订项目管理计划的过程是否_____?				
指导和管理项目执行的过程是否_____?				
监控项目工作的过程是否_____?				
项目实施整合变更控制的过程是否_____?				
项目收尾过程或阶段收尾过程是否_____?				
收集项目需求的过程是否_____?				
定义项目范围的过程是否_____?				
创建项目 WBS 的过程是否_____?				
验证项目范围的过程是否_____?				
控制项目范围的过程是否_____?				
定义项目活动的过程是否_____?				
安排项目活动顺序的过程是否_____?				
估算项目活动资源的过程是否_____?				
估算项目活动持续时间的过程是否_____?				
制订项目进度计划的过程是否_____?				
控制项目进度的过程是否_____?				

问题	规范化	可测评	可控制	持续改进
估算项目成本的过程是否_____？				
确定项目预算的过程是否_____？				
控制项目成本的过程是否_____？				
制订项目质量计划的过程是否_____？				
实施项目质量保证的过程是否_____？				
实施项目质量控制的过程是否_____？				
制订项目人力资源计划的过程是否_____？				
组建项目团队的过程是否_____？				
开发项目团队的过程是否_____？				
管理项目团队的过程是否_____？				
识别项目利益相关者的过程是否_____？				
制订项目沟通计划的过程是否_____？				
分发项目信息的过程是否_____？				
管理项目利益相关者预期的过程是否_____？				
报告项目绩效的过程是否_____？				
制订项目风险管理计划的过程是否_____？				
识别项目风险的过程是否_____？				
项目风险定性分析的过程是否_____？				
项目风险定量分析的过程是否_____？				
制订项目风险应对计划的过程是否_____？				
监控项目风险的过程是否_____？				
制订项目采购计划的过程是否_____？				
实施项目采购的过程是否_____？				
管理项目采购的过程是否_____？				
结束项目采购的过程是否_____？				

　　除了针对管理过程的评价外，还应对企业在项目管理中的最佳实践进行评价。表 9-4 是项目最佳实践的自我评价示例。

表9-4 组织的项目管理成熟度自我评价(二)

问　题	是/否
是否具有机构项目管理政策和愿景？	
是否对所有的项目利益相关者进行机构项目管理政策和愿景方面的培训？	
是否具有支持机构项目管理与机构的愿景、目的和目标进行战略协同的过程？	
是否具有支持机构项目管理的资源配置过程？	
是否具有支持机构项目管理的管理体系？	
是否支持机构项目管理活动？	
是否具有支持机构项目管理活动的组织结构？	
是否具有合适的结构来支持机构项目管理环境和项目生命周期的能力管理？	
是否具有合适的结构来支持机构项目管理环境中的软技能的能力管理？	
是否具有合适能力的员工队伍来支持机构项目管理环境？	
是否具有一个支持机构项目管理环境所需角色的职业路线？	
是否具有评估胜任能力和正式绩效评估的程序？	
是否为机构项目管理角色提供项目管理培训？	
是否支持机构项目管理社区？	
是否支持在项目层面的机构项目管理实践？	
是否具有机构项目管理方法？	
是否在机构项目管理活动中使用机构项目管理技术？	
是否在机构项目管理活动中使用项目管理指标？	
是否在评价机构项目管理活动时应用项目成功标准？	
是否在机构项目管理活动中应用参照基准？	
是否在机构项目管理活动中应用项目管理信息系统和知识管理？	

9.3.4　项目绩效评价模型

项目绩效评价是对项目从决策、准备、实施、验证到评价的整个生命周期进行的全面评价活动。其内容包括回顾项目实施的全过程、分析项目绩效和影响、评价项目目标的达成情况、总结经验教训并提出建议。

1. 项目卓越模型（PEM）

国际项目管理协会提出了项目卓越基准（project excellence baseline, PEB），并构建了项目卓越模型（project excellence model, PEM）。

项目卓越基准明确了项目（或项目集）实现卓越需要具备的要素，例如，项目卓越的基本要素，以及如何加强和证明其卓越性。

项目卓越模型（PEM）是从欧洲质量管理基金会的卓越模型（EFQM-EM）发展而来的，因此，项目卓越模型更关注项目绩效目标，用于评价企业实现卓越项目管理的能力。

即使项目团队成员具备胜任力，企业或组织也具备相应的能力，这并不能保证项目的成功。正确地使用和发挥这些能力才是至关重要的。在促进项目管理卓越的重要因素中，人员和目标是基础。合适的人员在优秀领导的支持下，拥有共同的愿景，推动项目持续改进，从而实现卓越。

项目卓越模型的项目卓越评价指标体系包括 3 个方面、9 个一级指标、20 个二级指标，如表 9-5 的所示。

表 9-5　项目卓越模型

领域	一级指标	二级指标	评分
人员与目的	领导力与价值	● 卓越的角色模型（A1a）	
		● 项目干系人的考量（A1b）	
		● 项目目标培训与变化适应性（A1c）	
	目标与战略	● 管理项目干系人的需要、期望和要求（A2a）	
		● 开发和实现项目目标（A2b）	
		● 开发和实现项目战略（A2c）	
	项目团队、伙伴和供应商	● 胜任力的识别和开发（A3a）	
		● 成就的认可和授权（A3b）	
		● 协作和沟通（A3c）	
过程与资源	项目管理过程与资源	● 项目管理过程与资源（B1）	
	其他关键过程和资源的管理	● 其他关键过程和资源的管理（B2）	

领域	一级指标	二级指标	评分
项目结果	客户满意	● 客户的看法（C1a）	
		● 客户满意指标（C1b）	
	项目团队满意	● 项目团队的看法（C2a）	
		● 项目团队满意指标（C2b）	
	其他项目干系人满意	● 项目干系人的看法（C3a）	
		● 项目干系人满意指标（C3b）	
	项目结果和环境影响	● 所定项目目标的实现（C4a）	
		● 超越所定项目目标及环境影响（C4b）	
		● 项目绩效（C4c）	

2. 制定评分方法

为了评估项目管理的卓越性，我们可以根据 PDCA 循环（计划、执行、检查、行动）的原则，对 20 个二级指标进行评分，采用 6 级评分标准（0 分，1～20 分，21～40 分，41～60 分，61～80 分，81～100 分），每个小项的总分不超过 100 分。

以表 9-5"项目结果"领域中的一级指标"项目结果和环境影响"下的二级指标"所定项目目标的实现（C4a）"为例：

未经证实：0 分

只是部分实现：1～20 分

大多数实现：21～40 分

全部实现：41～60 分

超过目标：61～80 分

持续超越目标：81～100 分

3. 计算公式

对 3 个领域的 20 个二级指标的评分，汇总得到每个领域的总分。计算公式如下：

人员与目的得分＝[（A1a＋A1b＋A1c）/3＋（A2a＋A2b＋A2c）/3＋（A3a＋A3b＋A3c）/3]/3

过程与资源得分＝（B1＋B2）/2

项目结果得分＝[（C1＋C2＋C3）/3＋（C4a＋C4b＋C4c）/3]/2

4. 结论

"人员与目的"项的得分高于"过程与资源"项的得分,属于领导驱动型管理。

"人员与目的"项的得分低于"过程与资源"项的得分,属于过程驱动型管理。

"人员与目的"项的得分等于"过程与资源"项的得分,属于平衡型管理。

9.4　项目的成功要素分析

项目管理的成功确实会受到内外部环境因素的影响,因此需要妥善处理这些因素。

企业内部项目经理在分析项目成功因素时,主要关注管理因素的影响,因为企业环境因素往往超出了他们的控制范围。对于企业来说,项目成功是指项目发起人和执行人都满意,项目在规定时间内实现了预期的绩效目标,且没有增加企业的额外支出。对于专业公司而言,成功的项目管理是在规定时间内实现预期绩效目标且没有超出预算;对于专业公司的项目经理或咨询师个体来说,成功的项目管理不仅要实现预期的绩效目标,还要赚取预期的利润。

因此,对于企业而言,项目成功的关键是合理界定项目范围和购买服务的过程,监控项目实施。

好的项目应该是经过了严格的商业论证,明确每个阶段的交付成果,并清晰界定项目各方的职责范围。

在购买服务的过程中,选择一个胜任的项目实施团队非常关键。如果选择了一个能力强的团队,就为项目的成功奠定了基础;如果选择不当,则可能为项目埋下隐患。

在签订管理合同并启动项目后,企业不能放任不管,而应监督项目实施团队按照合同要求执行工作。在必要时,应进行变更调整,甚至要求撤换项目团队,以维护企业利益。

对于项目实施团队,无论是内部管理团队还是外部咨询师,项目成功的关键在于:制订合理的项目实施计划,组建高效且胜任的项目团队,合理使用各种资源,管控好各种项目风险。

其中,不适合的项目组织和项目本身的管理问题是导致项目失败的原因之一。

9.4.1　项目组织的常见问题

项目组织的常见问题通常有以下一些:

没有清晰定义项目参与者的角色和责任;

团队成员未能充分参与项目决策和问题解决过程;

项目团队过于庞大,组织结构过于复杂,导致缺乏团队精神和使命感;

项目团队成员的能力与岗位要求不相符,不能胜任工作;

项目团队的领导,如项目经理,不具备足够的能力。

如果项目的成功完全依赖于项目经理的个人能力,那么成功往往是偶然的。只有当组织的项目管理成熟度较高时,项目的成功才更为可靠。因此,项目实施团队应具备完善的项目管理体系,特别是在项目控制和应对变化方面需要表现出色。

9.4.2 项目管理的常见问题

项目管理的常见问题通常有以下一些:

项目输出定义不明确,导致对项目预期结果的认识模糊不清;

与利益相关者和利益团体的沟通不充分,导致交付结果和客户预期不一致;

对项目管理的角色和职责界定不清晰,导致决策不力和缺乏方向性;

对项目的周期和成本估算不足,导致项目延期、成本超支;

计划和资源组合安排不当,导致不良的进度计划;

度量不充分和对过程缺乏控制,导致项目的真实状态得不到及时反馈;

缺乏质量控制,导致交付的产品或服务不可接受或难以实施;

项目团队与企业职能部门之间的协调不力,配合不够,支持不足,导致项目出现问题。

经典管理箴言

朱莉·斯威特（Julie Sweet）
埃森哲咨询（Accenture）全球首席执行官 [2019]

"未来的成功属于能够将技术与业务深度融合的企业。"
"全球化不仅仅是市场的扩展，更是思维的转变。"
"真正的领导者是能够在不确定性中做出决策的人。"

第 **10** 章

后期服务阶段

在工商管理项目的后期服务阶段,主要的工作内容有收款结束、项目后期伴随服务/陪跑方案、定期回访客户,以及客户关系管理。

10.1　项目后期工作

项目后期服务阶段的主要工作有：

（尾款）收款结束

项目后期伴随服务/陪跑方案

定期回访客户

客户关系管理

在项目后期服务阶段,工作内容不仅包括完成项目结算和收取尾款,还涉及到类似售后服务的职责。为了确保项目能够为企业带来经济效益,并在业界树立良好的口碑,咨询师需要提供持续的跟踪服务和不定期的回访。这样做不仅有助于加深与客户的关系,还能为咨询师带来新项目的机会或者通过客户的推荐获得新的业务。

10.2　伴随服务/陪跑方案

管理项目的陪跑方案是一种提供持续、定制化管理咨询服务的模式,它与传统的短期咨询项目不同,更侧重于长期伴随企业成长,提供持续的指导和支持。

10.2.1　项目陪跑方案的特点

长期合作:咨询公司将在较长的时间周期内陪伴企业,深入了解企业的运营状况和管理需求。

深度参与:咨询团队不仅提出建议,还要深入参与企业的运营过程。

定制化服务:根据企业的具体需求和情况,量身定制管理咨询方案。

适时调整:根据实际情况的变化,及时调整和优化咨询方案。

10.2.2　项目陪跑方案的关键要素

1. 明确的目标和计划

项目陪跑需要有明确的目标和详细的计划,确保每个团队成员都清楚自己的任务和职责,以避免因目标不明确而导致的混乱和低效。

2. 持续的沟通与反馈

持续的沟通和反馈是项目陪跑的核心要素之一。通过定期的会议和报告,陪跑团队能够及时了解项目的进展情况,发现并解决存在的问题。同时,团队成员也能通过沟通和反馈,分享自己的经验和建议,提升团队的整体水平。

3. 强有力的技术支持

在项目实施过程中,技术难题往往是团队面临的主要挑战之一。陪跑团队需要具备强有力的技术支持能力,能够在团队遇到技术难题时,提供及时的解决方案和指导,帮助团队尽快攻克难关。

4. 资源的合理配置

项目团队陪跑需要确保资源的合理配置,包括人力资源、物资资源和时间资源等。陪跑团队需要根据项目的实际需求,合理分配和协调资源,确保项目能够顺利推进。

5. 激励与团队建设

激励与团队建设是项目团队陪跑的重要组成部分。通过激励措施和团队建设活动，能够增强团队的凝聚力和战斗力，提升团队成员的工作积极性和创造力。

10.3　客户关系管理

10.3.1　客户关系管理的重要性

你应该铭记这一深刻的教训：一个失败项目带来的负面影响可能超过一百个成功项目所带来的正面影响。

你必须认识到客户关系管理的重要性。客户关系管理的风险主要来自三个方面：无意识、能力不足和竞争对手。如果专业公司不重视客户关系，表现出无意识，或者在客户关系管理上能力不足，同时忽视了竞争对手，这是非常危险的。

你必须做到以下几点：比竞争对手更深入、更快速地了解你的客户；比竞争对手学习得更快，并且更快地将学习成果转化为行动。在资源竞争中，虽然传统资源的争夺很重要，但客户资源才是真正关键的资源；其他资源都有一定的替代性，而客户资源是买不到的。

积极主动的客户关系管理可以帮助你取得项目的成功，提升你的声誉；而良好的声誉又可以反过来促进你的营销工作。积极主动的客户关系管理也直接有助于营销，因为大约三分之二的知识产品或服务的营销都是基于关系营销的。

成功的客户关系管理可以帮助你实现：原有项目的延伸与扩展、推荐新客户、通过口碑相传吸引更多客户。

在客户关系管理中，你应该思考下列问题：

怎样选择客户

什么是公司战略与客户战略之间的关系

怎样才能保证客户满意度

无形资产与客户价值之间有什么关系

怎样开发客户的价值，有哪些重要影响因素

什么是雇主品牌，什么是雇主品牌与客户价值之间的关系

10.3.2　如何管理客户关系

1. 客户关系的质量是关键

在客户与专业咨询公司之间，有时会出现一些想法上的冲突：

客户的想法:希望聘请最合格、经验丰富的咨询师,期望能够快速得到响应,通常只愿意为实际花费在项目上的时间支付费用。

专业公司的想法:倾向于分配当前有空闲的咨询师,希望能够同时为多个客户提供服务,尽可能让每段工作时间都产生计费收益,包括培训新手咨询师的时间。

此外,咨询师个人的工作偏好和客户的偏好,以及多重责任(如对不同客户、所在公司、上司的责任)都可能加剧这种冲突。

客户关系质量受到以下因素的影响:

咨询服务特点

客户特点

咨询项目与关系的影响

人际关系质量

处理利益冲突的技巧

2. 经营客户

尼尔·雷克汉姆(Neil Rackham)是SPIN销售模式的创始人,在其著作《销售的革命》中提出了客户购买的三种模式:基于产品的交易型销售、基于解决问题的顾问型销售、基于战略实现的企业型销售。

基于产品的交易型销售以产品为中心,强调产品技术和功能,通过产品的特性和卖点来吸引客户。销售策略主要是将产品"推"向客户,通过技术先进的产品、有竞争力的价格和大规模批量销售来实现收益。

基于解决问题的顾问型销售以客户的业务需求为中心,以咨询实施服务和定制化产品为手段。通过唤起客户对隐性需求的认知,帮助客户明确需求并制订解决方案,客户通过解决业务问题获得利益。专业的顾问和咨询团队获得客户的信任,但他们可能缺乏推动公司资源的能力。

基于战略实现的企业型销售以客户的战略目标为中心,超越了产品和解决方案的范畴。客户希望利用我们的核心竞争力来实现关键战略目标。我们可能参与客户战略的制定,共同分析现状、发现差距,并跨部门协调组织内部资源以帮助客户成功实施战略。双方建立战略合作关系,共同实现战略目标。

客户经营是一种全新的经营方式,它以客户为中心,以客户需求为导向,在选定的目标客户和服务领域内,以合理的成本提供客户全生命周期的全面服务,旨在获得较高的客户满意度和较好的盈利。

3. 影响客户关系质量的关键因素

1) 客户

判断一个客户是否有利于关系质量,可以从以下几个方面来考量:

清楚自己想要达到的结果,但可能不知道如何实现这些目标

严格审查项目建议书,并要求了解每一步的执行细节

明白及时反馈的重要性,并让咨询师经常了解到他们对项目进展的真实感受

愿意花时间与咨询师不断接触,深入了解情况、提供反馈总结,并在必要时重新设计项目

对所有重要的项目进展,好客户会有积极的表示和响应

在帮助客户方面,可以采用以下三个技巧:

客户总是错的:作为咨询师,你需要提出独立的观点,不要完全附和客户的观点;勇于质疑客户的假设、目标和限制条件。

客户经常是对的:需要全面了解客户思考和决策的强弱两个方面。

表面上卖给他们想要的,实际上卖给他们需要的:从遵循客户的意见入手(他们想要的),通过实际反馈的结果引导客户,帮助他们走向正确的方向(他们需要的)。

2) 项目

在项目管理中,客户关系的和谐发展依赖于项目进展的质量和项目中的人际关系。这两个方面可以被视为客户关系的润滑剂。

项目进展质量主要考虑三个因素:成果、方法、沟通。

成果,要求项目能够按照既定的时间进度计划进行,并产生预期的结果。

方法,要求所采用的项目方法能够得到客户的认同和接受。

沟通,要求采用有效的沟通方式,撰写的报告、演示和说明必须展现出高度的专业水准,不忽视任何细节,哪怕是计算结果中的小错误。

项目人际关系主要考虑三个因素:需求、期望、体验。

需求,要求能够深入理解客户的企业需求以及个人需求。

期望,要求能够管理客户的期望,包括对项目的期望和对个人的期望。

体验,需要战略性地管理客户对服务或公司的全面体验过程。在项目中,感受至关重要。你需要管理客户期望和全程保持专业化的表现。专业公司的体验管理和工商企业对消费者的体验管理有所不同。

客户关系管理(CRM)的三角定律:"客户满意度＝客户体验－客户期望值",你的最终目标是提升客户满意度,这就需要你同时管理好客户的体验和期望。

4. 监控客户关系的发展

客户关系的发展如图 10-1 所示。

图 10-1 客户关系的发展

处理客户抱怨是维护客户关系和避免危机的关键。以下是三个有效处理客户抱怨的技巧:

首先,要感谢客户提出意见,因为这给了你改正的机会。同时,对于给客户带来的不便表示歉意,并保持冷静,不要急于道歉。

其次,鼓励客户详细说明问题的来龙去脉,并关注所有细节。在客户表达情绪时,不要打断他们,也不要急于辩解,以免进一步激怒客户。

最后,在收集了全部信息后,对抱怨进行评估,判断其是否有依据、是恶意还是善意、严重程度以及如何解决。如果是由于误解造成的,简单解释即可。如果问题无法立即解决,要向客户说明原因,并提供明确的解决计划,同时确保兑现承诺。

记住,客户没有意见并不代表他们完全满意。即使客户表达赞扬,你也应该主动征询意见,以监控客户关系的质量,努力提升项目质量,并特别关注批评性建议。

5. 管理客户期望

客户期望的构成是多维度的,包括现实与非现实的、显性与隐性的,以及模糊的期望。这些期望对项目的成功至关重要,因为它们直接影响客户的满意度和项目的成功。客户的期望不仅受到项目过程和结果的影响,还受到以下多种内外因素的共同作用:广告宣传与口碑、客户价值观与背景、竞争环境、媒体信息、客户成立时间、以往体验,此外,还会受到销售承诺的影响,销售人员为了赢得项目,可能会过度承诺,从而不切实际地提高客户的期望。尽管有些咨询师可能会在项目初期提高客户的期望,然后在项目进行中逐渐降低这些期望,但我们建议在客观评估后设定合理的客户期望,并在项目过程中持续管理这些期望。这是因为客户的期望可能会随时间变化或增加,特别是那些客户视为"理所当然"的服务或结果,需要特别留意。

有效管理客户期望的方法可以概括为 SMI 三个步骤:

1) S——捕捉/监控期望

要捕捉或监控客户的真正期望,可以采取以下措施:

通过试验或观察来了解客户的真实期望

更好地倾听客户,真正理解他们的需求——如果不能监控期望,就无法管理期望

注意客户喜欢讨论的话题、回避的话题以及谈话的背景

请客户描述他们的期望,并观察他们的行为

2) M——确定期望的来源

要了解客户期望的来源,需要回答以下问题:

这个期望是如何产生的

谁对此有贡献

你是何时察觉到这个期望的

你对此做些什么

随后,找到影响期望的因素:

你自己

客户的个人或专业背景、偏好——了解他,了解他的动机

其他人——寻求其他人的帮助

3) I——影响期望或调整自我

影响期望有以下技巧:

建立信任

引导、引导、引导——增加客户对你工作性质的了解

解释原因——例如,这种方法在我以前的几个项目中都有效

如果无法影响客户的期望,可能需要考虑调整自己的策略,平衡不同的需求和期望。这样的调整应该尽早进行,最好在私下里,通过提供试用体验的方式来实现。

6. 创造满意客户

图 10-2 管理客户关系

要创造满意的客户,主动管理客户关系至关重要。以下是一些关键点:

1) 人际关系技巧

有效管理时间,这是一项稀缺资源

确定任务的优先级,并按优先级执行

为当前任务分配充足的时间

敢于对同事和客户说"不"

正确定位自己,与各层次客户保持平等地位

管理好客户的期望

处理相互冲突的需求

出错时,要勇于承认并及时处理

避免攻击任何人,包括同事、客户和竞争对手

积极主动,但不要浪费时间

2) 项目执行

好的开始是成功的一半,要在项目早期阶段建立客户信心

提供额外价值,超出客户的期望

公开传播好消息,无论是在正式会议还是私下谈话中

处理坏消息时,如果能够在不通知客户的情况下自我解决,就不要通知客户

3) 项目计划

设置适合的检查和报告点

在时间进度计划中留有余地

4) 合同条款

合同中要清晰、完整地说明所有条款,包括项目边界、预期结果、方法、客户内部合作者的态度;客户支持、项目结束时间、资源状况、工作流程、费用及付款

时间等。

　　结题的主体是项目小组,项目小组根据计划的时间和要求完成研究工作后,可以申请结题。验收的主体是企业,项目小组申请结题后,企业就可以组织验收工作。

第 **3** 部分

不同领域的管理项目活动

经典管理箴言

乔·乌库佐格鲁（Joe Ucuzoglu）
德勤咨询（Deloitte）全球首席执行官 [2023]

"领导者是让复杂变得简单，让不确定性变得可控。"

"建立信任的基本原则是透明、诚实和言行一致。"

"多元化不仅是社会性议题，也是成功商业战略的核心。"

第 11 章

中小企业的管理项目活动

在本章中,我们将通过运用实际操作经验、具体案例和研究成果,来阐述一种特别适用于中小企业领导者的咨询方法。

中小企业在经济中起着举足轻重的作用,对于咨询师而言,为这些企业提供管理咨询服务需要采用与大型企业完全不同的方法和模式。

随着大型企业将非核心业务外包，工作模式的分散化，我们正步入一个以知识为基础的后工业时代。在这个时代，规模较小的企业所占比例预计将不断增长。中小企业（SME）有潜力成为经济的新引擎，其中一些表现活跃，但大多数中小企业的绩效并不理想，部分甚至未能实现预期的业绩。

IBM和伦敦商学院在1994年进行的一项调查（IBS）显示，有70％的企业认为自己的运营达到了世界级水平，然而实际上只有2％到3％的企业真正达到了这一标准。作为咨询师，如果你能够找到切实有效的方法来帮助这些企业——无论是行业领先者还是落后者——发展和维持世界级的业绩，那么你不仅为企业本身，也为自己以及更广泛的经济体创造了巨大的价值。

那么，与中小企业合作管理项目是否确实需要不同的方法呢？你是否认为适用于大型企业的项目管理模式同样适用于中小企业？答案是"不"。

在中小企业的运营系统中，需要考虑的因素众多，且变化频繁，这要求咨询师必须具备极高的灵活性和快速反应能力。特别需要强调的是，中小企业确实需要一种与大企业截然不同的咨询方法和模式。简单地将适用于大企业的管理项目实践模式直接应用到中小企业中往往是无效的。即使是经验丰富的咨询师，也可能会犯一些常见的典型错误，包括以下一些方面：

他们假设在大企业中获得的经验和技巧可以轻易地转移到中小企业，而没有考虑到两者之间的差异

他们假设CEO的成功标准主要与企业成长有关，而没有深入了解CEO的个人动机和长期期望，尤其是在CEO是企业所有者或主要股东的情况下

他们没有意识到影响企业的所有因素对多技能和全脑思考（Whole Brain Thinking）的要求

他们错误地假设经理是非专业人士，没有什么值得传授的，并且对学习不感兴趣

他们假设经理有时间并且愿意抽出时间参加教育培训机构举办的管理课程

他们错误地认为只需提供一个报告中的一套建议就能解决企业发展的所有问题

他们没有认识到最成功的方案往往是经理和咨询师之间建立的"学习伙伴"关系的结果

他们倾向于运用短期解决方案，如裁员和财务控制，而没有考虑长期影响

他们没有质疑自己的个性与价值观是否与企业的个性与价值观一致，没有

这样的一致性,几乎不可能建立起富有成效的工作关系

根据经验,对中小企业来说,最重要的一点是为领导者提供持续的支持,这种支持可能需要持续一年、两年甚至更长时间。

中小企业领导者在需要帮助时,往往非常看重一个值得信赖的"多面手"——即通用合伙人(GP),他们希望与这样的多面手进行特殊且易于理解的对话,以培养自己的战略思考能力,从而对未来的挑战充满信心。然而,在尝试提供这种深层次关注时,面临的挑战是如何实现时间的有效性(Time-effectiveness),以及如何提供简洁有效的服务交付方法,避免给中小企业带来过多的时间和费用负担。

1. 为什么必须脱离一些假设

许多大企业在追求世界级业绩的变革过程中,可能已经无意中损害了与员工的关系。实际上,大企业在某些方面反而需要向成功的中小企业学习,比如如何赢得员工的信任,以及如何充分激发员工的潜力和积极性。

让我们花点时间重新审视一些常见的假设。许多人可能会认为,由于大企业的复杂性,与中小企业合作会相对简单,变革也能更轻松、更快速地实现。但实际情况如何呢?

尽管在中小企业中进行分析可能更为直接,但真正有效的管理项目往往充满挑战。特别是当涉及由第二代或第三代管理者经营的家族企业时,情况更是如此。那些曾经帮助创业者取得成功的个人特质和企业环境,在当前的管理团队中可能并不明显。在某些情况下,企业可能会设置一些不必要的职位来满足家族成员对高薪酬的需求,或者让个人承担超出其能力的职责。这不可避免地会导致他们负责的领域绩效下降,进而影响他们的信誉和自尊心。换句话说,这种做法对企业和员工都可能造成严重的伤害。

2. 中小企业管理项目的特点

中小企业的管理项目面临的挑战是,企业的所有者往往同时担任董事、经理和专业员工的角色,他们需要处理的问题错综复杂,常常伴随着许多混乱和矛盾的想法。在一段时间内,你可能会深入参与到他们的生活中,涉及他们的过去、现在和未来,甚至需要帮助他们理顺复杂的人际关系。

因此,关键在于:

在中小企业中,你需要放下一些分析工具,放弃先入为主的假设,不要急于做出判断。你需要帮助中小企业的管理者独立思考问题,参与他们的思考过程,

与他们一起探讨和形成解决方案,然后支持他们实施这些方案。

3. 中小企业的领导者通常在什么问题上需要帮助

公司首次寻求外部咨询师的帮助,通常发生在它们经历第一次重大转变时——创业者意识到自己无法再独自掌控一切,企业从小规模向中规模发展,需要建立管理体系、任命值得信赖的经理,并首次分配责任。因此,在最近一段时间里,尽管许多大企业正在减少管理层次,但成功的中小企业却在增加管理层次。

作为咨询师,重要的是要理解中小企业在增加某些明确且合理的东西(比如增加一个新的管理层次)时的深层含义和基本需求。在这一转变过程中,创业者与老员工之间的关系会发生变化,正规化和疏远感增加,一些员工被提升到管理职位,这可能会引发输赢的感觉。变革可能导致权责体系和业绩衡量的正规化;员工可能会经历被遗弃和背叛的情感压力;创业者可能会感到更加孤独、孤立和焦虑,担心多年建立的忠诚和友情受到威胁;作为紧密非正式网络一部分的配偶,可能会在幕后施加压力以维持现状。因此,整个转变过程可能充满情感化因素,类似于婚姻破裂。

许多调查已经表明,中小企业管理者在自我学习和培训员工方面的兴趣很低。例如,普华永道 Cranfield 项目发现,40% 的中小企业每年用于培训的时间不超过 1 天,只有 12% 的中小企业每年用于培训的时间超过 5 天。政府部门和教育培训机构正在努力提高中小企业对培训重要性的认识。而咨询师在向中小企业推销项目解决方案时,往往没有充分倾听中小企业的真实需求。

那么,中小企业领导者究竟需要咨询师提供哪些帮助呢?以下是我们经常被问到的问题。

我们如何变得更加专业,给客户留下比实际更强大和有效的印象;同时确保内部管理系统和流程的高效性

我们如何利用市场机会来增长,同时避免因银行贷款和透支而破产的风险

我们如何在不牺牲工作时间的情况下获得提升,并且不必抽出时间来参加培训课程

你能否推荐一些书籍,帮助我们跟上时代的步伐,清醒地认识到我们的优势

我们如何应对业务的突然增长

我们如何管理特别敏感和尴尬的问题,比如某个管理者因能力或态度问题不再适合企业,现在或将来不再被需要,我们该如何妥善处理呢

你们的报价是多少,我们如何通过政府补贴来支付咨询服务费用

一些中小企业管理者已经意识到,建立质量管理体系(如 ISO 9000)、持续的质量改进计划(TQM)、加强客户服务培训和人力资源投资,以及实施企业卓越模型(如 EFQM、Baldrige)等,是赢得客户信任的有效方法。

然而,也有中小企业领导者对这些行动的价值持怀疑态度,他们发现这些并没有为企业带来预期的好处,反而增加了繁重、官僚和混乱的工作。

根据经验,中小企业的决策层管理者渴望学习,他们知道自己的成功依赖于持续学习和集中精力在企业上,而不是分散注意力到一些有趣但不重要的事情上。同时,也有人因为长时间工作而认为没有必要花时间去学习。

每种标准化的方法(如 ISO 9000、TQM、人力资源投资等),如果在企业发展的适当阶段应用,都能产生潜在价值。但是,关于何时是合适的时机,几乎没有统一的规则——这总是取决于企业的具体发展情况。如果咨询师没有事先花时间认真研究中小企业管理者的真正需求,而只是试图说服管理者,那么肯定会出现问题。

IBM 和伦敦商学院(LBS)在 1994 年的研究揭示了一个现象:中小企业管理者普遍对培训持有否认态度。因此,采用外部标杆学习无疑是一个好方法。没有客观的外部标杆,中小企业领导者可能会面临以下风险:

没有对比,他们可能无法意识到自己企业的不足,从而缺乏改进的动力

存在变革措施被误导的风险,可能导致精力被错误地集中在不重要的流程上

在缺乏对最佳实践了解的情况下进行变革,可能无法取得预期效果

他们可能设定的目标不现实,要么过高,要么过低

中小企业可以充分利用 CMC® 协会/国际咨询协会提供的标杆课程专长,或者与本地商会连接的标杆企业学习专长。

然而,对于中小企业来说,标杆学习是必要的,但并不充分。除了跟上时代的步伐,每个企业还需要了解如何找到自己的差异化优势,如何衡量自己的成功,以及如何管理和理顺各种关系以确保企业的持续发展。明日公司(Tomorrow's Company)提供了一种实用的框架模型(见图 11-1),可以帮助中小企业界定保持独特性的因素。

通过使用这个框架,中小企业的管理者可以回答以下基本问题:

目标。你经营企业的原因是什么?

愿景。在未来1年、3年或5年内,你希望企业达到什么样的位置?

价值观。对你来说,什么才是真正的成功? 为什么它这么重要?

衡量指标。你将如何衡量成功?

关系。你成功的关键关系有哪些?

运营许可。你面临的风险是什么?

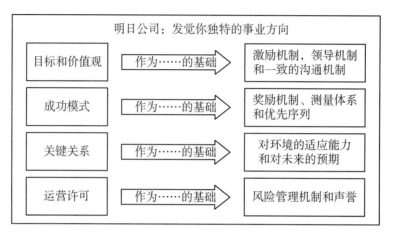

图11-1　明日公司的模型

对于咨询师而言,中小企业管理者倾向于将与咨询师的关系视为与一个值得信赖的、经验丰富的外部企业智库的关系。这个智库能够让他们接触最佳的、最相关的知识和思维方式。换句话说,客户希望你为他们阅读和学习,然后从你的教导中受益。

一些机构正在这样做,他们为中小企业提供咨询服务,并试图建立长期关系,成为中小企业领导者的"企业朋友"。然而,由于他们只提供分析报告而不做咨询,可能会因为中小企业领导者的挑剔和不满而感到挫败。

4. 进入中小企业领导者的思考过程

为了避免忙碌的中小企业领导者表现出挑剔和不满,同时提供对他们企业业绩有显著帮助的项目服务,你可以采取以下步骤:

首先,退一步,致力于研究企业中真正紧迫的问题。这意味着你需要投入必要的时间和精力,通过提问和倾听,深入了解企业领导者的思维模式,帮助企业领导者形成能够创造学识、洞察力和对企业产生持续影响的各种过程,引导他们实施解决方案,并采用不同的视角来看待问题。这个模式是从行为学习理论衍生过来的:与其直接为企业解决问题和提出预先形成的解决方案,不如通过提出问题让领导者思考,这样会在企业中引发更积极、更深刻的学习过程。

当你与企业对话时,可以使用一系列简单的问题,来引导企业和你一起行动,从识别问题到实施解决方案。这个过程遵循学习循环理论,从"1. 描述当前问题"(即当前困扰企业的问题)开始,沿着循环顺时针移动,充分利用双方的知识和企业反馈信息,获得对问题的深入理解,然后研究将来的可行方案,思考实施解决方案的方式。在指导或实施了某些行动后(步骤 5 和步骤 6),经常有向后的循环,研究新的替代方案(如步骤 6 到步骤 3 的箭头所示),如图 11 - 2 所示。

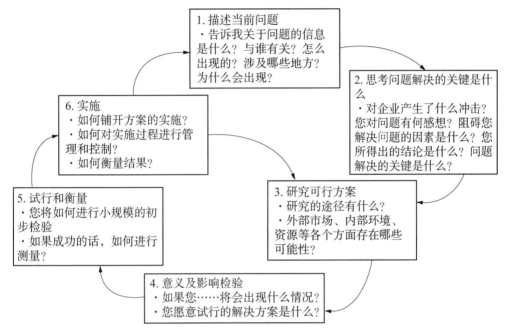

图 11 - 2 一个实用工具:把客户从问题带到解决方案

让我们通过一个案例来说明如何应用这个工具:

步骤一:描述当前问题

总经理:我们是一家控制系统公司,业务涉及石油和天然气、采矿、水利水电等专业领域,目前正面临盈利难题,因为要为各个产业部门的专家提供资金支持。

步骤二:反馈

总经理:一些部门压力很大,而其他部门资源未被充分利用。不同部门在做重复的研发工作,导致资金浪费。

步骤三:研究替代方案

咨询师:在不影响客户的前提下,减少重复研发,可能吗?

总经理:我不敢确定。

咨询师:怎样查明?

总经理:我们向客户咨询一下这个想法。

步骤四:检验含义

根据咨询师进行的企业认知调查和另一家代理机构进行的市场调研的联合报告,我们得到了以下发现:

(1)必须进行重大变革——客户表示他们希望与企业保持长期的忠诚合作关系,但他们需要新产品,目前不确定企业是否能够提供这些产品。

(2)销售人员向客户承诺了一些工程或生产部门实际上无法提供的产品,这导致了资金损失和信誉下降。

总经理:我现在有了不同的看法,我们必须进行新产品的研发,并且需要让工程师和销售人员与客户建立更有效的沟通,以此探索客户是否愿意帮助新产品的开发。

步骤五:指导措施

销售人员和工程师开始联合拜访客户,寻找方法,学会在承诺时附加条件,如"是的,但是……""是的,我们会做""但是,我们得花时间和金钱"。

最后,客户非常高兴,并资助了部分新产品研发费。

步骤六:实施措施

将销售人员和工程师的联合工作及客户资助产品研发作为标准确定下来。

总经理和咨询师密切协作,由总经理领导、咨询师支持。显然,这样的转变并不是通过一次简单的对话就能完成的,但通过这一连串的问题和讨论,我们为整个项目指明了方向,提供了一条清晰的行动路线。

实践中,你将如何操作呢? 首先,与企业领导者约定一个具体的谈话时长,比如两个小时,然后开始对话。其次,在对话中,你要敞开心扉,尽量减少自己的预设立场,主要专注于倾听,而不是做大量笔记。这次对话的目的不是为自己收集信息,而是通过提问来帮助企业学习和建立新的联系,从而获得新的洞察力。接着,在对话过程中,向企业领导者清晰地解释你所使用的流程和最终的目标。最后,在每次会议结束时,介绍下一步将要使用的工具,并让企业对会议内容进行评估,以便预订下一次会议。

这种方法之所以有效,是因为它能够激发企业领导者的思考,使他们能够以自己的方式将新获得的知识传播到整个企业中。这个过程被称为"知识螺旋"（见 8.2.1 章节），它已经用来帮助许多企业成为世界级的成功企业。

从根本上来说，上述过程实际上是将企业深层的经验和那些隐藏的、未被明确表达的优势转化为明确和可见的知识。在与你的对话中，这些隐性优势被挑战、检验和改变。然后，你协助企业将这些新的知识内化，并融入修正后的运营实践中。

5. 差别化能增强你的影响力

确实，有些咨询师比其他咨询师更为出色。

研究显示，当企业决策层与咨询师之间的差异越大时（包括年龄差异），双方能够学习和获得的东西也就越多。例如，男女搭配的工作组合往往比同性搭配更有效。如果你与企业存在差异，并且你对这些差异持有合理的自信，同时企业认为让你参与他们的思考过程不会感到不自然，你没有敌意或不会构成威胁，那么他们与你合作时所感受到的积极挑战就会更多，从而学到的东西也更多，企业因此获得的收益也更丰富。

因此，成功的管理咨询项目不仅取决于咨询师能否融入客户的思考过程并在其中发挥作用，还取决于双方之间是否能够保持一种创造性的紧张关系，这种紧张关系源自你们之间的差异，比如年龄、生活阶段、背景或性别的不同。

6. 理解中小企业领导者个人发展日程

一位经验丰富的咨询师对于中小企业管理项目提出了一个核心观点："理解管理者的动机是关键，一旦掌握了这一点，其他问题就会迎刃而解。"

在与企业客户的交流中，最具挑战性和最激动人心的时刻往往是你能够对客户产生深远影响并为企业创造巨大价值的关键时刻。这是因为每个人都有自己的个人发展计划，这些计划通常不会在对话中显现，除非他们真正关心的东西受到威胁或质疑。当这些个人议题浮现时，你可能会有所洞察，但处理这种情况需要高超的技巧和敏感度。你会意识到，在为快速发展的中小企业的领导者和所有者提供管理项目服务时，识别这种个人发展计划并"顺藤摸瓜"至关重要，因为个人与企业发展计划之间的冲突可能会带来灾难性的后果。

7. 帮助中小企业领导者找到企业方向

咨询师在处理中小企业管理项目时，需要区分客户的个人问题和企业问题。在明确了"你为什么做生意？"这一根本动机之后，接下来的任务是尽可能客观地分析"什么对企业最好？"理解这一点有助于咨询师从企业长远发展的角度来审视问题。

拉里·格里纳(Larry Greiner)将小企业的成长描述为一系列可预测的危机，包括领导权、自主权、控制权、官僚主义等。这就像孩子成长过程中经历的不同阶段(婴儿期、学步期、学龄前期、青春期等)，企业的成长同样如此。在每个阶段，企业都会经历相对稳定和确定的时期，同时也伴随着不确定的危机或变革，这些危机或变革标志着新阶段的开始。

然而，认为企业中的危机会以一种固定且可预测的顺序发生是不准确的。在拉里·格里纳的研究之后，我们逐渐适应了更加精简、扁平化的组织结构，更大的授权以及更快速的沟通方式。核心观点在于，企业在发展过程中会经历不同的阶段，每个阶段都需要不同的管理方法，这是正确的。当然，随着时代的发展，危机之间的稳定期可能已经变得更短。

作为咨询师，你的任务是帮助中小企业领导者明确他们的目标和发展道路，并找到关键问题的答案：他们正在进入哪个新的发展阶段，以及如何在这个阶段取得最佳表现。你可以利用明日公司的工具(如图11-2所示)来识别使企业独特的因素，以及在当前和即将到来的发展阶段中企业需要什么。你可以采用一些简单的分析方法，例如：

(1) 公司定位审查，使用SWOT分析法(优势、劣势、机会和威胁)。

(2) 外部环境分析，使用PEST分析法(政治、经济、社会、技术趋势)。

(3) 组织效率评估，使用麦肯锡的7S框架(战略、结构、系统、风格、员工、技能、共有价值观)。

然而，仅仅帮助企业找到战略方向是不够的，你还需要团结所有相关方，包括委托人、管理团队、消费者、供应商、投资者，甚至社区成员，当然还有全体员工。

根据比尔·布里奇(Bill Bridges)的观点，人们对变革的适应需要时间，将精力和注意力从过去转移到现在和未来同样需要时间。布里奇提出了一个三阶段的转变过程模型：结束(Ending)、缓冲带(Neutral Zone)、新开始(New Beginning)。这意味着你需要给予人们时间来放弃过去的事物，帮助他们从个人和企业的角度明确需要结束什么，并通过变迁仪式(如告别聚会)促进这种转变，让人们平稳地进入新的阶段。

作为咨询师，你的一个重要职责是引导人们的注意力，确保他们集中精力在应该集中的地方，同时不忽视当前需要完成的工作。

作为咨询师,你可以将自己视作一个助产士:帮助客户及其企业经历变革的痛苦,催生新阶段的诞生。

8. 增强中小企业领导者的思维能力

1) 给他们上小型的 MBA 课程

有一种方法可以帮助企业领导者迅速成长,那就是为他们提供一种快速"下载"知识和信息的方式,类似于给他们上一个小型的 MBA 课程。然而,中小企业的领导者可能对这种知识传授方式不太感兴趣,他们更倾向于直接解决工作中遇到的问题。

随着时间的推移,企业与你的合作效率会逐渐提高。你与他们之间的对话将极大地提升他们的思维能力,提供多种思考企业问题的方法,激发他们的热情,并帮助他们找到解决问题的感觉。

2) 大脑图

当项目结束,你离开企业之后,存在一种风险,即领导者的思维可能会回到他们旧的习惯模式。为了避免这种情况,理想的做法是在你离开之前,企业管理者已经学会了新的思维习惯并将其内化。

为了传授新的思维方法,你可以采用一种称为"大脑图"的技术。第一步,企业管理者需要完成一份简单的自我报告问卷,这份问卷旨在揭示他们偏好的思维模式。第二步,根据大脑的四个象限,绘制出个人的大脑图,如图 11 - 3 所示。

人们在思维方式上存在差异。通过大脑图测试,我们可以帮助中小企业管理者理解他们个性化的思维方式,以及如何与他人更有效地互动。这有助于他们认识到与持有不同观点的同事合作的价值。

然而,人们往往认为,由于冲突具有个人特性,可以避免它们。这种看法可能导致所谓的"舒适克隆综合征",正如多萝西·伦纳德(Dorothy Leonard)和苏萨安·施劳恩(Susaan Straus)在 1997 年所描述的,这会阻碍企业充分利用多样性智慧以保持竞争优势。通过运用大脑图和其他个性指标,我们能够初步理解企业管理者如何将企业视为一个智慧网络来领导,将整个组织紧密联系在一起,像脑细胞一样,以充分利用这个网络和资源为企业创造利益。

作为咨询师,你自己也应该使用大脑图和迈尔斯-布里格斯(Myers-Briggs)类型指标问卷进行自我测试。你必须意识到,你的工作为企业创造的价值和影响,取决于你的学习速度。此外,你还可以通过维护个人学习日记来提升自己的学习效率。

旁观者将发现某人:	精确思维		开放思维	旁观者将发现某人
·行为导向,有严格的标准	系统的		变革导向	·全神贯注于未来
·把未来看成过去的延伸	相续的	120	寻找多样性	·喜欢寻找生活的意义
·提前计划并且坚持按计划办事	可预见性	100	创意导向	·为新潮的玩具和工具所着迷
·超过标准后会非常惊讶	现实的	80	重新安排者	·在转向新事物之前几乎不可
·实现了目的就"张扬宣布"	平衡的	60	实验性	能把任务完成
·谨慎进行沟通	理性的	40	综合者	·永远不安于生活的节奏
·时间观念非常强	规划者		梦想家	·比较轻浮,不现实,没有现
	逻辑的			实主义精神

L ｜120｜100｜80｜60｜40｜20　20｜40｜60｜80｜100｜120｜ R

旁观者将发现某人	流动性		稳定的	旁观者将发现某人
·追求没有范围和限制的行动	果断的	20	直接的	·对价值观和原则问题坚决不让步
·需要一定的自由度来推动边界	实践性	40	理想主义者	·能够创造性地改写过去
·常常能够在危难时刻表现出色;	期待者	60	情感主义者	·常常支持权力和权威
常常能够做出快速反应,有时	适应能力强	80	防卫者	·被强烈的感情所控制
甚至能做出戏剧性的反应	多产者	100	多愁善感	·常常期望归属某个群体,
·常常会中途打断别人的谈话	热情	120	自发的	通常也归属某个群体
·常常购买很多玩具,却不运用	快速学习		价值导向	·把那些同意自己观点的人
·对推延和细节没有耐心	行动或目的		以情感为动力	看得非要重要
	(攻击性)思维		(核心价值观)	·首先是把商业同个人事务
			思维	联系起来,然后才同快乐
				联系起来

图 11-3　大脑图

3) 6顶思考帽子

一旦企业管理者对思维模式有了基本的理解,我们可以向他们介绍一种简单而实用的方法,即由爱德华·德·博诺(Edward de Bono)发明的"六顶思考帽"。这种方法在新产品开发和解决战略问题时非常有价值。我们认识到扮演批评者或"戴黑帽子"的角色有时是有益的,这种方法可以迅速被学习和应用。通过不仅仅使用一顶黑帽子,而是依次使用6顶不同颜色的帽子来集中和整合我们对一个问题的看法,我们可以形成更好的战略和更新颖实用的解决方案。

这些帽子分别代表:

白帽子:代表事实

红帽子:代表感觉

黄帽子:代表乐观的想法和可能性

黑帽子:代表悲观的想法,标明风险和危险

绿帽子:代表创造性的、非传统的、侧面的想法

蓝帽子:代表整体的、概括性的想法

当我们鼓励中小企业管理者在"一对一"和团队环境中使用这种简单的方法来扩展他们的思维习惯时,我们发现这种方法能产生显著的效果。它使左脑的

分析能力能够与右脑的创造性和情感天赋相结合，带来灵感和乐趣，使团队成员更好地参与进来，从而产生更好的解决方案。

除了最初的工作（提出当前问题，帮助企业找到发展方向）之外，我们还喜欢与企业一起探讨这些工作和思考方法，以便他们未来能够持续学习和适应。

9. 企业绩效座谈会

本章开头提到，为中小企业提供一种简洁实用的方法是一项挑战，因为它们的时间和资金都非常有限。如果按照传统的管理项目流程，许多中小公司可能会感到筋疲力尽，甚至面临破产的风险，而你也无法收到服务费。

为了解决这一困境，我们的解决方案是采用企业小组模式：通常，将一个地区的 10 家非竞争企业的管理者聚集在一起，举办一系列企业绩效座谈会（编译者注：类似"私董会"）。在座谈会期间，好处不仅局限于一家企业，而是扩展到十家，因为参与者之间能够迅速学习和交流，从而倍增了效益。

一个初步的为期两天的企业绩效座谈会可以包括以下内容：

企业的新世界

你的个人发展日程：

——你是谁

——你为什么做生意

——头脑图和个性简介

工作和学习对话

你的企业的需要：

——企业的过去、现在和未来

——致力于解决企业当前的问题

——你如何衡量成功

将来的方式：

——期望和建议

——将来的座谈会、小组统一、建立网络、晚餐、学习活动

学习回顾和下一步骤

根据参会者的需求，可以进一步提供专家座谈会，通常涵盖：

明日公司（Tomorrow's Company）战略

财务管理

人力资源管理

绩效评估

供应链管理

全面质量管理

变革管理

突破思想

每个座谈会都具有高度的实用性,每位企业管理者都有机会专注于为自己的企业寻找解决方案,同时也能学习同行的经验。

在12个月的时间里,安排5个座谈会,其中3个为期一天,2个为期两天。此外,为每位参会者提供两天的企业内部咨询(这可以被视为座谈会的一部分)。在座谈会期间,可以利用机动时间提供特别帮助。座谈会之间通常穿插一系列晚餐、交谈、企业参观和其他由参会者组织的活动。

业绩座谈会使你能够在一年多的时间里,为中小企业管理者提供高价值的内容,通过在他们周围建立的学习和支持网络,推动他们走向未来的成功之路。

小结

中小企业管理者常常面临孤独感。作为咨询师,要为他们提供真正的价值,你需要能够扮演既是良师又是益友的角色。这并非易事,你需要与企业管理者进行深入对话,帮助他们转变企业乃至个人生活。

第 *12* 章

大企业的管理项目活动

简而言之,将中小企业的方法直接应用于大公司可能会遭遇失败。作为咨询师,若以过于简单化的方式进入大企业,就有不断重蹈覆辙的风险。

1. 一些典型的错误和解决方法

在为大公司提供管理项目服务时,你会发现在中小企业或公共组织中使用的方法都面临着挑战。

大企业拥有众多生产线和组织单元,它们分布在不同地区,甚至跨越国界,这导致了组织产生复杂性和惯性。在这些以私有为主的大企业中,巨大的复杂性与截然不同的价值观、风险和机会紧密相连。

认为"赚取利润"是大企业唯一的价值观,这种看法过于简单化。实际上,你所面对的是一群具有不同文化背景、宗教信仰、气候条件、生活方式和职业愿景的企业管理者。这些差异在工作中以各种方式显现,对企业绩效产生促进或抑制作用。为了平衡各方利益并减少这些差异,大企业通常需要培养自己独特的文化和价值观。

作为一名咨询师,如果你以一种过于天真的方式进入大企业,就有可能重蹈许多人已经犯过的错误。表12-1列出了一些常见的典型错误。

表 12-1　一些典型的错误和解决方法

典型错误	结果	建议
按照事物的表面价值行事	以片面资料为基础的解决方案失败	从事实出发多角度观察
错误解读了权力结构	因为关键影响人物没有接受建议,所以得不到实施	从现实而不是组织理论的角度,澄清决策的方式,列出客户系统中的角色或领导关系圈
忽略个人议程	解决方案的实施受到阻挠	澄清并考虑关键人物在个人层面或职业方面的驱动力
夸大了政治斗争的重要性	陷入了各种各样的游戏,把人们煽动起来,按照自己的议程而不是顾客的议程行事	理解但是不要参与政治游戏,努力使自己想要实现的目标清晰明确
服务范围蔓延	客户会问"你能不能也看看这个?"这会导致缺乏焦点,客户期望变得不现实。	使你和他人都清楚咨询项目界限
热情持续太久	客户已经习惯你的节奏,但你已经错过了增加最大价值的机会,当客户意识到,公司的名誉已经破坏了	关于任务的结束点,应该与客户有一个明确的合同

表12-1中列举的错误可能会让人感到畏惧。管理项目活动确实不易,常常

会使人陷入困境,对于咨询师来说,个人的声誉也面临着风险,这种风险可能导致失去与当前和潜在客户的一切业务合作。虽然机会巨大,但风险也同样巨大。

例如,在中小企业中,如果咨询师成功协助一个部门的座谈会,就可能赢得该部门更多的业务。但在大企业中,由于部门众多,至少有三种杠杆资源可以利用:

在整个企业内进行营销,以获得其他部门的座谈会机会

沿着价值链进行营销,比如从管理信息系统的战略座谈会到 IT 战略座谈会,再到包含变革管理的业务流程优化项目

最优化地安排不同级别的咨询师,让成本较低的咨询师参与未来的座谈会和项目

此外,通过学习他人的经验,你可以避免许多糟糕的错误,成为一个受人尊敬的咨询师。我们坚信以下几点:

由于没有一位咨询师能够从各个方面全面分析和诊断问题,为大企业提供管理项目服务充满挑战,且每个挑战都是独特的。每个人对所掌握的资料和数据都是有选择性地使用,其观点都具有片面性

你日益深入地参与到变革的直接创造过程中,需要帮助大企业实施解决方案,而不仅仅是提供解决方案

想要在具体信息资料的基础上建立一个客观的案情⑥,你必须形成一个广泛且整合的观点

你必须不断在任务、流程和人员等问题之间实现平衡

大企业管理项目工作的高风险、高回报本质更加强调了采用全面专业和符合职业道德方法的重要性(参见国际 CMC® 教材 T1 的职业道德部分)

咨询团队的成功往往建立在对人员和商业形成一致且整合的观点上。没有清晰的方案就鼓励企业变革是无意义的,这会导致混乱。同样,如果变革方案缺乏有效的过程,也是完全无效的。

在列出这些挑战之后,本章将讨论一些由大企业管理项目案例支持的观点、实际操作方法和指导意见。

2. 理解咨询师在管理项目中的地位和角色

在当今竞争激烈的世界中,每个企业都在努力提高效率和效益以求生存,传统部门间的界限(如加油站和超市之间的业务壁垒)正在消失。有效地处理与顾客、员工、供应商和社区的关系,为利益相关者创造价值,已成为成功的关键。不进

行根本性变革很难实现这一点;这些变革可能包括非核心职能的外包、流程优化或兼并等。

在每个大企业的生命周期中,都有其独有的特征。除了表面上的相似之处,我们没有理由期望像联合利华(Unilever)或 IBM 这样的大企业会有任何相似之处,而且每个组织在需要变革时都会表现出自己的模式。有些大企业倾向于将资源和能力集中在中心,它们像超大型邮轮一样,改变方向需要更长的准备时间和更多的力量。然而,大企业能够相对容易地重新组织和统一那些像航母中的自治单元。

解决"这个企业像什么"这样的问题,通常是管理项目工作早期阶段的重要一步。

一旦你对企业的多方面特征有了一定的了解,就应该通过不断地学习来重新构建你的理解。由于外界环境变化迅速,以及大企业中人员和专长的复杂组合,导致工作风格、价值观和信仰存在很大差异,因此你对大企业的理解将在不断的挑战和重构中得到完善。

正确理解大企业中的非正式层面对你来说也非常重要:事情在现实中是如何操作的,既不是按照理论,也不是按照组织结构图。对于大企业中不同层级的人员,你可以用以下三个问题来加深对他们的理解:

该企业为什么需要聘请咨询师

他向谁报告

他最常看到谁

完成他的工作需要依赖谁

当前的大企业更加重视提升企业竞争力,注重业绩标杆学习,也深刻认识到快速变革的重要性。因为咨询师见识过其他企业的错误,了解实践中的紧急任务,也知道哪些人能够助力企业实现组织变革,因此这些大企业会寻求他们的帮助。

在 20 世纪 80 年代,大型专业公司通过培养 T 形管理专家团队实现了显著扩展,这些专家将专业知识的垂直深度与对业务理解的水平宽度结合起来。到了 20 世纪 90 年代,大企业对聘请咨询师提出了一系列新的要求:

短期内需要的专家知识——追求精简哲学的企业更倾向于通过短期合同或聘请咨询师来解决这一需求

变革项目管理技能——需要通才型人才,能够充分调动和协调众多专家

团队

多方位的通才技能——需要一个不带政治色彩的角色来为业务分配指导者和其他主管

一个大型管理项目组通常包括一个全职的项目经理（通常是合伙人），其他合伙人以及作为管理专家出现的咨询师——其中一些是全职的，一些是短期的，在需要时参与项目。项目可能持续两到三年，费用可能高达数千万元。

除了理解大企业的内部关系和环境以及你自己作为咨询师的角色之外，还应及时回顾管理项目中各类企业和咨询师角色之间的相互作用，以创造价值。在图 12-1 中，你会发现一种名为"绘制客户系统"的方法。

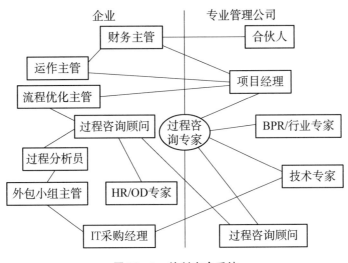

图 12-1　绘制客户系统

客户系统图的绘制方法如下所述：

首先，准备一张白纸，在纸的中央画一条垂直线，然后在这条线的中央画一个圆圈，在圆圈内写上你的名字和你的职位。在纸的左侧，列出所有与管理项目相关的人员的名字和头衔，你可以按照以下分类来组织：

权力人物（Power Figure）：那些有权决定资源分配，可以说"同意"或"不同意"的人

守门人（Gatekeeper）：控制着接近权力人物的人

问题存在者（Problem Owner）：在其领域内存在问题的人

代理人（Agent）：尝试采取一些建设性行动的人

客户（Client）：委托工作并支付费用的人

接着,列出在项目运作过程中来自你的专业公司的所有人员(包括其他咨询师)的名字和头衔。在相互有联系的人之间画上直线,以表示他们之间的关系。

通过这种方式,你可以尽力描述你对管理项目所做的独特贡献,识别系统中可能存在的阻碍因素,并思考如何解决这些问题。

3. 清楚发起人是谁

在项目运作过程中,通常存在一个关键的发起人,他们掌握着管理项目的核心三阶段:营销(Selling)、承担(Undertaking)、交付(Delivering)的决策和资源。对于营销阶段的范围和角色,可以参考表 12-2 的矩阵,以识别每一阶段的关键发起人。

表 12-2　项目各个阶段企业的关键发起人和影响者的作用

发起人	营销	承担	交付
工作的组织者	K	I	I
工作的安排者	I	K	I
工作的实施者	I	I	K
付款人	I	I	I

注:K=关键发起人,I=影响者。

在营销阶段,即立项和启动阶段,咨询师可能会接触企业的一些员工。这一阶段的关键发起人是决定聘请咨询师的人,他们可能并不是最受你工作影响的人,也不一定是工作中你最常接触的人,甚至可能不是将要付费给你的人。然而,这些人都有可能对决策产生影响。例如:

集团公司的财务主管(发起工作)

子公司的财务主管(负责付款)

子公司的首席会计(对企业的任何建议都必须经其同意)

子公司的工厂经理(负责执行新系统并产出结果)

为了使评估小组的成员满意,必须充分考虑他们的要求,并注意倾听他们的意见。此外,在工作进行和提出建议方案时,必须不断跟踪各方面发起人需求的变化,一旦出现新的期望,就必须得到满足。

委托管理项目之后,就进入了第二阶段(调研和诊断阶段):"承担。"这一阶段的工作是从资料的收集和分析开始的,包括收集真实的资料和与企业员工会面。

这一阶段的关键发起人是那个允许提供资料和同意会面的人,这可能与营销阶段的关键发起人不同。

这个关键发起人需要获得有关进度、遇到的障碍和工作范围变化等方面的信息。在咨询师与关键发起人遇到不能解决的任何问题时,都有必要回到营销阶段的关键发起人那里寻求帮助。

在下一阶段——交付阶段(设计和方案阶段),关键发起人是负责接受和执行你的建议的人。这个人也可能与营销阶段和承担阶段的关键发起人不同。在项目过程中,你需要与这个人保持密切的联系,以便于建议方案的顺利提交。早做准备会使方案更易于接受。

现在,你可以按照上述三个核心阶段,做一个有用的练习,回顾你所熟悉的一个管理项目,识别出每一阶段的关键发起人和影响者。

4. 理解大企业的政治

在理解了每个阶段的关键发起人之后,你也应当了解大企业的政治系统是如何运作的。政治可以被定义为任何与权力获取相关的活动,因此公司政治与个人或群体在公司中追求或保留权力的行为紧密相关。

在大企业中,由于组织结构庞大且复杂,个人操纵权力的机会很多。当企业处于稳定状态时,人们会努力提升和保护自己的职位和地位。而当企业面临变动时,职业安全感受到威胁,获取权力就意味着新的机会,个人利益在这时就会起到重要作用。作为帮助企业执行变革的咨询师,应对这类问题保持高度敏感。

任何行为是否构成权力行为,完全取决于具体情况。在你观察到一个重复出现的行为模式之前,最好先假设一个人的行为是单纯的,这是基本原则。请注意以下一些迹象:

讨论他人观点及其正确性的言论

有选择性地提出相关数据来支持某个观点

获取会议记录来佐证个人观点

用非常符合逻辑的理由拒绝一个论证严密的观点

个人议程主宰企业议程

将个人观点当作事实证据

巧妙安排会议时间,使其他人无法参加

游说行为

阻止进一步讨论的强制行为

你必须识别管理项目所涉及的企业是否具有高度的政治敏感性或政治活跃性。在这个领域,从一开始就要意识到潜在的风险。

政治问题是否可以避免

专业公司是否应该接受这个项目

5. 风险的管理和控制

如果企业没有遇到任何问题,咨询师的工作就不存在了。几乎所有的问题,企业自己都能找到一系列解决方案。但是,如果你涉及的项目是企业自己连一个解决方案都找不到的,那么在寻找答案的过程中,咨询师也会面临风险。

因此,问题的难度越大,解决问题的风险就越大。毫无疑问,问题的规模越大,企业愿意为解决方案支付的费用也就越多。如果一个管理项目希望成为一个高附加值的项目,就必然会伴随较大的风险。

大企业的复杂性和庞大的运作规模,增加了重大问题的可能性,相关的风险也就比较大,因此风险管理是必需的。风险管理的关键在于及早估计风险可能出现的地方。一旦发现风险点,这些风险就可以得到控制。我们将风险划分为5种类型:

客户

项目

方法体系

人员

费用或合同

每个项目特有的风险

大企业通常具有复杂的组织结构,如果没有正确理解政治和权力结构,就会带来持续的风险。大企业过去与其他咨询师合作的成功或失败经历,会使它们形成成见,也可能影响与你的合作。

大企业更倾向于需要熟练的人力资源,所以对它们需要外部帮助的事实一定要仔细考虑;它们很有可能是在寻求特别棘手问题的解决方案。

一些成功的方法体系可以降低相应的风险,常被用于大企业委托的管理项目。然而,不要强求照搬,因为这样往往会导致人们忽略管理项目中的基本问题。相反,缺乏方法体系也会增加风险。

使咨询师适合企业的需求,这对项目的成功非常重要。大企业往往有各种各样的员工,事先考虑到咨询师与客户员工之间的匹配度(技能、知识、性格等方面)很可能是一个明智的决策,能够产生巨大的回报。

最后,风险还可能来自费用和合同。大企业通常是守信用的,但他们的审批系统和流程可能导致付款延期,他们也常把自己的流程强加到合同中去,造成咨询师的抱怨。

总之,所有的管理项目在本质上都是有风险的,在接受项目之前,必须清楚地识别和分析这些风险,从而形成相应的风险管理机制。

6. 大项目规划管理

近年来,许多大型企业开始着手规划大型变革项目。通常情况下,这些企业在开发、推动和领导这些大型项目时需要咨询师的协助。这种工作会吸引专业公司的大量资源,因此要求专业公司对如何管理复杂的大型项目有深入的了解。

争取到大企业的重大变革项目从来都不容易,因为大企业就像"航空母舰"一样庞大而复杂。

1) 决定是否实施变革

总裁在决定是否实施变革时,需要考虑的两个基本问题:

(1) 要实行变革,就需要放手。那么,我如何避免企业内部无组织主义的爆发,最终导致企业自行瓦解?

(2) 我如何把员工团结起来?

2) 企业内部统一变革目标的模型

成功的关键之一是在变革过程中,在母子公司内部统一变革的目标。雷利·纳德勒(Relly Nadler)和诺尔·蒂奇(Noel Tichy)提出了一个简单而权威的模型,包括以下三个步骤:

觉醒(Awakening)

展望(Envisioning)

优化/再造(Re-architecturing)

肯·布兰查德(Ken Blanchard)和汤姆·沃格姆(Tom Waghom)提出了相似的三个步骤:

展望(Envisioning)

建议(Propose)

交付(Deliver)

这套步骤是假设"觉醒"这一步已经完成了。

如果没有这一系列的目标，可能会出现以下问题：

个人议程主导了企业的议程；

缺乏明确的发起人；

接手的项目不能紧密协调，甚至出现冲突；

员工士气低迷；

传递到市场上的信息混乱，导致顾客流失。

3) 咨询师在变革项目的各个阶段的角色和任务

觉醒

收集并提出数据，以证明现状不是最佳选择，需要进行变革

促进座谈会，展示相关数据，并就变革的原因和必要性达成共识

展望

研究企业未来的潜在战略

获得对共同愿景的承诺

设计并传达愿景的计划

优化/再造

确定与愿景相匹配的实施项目

设计总体的实施计划，包括资源分配、培训和项目接口等

协助实施过程和项目

为了成功实施管理变革计划，必须理解以下几点：

企业自身及其目标

大型项目规划的组成部分（各个项目）以及它们之间的相互作用

与项目相关的个人所扮演的不同角色

4) 组织的描述方法

一个组织不仅仅是一个结构，而且是一个系统。系统很难只用文字来解释，因为它们是多维的，而语言本质上是线性的。图12-2是麦克·詹斯（Mike Jeans）等人在毕马威咨询（KPMG）基础上发展起来的一种用于描述组织的方法。

5) 描述计划的方法

在任何大型变革项目规划中，企业都致力于将愿景与市场需求紧密结合。为了实现这一目标，必须设计相应的组织系统来支持愿景的实现。在这个过程中，每个组成部分可能都需要进行调整或改变，但这些变化应当保持一致性。

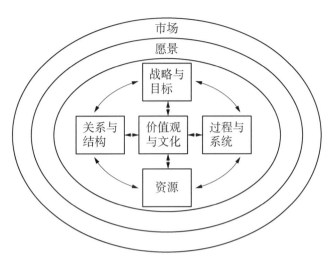

图 12-2　描述组织的形象方法

形象化地描述这种规划的方法可以参考表 12-3。

表 12-3　描述大型转变项目规划的一种形象方法

大型转变项目规划管理					
项目 1 业务流程重组	项目 2 业绩评判标准	项目 3 IT 系统	项目 4 供应链	项目 5 招聘	项目 6 ……
过程(变革)管理					

6) 项目监理和支持不同项目的过程

在大型项目规划中,企业通常会任命一位总负责人或监理来监督整个项目的进展。这个角色所需的技能和经验远超项目经理。为了成功实施大型项目规划,必须深入理解图 12-2 和表 12-3 中所示的每个元素。

表 12-3 中展示的项目有时被设计为"任务"。一个成功的 CMC® 总师或监理不仅要认识到每项任务的重要性,还要理解更广泛的"过程"的重要性,包括这些任务之间的联系和相互依赖性。因此,表 12-3 也展示了支持不同项目的过程,这些过程作为一个整体,对整个大型变革项目规划的成功实施至关重要。图 12-3 进一步描述了这一点,它还表明整个大型项目规划是一个动态的、相互作用的过程。

尽管各个单独的项目可能相互关联和依赖,但我们也能观察到所有的变革过程贯穿于所有项目之中。这些过程包括文化转变、行为或态度的转变、赞助计

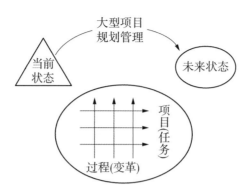

图 12 - 3　大型变革项目规划是个动态的相互作用过程

划、沟通等。在大型企业中,管理这样的大型项目规划对总负责人或监理来说是一个巨大的挑战,它需要具备企业知识、咨询技巧和丰富的经验。

7. 与企业建立伙伴关系

一个日益明显的趋势是咨询师与客户之间的合作,而不是单向地为客户提供管理项目服务。随着这种合作模式的流行,诸如"合作工作""伙伴关系""客户主人翁责任""知识转移"等词语也变得常见起来。

对方伙伴(Counterpart)的概念就是这种趋势的一个体现,尤其在大型企业管理项目中更为常见。对方伙伴指的是客户的员工与咨询师一起工作,作为项目团队的成员,通常是全职参与。

理解对方伙伴出现的原因很关键,其中包括以下几点:

减少费用(Reduced Fee)。让客户的员工参与部分工作,可以节省管理项目合同中的一些外部费用。

产业或客户知识(Industry/Client Knowledge)。客户的员工能够为项目带来关键的产业或客户知识。

知识转移(Knowledge Transfer)。通过与咨询师合作,客户的员工可以学习使用方法和体系,减少未来对咨询师的依赖。

主人翁责任感(Ownership)。参与项目的客户员工会对结果有更强的主人翁感,降低"兜售"结论的难度。

员工发展(Personal development)。与咨询师合作对客户员工的个人发展大有裨益,也能让他们更全面地理解自己的企业。

与企业合作的最独特形式可能是充分利用企业和咨询师的知识和经验,在快速实施过程中整合思想,产生有价值、创新且独特的解决方案,这个过程被称为"创造性对话"。

选择对方伙伴的标准会因不同的考量而有所差异。个人被选为管理项目中的对方伙伴的条件有：

已经在事业上得到认可，并且能从项目参与中获益

在企业中受到重视，他们的参与被视为积极信号

具备参与管理项目所需的人际技巧，是值得信赖的团队成员

对企业和相关产业有深入的了解

此外，企业员工不应仅因为"有时间参与项目"而被选中。实际上，选择对方伙伴的原因也需要仔细审视。

8. 创造吸引人才的条件

尽管我们已经了解了管理大型企业中复杂项目规划的各种问题，但这并不意味着将项目带上正轨就变成了一个可预测且可靠的过程。实际上，图 12-3 所展示的变革管理过程并不容易简化为一系列井然有序的步骤，它更像是一门艺术而非科学。

衡量管理项目是否成功，最重要的标准是：我们是否创造了条件，使得受大型项目规划影响的人们能够步入正轨，集中他们的力量，以确保大型项目规划能够顺利实现预期的结果。同时，我们还可以从公司其他咨询师那里学习到更多有价值的经验和知识。

在许多大型企业中，员工在适应新需求时常常面临重大挑战。过去两年中，大多数企业的员工都经历了至少一次变革，对于组织变革的看法在不同层级之间出现了显著差异：董事及以上的高层认为变革后企业状况有所改善，而高层经理及以下的员工则认为变革后企业状况变得更差。

研究进一步表明，组织变革后报告的利润增长往往伴随着员工忠诚度、士气、动机和安全感的降低，同时还包括工作时间的增加、对工作与家庭生活平衡的担忧加剧。

那么，为了吸引员工并激发他们全心全意地投入工作，你必须了解哪些条件呢？

学习激励人的艺术通常需要先培养和提升自己的敏感度，从而能够辨识微妙的差异。在大型变革项目规划中，每个人都有不同的需求，因此不能仅根据自己的需求来判断他人。你可以通过与其他咨询师交谈来理解自己的需求，并运用日记方法进行自我反省。你的客户可能有不同的导向，如果你几乎没有机会

说服他们,你必须站在他们的立场上思考问题。

成功的咨询师,那些精通激励人心艺术的人,会仔细观察人们在大型项目规划进展中的行为模式,理解并认可他们的感受,鼓励大家面对现实,支持他们探索备选方案并做出选择。

比尔·布里奇(Bill Bridge)在谈到变革时提醒我们,在外部变革(比如新的组织结构或一次行动)之后,需要给予人们时间来进行内部变革,进行心理上的调整。可以通过举办庆祝活动来标志一个阶段的结束,对过去的努力和成就进行庆祝;展示过往项目中的一张照片、一个步骤、一件纪念品,这些都能提供帮助。这种仪式性的活动能够帮助大家继续向前看,否则他们的思想可能会停留在过去。

在激励领导者方面,你扮演着重要的角色,因此应该帮助他们在提供确定性和明确方向与留给他们解决问题的空间之间找到平衡。这需要表现出信任,并给予他们参与的机会。

与受到大型项目规划影响的个人和团队保持尽可能密切的联系,了解他们关心的事情,并在项目规划的优先级中反映这些关注点。这样,你就能知道是否需要在沟通、培训、报酬或表扬等方面投入更多资源。

尽管大多数大型项目规划在很多方面都不完美,但如果人们要参与大型变革项目规划,他们必须满足以下四个基本条件:

对现状感到不满

认为未来状态具有吸引力

知道最初的一些步骤,并认为这些步骤是可行的

认为收益大于所有成本

作为咨询师,随着经验的积累,你将越来越擅长帮助人们表达他们对变革影响的感受和评估。如果引导得当,这种对话可以帮助他们放下对旧秩序的依恋,激发对新任务的主人翁责任感,并加速新任务的实现。

这样的对话可以以一对一或小组的形式进行。然而,越来越明显的是,人们倾向于将大量人员聚集在一起,形成座谈会风格的大型会议,通过集体脑力激荡来产生变革行动,实现快速、自发的统一和整合。

作为咨询师,你可以学习使用几种经过实践证明有效的大规模参与方法和模式。这样的会议不仅限于某一种利益相关者,如员工小组;如果会议能够包含来自多种重要关系的代表,比如客户、供应商、投资者、员工和公众,会议的效果

会更好。

> **小结**
>
> 　　大型企业是世界上越来越重要的力量。与大型企业建立有效的战略合作关系，尽管可能非常复杂并需要持续很长时间，但对于构建组织的未来和影响企业对待员工、客户、投资者、供应商和公众的方式起着至关重要的作用。这项重要的工作可能非常有成就感和价值。
>
> 　　我们已经强调了将大型企业视为一个整体系统的重要性，在这个系统中，各部分相互作用，一部分的变化往往会影响另一部分。一些咨询师可能会从单一的专业职能角度（如财务、销售、IT 或人力资源）提出管理项目。无论你的专业是什么，本教材的内容将帮助你从整合的角度理解咨询的作用，更好地管理所涉及的风险。

经典管理箴言

卡迈恩·狄思博（Carmine Di Sibio）
安永（Ernst & Young）全球主席 [2019—2024]

"持续的教育培训才是社会、就业、经济繁荣的关键。"
"企业的成功取决于其适应变化的能力。"
"领导者需要创造清晰的方向并激励团队朝目标前进。"

CMC institute
International Consulting Association
CMC 协会/国际咨询协会推荐系列

第13章

政府公共部门的管理项目活动

　　政府公共部门组织应被视为复杂的政治体系,因此,主要的咨询模型和方法论需要从不同的角度进行改进,这个角度更加注重系统的心理学动态。

1. 政府公共部门中日益明显的变革动态过程

地方政府公共部门正面临日益多元化的竞争目标。公众期望它们扮演多重角色,包括成为"有能力的权威"、服务专员、竞争提供者和管理者。这种多元化需求的背景是财政体制的变化、相关立法的演变以及利益相关者(尤其是公众)期望的提升。因此,地方政府和公共部门组织普遍面临着越来越多的外部复杂性,需要应对新兴的管理模型和组织模型,同时还要在保持公共服务质量的前提下尽可能降低成本。

这些挑战促使政府公共部门越来越多地寻求外部咨询师的帮助,包括全球知名的国际专业公司和大量新兴的独立专业公司。

以英国为例,埃森哲(Accenture)等公司与社会保障部(Department of Social Security)等政府部门进行了项目合作。《经济学家》(*Economist*)的一份关于咨询师的报告指出,在政府公共部门中,与 IT 咨询一样,组织发展(Organizational Development, OD)项目也是一个正在成长的领域。已有几家专业公司在战略方面扮演管理专家的角色,或在培训技能与人力资源开发体系方面扮演项目运作的角色。

本章将重点关注这两个领域,即公共部门的兴趣和组织发展咨询的额外机遇。

需要强调的是,咨询最困难的领域之一是战略过程,其中组织发展(OD)是一种重要的咨询介入方式。组织发展的战略因素触及了组织的核心:文化、领导权、战略和变革管理。人们对这些主要组织变量的重要性和相关性有着广泛的共识。

正是在这个领域,政治和权力在组织动态中扮演着重要角色。在政府公共部门中,"组织政治"更为复杂,因为它不仅包括组织内部的政治斗争,还包括更广泛的政治因素:地方政治和国家政治,这些因素对组织如何完成其基本任务产生深远影响。

本章探讨了在政府公共部门背景下,咨询师在战略性组织发展介入过程中的角色。本章的其他部分包含以下四个方面的内容:

组织变革的影响是什么

组织发展咨询的影响和意义是什么

咨询师的可能角色是什么

下一步工作是什么

2. 变革的影响会扭曲"基本任务"

政府公共部门所面临的环境变化对其组织施加了新的压力和限制。这意味着它们必须承担新的角色,全面思考它们需要提供什么服务,以及它们的基本任务是什么。

政策和方向的这些挑战不能仅通过管理或战略模型来解决。它们通常受到价值观的影响,而决策往往出现在政治领域。

大卫·威迪科姆(David Widdicombe)、R. B. J·沃克(R. B. J. Walker)分别研究了政治管理的不同方面和尴尬角色,并指出这种尴尬角色在公共部门组织中越来越重要。约翰·布赖森(John Bryson)等人认同深入分析各种利益相关者、联盟和权力关系是组织发展和变革的重要组成部分,这一点在公共部门中尤其需要强调。

因此,组织的各种理性模型和变革的各种理性模型都要面对复杂性、政治动态变化过程与组织动态变化过程之间明显的矛盾所带来的挑战。在大多数情况下,组织动态变化过程和政治动态变化过程将影响组织任务的完成和组织学习。

通过对公共部门的案例研究,迈克尔·贾勒特(Michael Jarrett)表明:战略性组织学习受到"防御性惯例"(Defensive Routines)的抑制。这种惯例被克里斯·阿吉里斯描述为常规的、未被言明的组织动态变化过程,破坏了组织学习。它们的出现通常有几种形式,例如:回避冲突或事实、言行不一、拒绝思考、不讨论被认为是不可讨论的问题。

此外,组织在识别或实施其战略任务上表现不理想,它们的政治领导能力不足;以至于它们成为组织中的不稳定因素,战略被政治斗争和政客的不安全感所破坏。

3. 组织咨询的影响和意义

在从事组织发展的战略层面工作时,咨询师可能需要重新考虑咨询工作的性质、对组织的理解以及组织咨询师的角色需求。

1) 咨询过程中的挑战和机会

首先,组织咨询师面临的挑战在于将咨询任务视为一个更广泛系统的一部分,从而能够全面考虑影响工作的政治和组织动态变化过程。

其次,在这种环境下,随着政治和组织动态变化过程的出现,咨询师被推向充满模糊性、不确定性和未知的边缘。作为咨询师,面临的挑战有:避免过早下结论,避免因自身的焦虑和迷惑而采取行动,避免在没有完全理解组织动态变化过程的情况下就主观地认为有必要提出某种答案或把自己装扮成一个"专家"。

最后,在过程咨询的框架内,对咨询风格和方法模式形成一个更广泛的清单——"临床方法"。这里的重点仍然是解决问题,不过它是基于对组织的内部精神和利益相关者的紧迫需求的深刻理解。

2) 把组织理解为复杂的适应性系统

咨询的挑战开辟了在"战略选择"(Strategic Choice)这一核心组织框架之外寻求解决方案的可能性。

(1) 战略选择范式:在这个范式中,组织被视为一个社会系统,分析的焦点是基于管理者拥有"战略选择"的前提。社会系统观点认为问题的解决方案存在于组织外部,管理者的任务是搜索环境并采纳最合适的解决方案,这通常伴随着聘请咨询师的行为。管理者被视作"实干家",他们所需做的是按照既定方案行动,他们能够将事情做好,这是一种积极的、以行动为导向的态度。

"战略选择"框架支持了许多人力资源和培训领域所描述的概念,与"转型领导者"方面的文献有很多共通之处。它涵盖了以下领域:组织发展、计划渐进决策法、企业家精神、从"最佳实践"中学习(比如日本企业管理模式等)、聘请外部咨询师和变革代理人,以及作为规范做法的企业文化。从广义上讲,这些内容又归入了规范范式或实用主义范式,某些方面忽视了组织生活的实际复杂性。

大卫·威尔逊(David Wilson)提出:"相比之下,系统冲突框架似乎相对被忽视,在这个框架中,变革的环境、历史和先例是证据和理解的主要组成部分。与企业家式管理、管理培训和战略选择的研究相比,这样的分析不仅数量稀少,而且本质上更难研究。"

(2) 系统冲突框架:在这个框架中,组织同样被视为一个社会系统,但其特征被描述为冲突、政治活动和固有的张力。这些张力在个人、团体或组织层面上发挥作用,但正是这些张力和矛盾提供了变革的动力。支持变革的能量来自单个的组织单元,最终目标是在当前的冲突状态之间实现新的平衡。

3) 作为一个复杂系统的组织

组织咨询师的首要任务是调整自己对组织模式的理解。复杂系统的观点和模式认为组织由"基本任务"系统以及必要的输入和输出组成,但这并不是一个完整的出发点。

因此,组织被视为一个开放系统,它执行基本任务,并且具有边界,如图13-1所示。

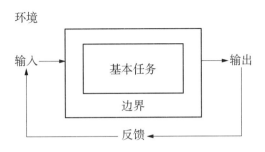

图 13-1　开放系统的实例

"任务系统是由活动系统以及执行这些活动所需的人力和物质资源构成的。"这是组织运作的一个基本原理。

"边界"是指从一个系统到另一个系统,或者从一个任务到另一个任务的分界线。为了清晰地界定管理的范围并避免混淆,这种明确的分界线或"边界"是必不可少的。

埃里克·米勒(Eric Miller)和 A. K. 赖斯(A. K. Rice)进一步指出:系统也是一系列社会和心理关系的集合,它们被称为"知觉关系"。在系统的团队成员之间存在着各种有意识和无意识的联系,这些联系可能支持或破坏任务的执行。这些关系需要得到管理,否则它们可能会破坏基本任务,干扰绩效和学习。

组织是一个复杂的社会系统,它不断地进行适应性变化。在这个系统中,既有混沌和稳定的因素,也有源于政治和意识形态的系统性冲突。为了提供持续有价值的咨询介入,采用系统冲突的观点来看待组织是有必要的。将组织视为一个复杂的、适应性的、非线性的系统,可能会比在理性的战略选择框架内看待组织产生更多的成果。这种视角的差异往往会体现在组织诊断、组织管理方式、咨询过程以及介入活动的性质上。

4. 咨询过程重点的不同

在政治环境中,咨询过程的重点会有所不同,这些变化在表 13-1 中有所概括。然而,有三件事是咨询师需要特别关注的:

表 13-1　咨询重点的改变

咨询工作	主要模型	系统方法和心理动态方法
立项	和客户建立关系作为进一步参与的基础	集中在客户的问题上,承认感觉,研究本质
合同	建立一种合约,明确期望和惯例做法	确立需求和期望,就过程和里程碑而言,不仅仅是结果达成一致

续　表

咨询工作	主要模型	系统方法和心理动态方法
数据收集	衡量组织的指标和变量	强调理解,聆听的时候注重"理解"社会和政治系统,了解其历史
诊断	解释数据并反馈给客户,搭起共同理解的桥梁	发展和检验有效的假设,采用开放系统模型,解释社会心理动态变化过程和对基本任务的影响
培训和实施	计划和执行介入	参与态度,包含组织利益相关者和代理人的模型冲突处理,评估差别并使各方有效
总结和评价	评价咨询介入的成功;撤离并让系统能够管理未来的变革	对话和反馈会议;集体参与;结尾和进入一样重要;提供洞察力和学习的可持续性

　　咨询师应当将组织视为一个整体的复杂系统。采用临床方法意味着咨询师必须深入理解组织内部的复杂动态变化。这种方法有以下要求:运用实地观察方法,随意聆听,随时准备追随客户的需求和利益。最后,需要咨询师把个人反应和自我放在一边,客观地为组织提供一个思考变革过程中进步和学习的框架。

　　埃德加·沙因(Edgar Schein)认为,区分过程咨询和临床咨询并没有实际意义。威廉·卡恩(William Kahn)也指出,在实践中要明确区分这两种角色是非常困难的。因此,这也意味着在政府公共部门组织中从事战略组织发展咨询的咨询师应当将临床方法应用于项目的立项、启动、数据收集、诊断、实施和评估等各个阶段。

　　咨询师在战略层面的变革过程中,可以扮演管理和控制焦虑以及边界的角色。这种角色常被称为"容器"角色:咨询师能够倾听客户的需求,收集信息而不预设立场,内部化组织困境的影响和意义,并通过某种方式反馈给客户,使客户能够接受并针对相关问题获得深刻见解或知识,从而采取行动。

　　咨询师必须能够有效地管理自己。在扮演"容器"角色时,咨询师为组织提供了一个安全的避风港,就像父母为孩子"把持环境"一样,使组织能够应对和管理因转型、变革和不确定性所产生的深层焦虑。为了成功扮演这一角色,咨询师必须能够管理不确定性和无知情况,并培养自我反省和自我分析的能力。

　　这些能力在大规模参与性项目中尤为重要,因为在这些情况下,一个小团队可能为事实检验和任务集中提供方向和焦点。

　　这意味着咨询师在复杂的政治组织系统中进行系统性和心理动态性的组织介入时,需要掌握额外的知识和技能。因此,在高级组织咨询过程中,咨询师采取的是一种系统的心理动态模式,这不仅包括"临床"监督,还涉及个人发展的艺术。

小结

本章主要探讨了政府公共部门组织动态变化过程对项目过程的影响。其他研究也表明,政府公共部门组织应被视为复杂的政治系统,因此,主要的咨询模型和方法论需要从不同的、更系统的心理动态性角度进行改进。

日益复杂的系统和政府公共部门组织明显的政治特性使得这些组织在组织发展领域中面临更大的挑战。有证据显示,政治动态变化过程可能对基本任务产生负面影响,这种动态变化过程助长了防御性程序、任务规避和对学习的抵抗。系统和心理动态变化过程导向的咨询师能够扮演战略角色和"容器"角色,帮助管理变革带来的组织焦虑和任务焦虑。这种咨询方法对独立咨询师(或实践)以及咨询职业本身提出了挑战,因为常常存在一种压力,即需要表现出无所不知,知道所有正确的答案。然而,本章提出的方法的价值在于它在"无知"的边界上发挥作用,提供对环境的把握和洞察力,帮助组织完成任务和在工作中学习。

经典管理箴言

康慕德（Mohamed Kande）
普华永道（PwC）全球主席 [2024]

"领导者关键能力：适应不确定性和激发团队创新潜力。"
"未来的工作场所将更加灵活、包容和技术驱动。企业需要关注员工技能提升和职业发展，利用技术增强创造力。"
"数字化转型之下，企业需要重新思考如何利用技术创造价值，而不仅仅是优化现有流程。"

第 *14* 章

专业公司的管理项目活动

　　许多过去成功的专业公司,甚至《时代》周刊评选的 100 强公司,往往是基于直觉对预想的机会做出本能反应。然而,那些依赖本能和直觉来应对市场的大型组织,却有无数失败的案例,这些案例曾经是一些满怀激情的企业家认为可以为他们带来财富的业务;而那些既没有成功也没有失败的案例更是数不胜数。

　　本章主要阐述两个方面的内容:专业公司的市场战略和策略,以及专业公司的财务与控制。

1. 专业公司的营销战略和策略

如果你已经是一家成熟稳定的专业公司的咨询师,你可以利用本章的内容来深入探讨成功的市场营销方法。你向客户提供哪些服务? 他们为什么愿意购买你的服务而不是竞争对手的服务?

1) 市场营销与一些重要的界定

在本章的讨论中,我们将"战略"定义为争取成功我们应该"做什么",将"策略"定义为我们应该"如何做"。

绝大多数咨询师都会认同这样一个观点:任何一个专业公司的成败取决于它是否能够洞察客户的观点、客户在其所在行业中面临的问题、客户内部的问题,以及客户在自己所扮演的角色上面临的问题。我们可能会将这称为市场营销,但市场营销实际上是人们研究业务的一种方式(我们将把它称作"市场营销概念"):促销活动和定位。

市场营销概念需要满足以下三个逻辑要求:

对应该开展什么样的业务所做出的决策基础是客户的需求

你选择了最佳的方式来满足现有客户和潜在客户的需求

你的组织业绩目标的实现是以让客户满意的方式来满足客户的需求

尽管现在经营一家"顾客导向"的公司已不再是什么新鲜事,但我们仍然需要将市场营销概念与其他两个衍生概念一起研究。

在一家生产导向型公司,你生产自己擅长的产品或服务,然后期望顾客也会喜欢你所提供的产品或服务

在一家销售导向型公司,产品或服务与顾客需求之间的差距通过销售人员的个人魅力来弥补

在一家营销导向型公司,咨询师深入顾客所在的领域,全面了解顾客的顾虑和偏好,然后利用这些信息来设计和提供相应的服务

虽然市场营销永远不可能完全排除销售的必要性,但这标志着一个进步,你可以创造一种适合客户需求的产品或服务,这种产品或服务本身能够促进销售。

美国永道会计师事务所(Coopers & Lybrand)在他们 1994 年的报告《十字路口的市场营销》中,该报告是对 100 家蓝筹公司的市场营销工作进行的调查,提出了几点批评。首先,他们指出"市场营销部门从事的活动界定模糊,部分活动可以授权给其他职能部门完成,甚至可以完全不做"。其次,他们认为"市场营销部门过于自由,缺乏清晰界定的责任和权责边界,而其他职能部门的责任和权责

边界则相对明确"。

尽管市场营销职能近来名声受损,但市场营销哲学仍然是战略规划背后最重要的基本概念之一。如果每位咨询师都能主动去调查现有客户和潜在客户,发现他们的需求,并提供相应的服务,那么可能会出现以下情况:

(1)专业公司提供的服务产品可能非常相似,导致竞争加剧。

(2)客户可能会主导咨询师,而不是咨询师引导客户。

因此,客户调查和市场研究只是建立服务的基础。如果你提供的服务能够帮助客户获得竞争优势,那么用你的分析研究来引导客户就是你的责任。在客户遇到问题时,你应该提供指导,因为你已经了解客户可能遇到的问题,这些问题很可能会自然成为咨询项目的一部分。在这种情况下,客户可能会将他们的研究与开发职能外包给专业公司,因为他们依赖咨询师的专业知识来提升自己的竞争力。

这类似于软件购买过程,供应商不仅能提供当前最好的软件,还能提供定期的升级服务。

你不必进入大卫·迈斯特尔(David Maister)所描述的"咨询市场中涉及大脑手术的细分市场"来评估"诀窍"的竞争特性。即使你只是在做简单的实施工作,你也必须投入大量时间来寻找最佳的实施方法。

2)直接营销

咨询师所涉及的是企业对企业(B2B)的市场营销。在这种情况下,你几乎不需要向大众消费者推销你的服务。

普通公众是否了解你或你的咨询服务并不关键。重要的是那些可能会购买你服务的人是否了解你;因此,咨询师需要做的是直接营销。德雷顿·伯德(Drayton Bird)作为世界上最有经验的市场营销专家之一,将直接营销定义为:"一种广告活动,在你和你的客户个体之间创建和开发一种直接关系。"

直接营销的目的是区分实际客户和潜在客户,并与他们建立持久的关系:提高他们的利益,增加你的利润。因此,你需要走出去发现客户、赢得客户、保持客户,并增加新客户。

直接营销有以下优势:

(1)你一个接一个地与客户打交道:将潜在客户单独列出来,洞察他们的特点,并利用有关他们的信息来帮助你选择那些你有信心提供服务的客户。你需要计算从每一个潜在客户那里可能获得的收益和概率(以及成本)。

(2)你掌握控制权:在直接营销中,你掌握控制权。你可以在给每个企业进行演讲时进行调整和变动。在你的数据库中记录每一次沟通以及客户的反应，你就可以获得必要的数据，而且你还可以从每一次营销活动中获取经验。

（3）你可以降低风险：有两种方法有助于发现被客户拒绝的原因。你的上级主管可以拜访任何说"不"的潜在客户，或者设置一个特别的部门来对成功与失败的营销进行跟踪。绝对不应该让参与失败营销活动的咨询师来做上述工作。

如果你把成功与失败的问题搁置一旁，而仅仅记录每一次营销活动和努力的结果与所发生的情况，那么你将提高你的成功率，降低未来投资的风险。

2. 营销思维的 11 步

规范化的营销规划流程是非常有益的。图 14－1 是根据德雷顿·伯德的著作《常识直接营销》(*Common Sense Direct Marketing*)改编的一个规划方法。

1 业务使命
↓
2 业务目标
↓
3 营销目标
↓
4 营销战略
↓
5 沟通目标
↓
6 沟通战略
↓
7 广告目标
↓
8 广告战略
↓
9 创造战略
↓
10 媒体战略
↓
11 接触战略

图 14－1　营销思维的 11 步

1) 第一步：业务使命

营销战略规划的第一步是明确营销使命。对于营销使命的理解，不同人有不同的观点：

浅层次的营销的目的是开发并占有市场，即"先市场后效益"。这导致营销负责人和总裁之间常常出现争执：总裁质疑如果没有效益，市场有什么用？而营销负责人则认为没有市场何来效益？总裁又问，你如何保证有了市场就一定会有效益？

在这个问题上，波士顿咨询公司的专家认为：即使需要花钱，也要保证市场份额，因为市场份额是效益最有效的保障。这可能是一种只有国际大公司才能承担的策略。

普遍的认识是营销的使命就是赚钱。更好一些的观点是整合公司资源，实现利润的最大化。经典的观点是：营销的使命就是创造和积累价值，这就需要规划战略营销、战术营销和价值创造。

(1) 营销是采用产品营销还是使命营销？产品营销关注的是产品或服务的特性和优势，并通过宣传性的语言来激励客户采取行动，这些行动主要是购买，也包括关注公司等间接行为。

而使命营销则侧重于产品或服务所带来的价值和影响，它使用激励性的语言来促使客户采取行动，这些行动不只是购买，更多的是诸如关注公司这类间接行为。使命营销在传达信息时倾向于使用定性的语言，强调唤起客户的共鸣，并为有共同理念且寻求灵感的人们建立一个交流的社区。使命营销还会考虑你的产品或服务能为客户带来怎样的体验。

(2) 营销是重产品，还是重使命？产品营销适合那些销售价格敏感型商品或服务的公司，以及产品线丰富的公司。而使命营销则更适合那些专注于品牌专卖或产品线较为单一的公司。

在评估适合公司的营销方式时，可以考虑以下几个因素：

可测性：产品营销更侧重于数据（定量），如销售额、成本等，这些在财务上的影响较容易测量。通过 A/B 测试等方法可以评估不同营销活动对客户行为的影响。

公司收入受公司使命影响的程度较难测量。这类公司需要在网站上保持信息的一致性，否则可能会引起客户的怀疑。没有人会信任一个经常变更理念的公司。

适应性：使命营销要求公司紧跟购买趋势，与之前讨论的"可测性"相似，公司在实施使命营销时应注意不要随意改变其所追随的趋势，因为这样容易失去客户的信任。

相比之下，产品营销在应对经济趋势时具有一定的灵活性。如果客户的购买方式发生变化，公司可以大胆地调整其产品以适应这些变化。

辨识度：产品营销可能难以实施，因为其他公司可能提供相似的价格竞争。

相比之下,专注于更深层次的使命可以让公司讲述一个独特的故事,这样的定位不容易被竞争对手模仿。如果遇到合适的客户,还有可能实现病毒式营销的效果。

业务定位应该自然地从现有的业务经验中提炼出来。例如,如果你有 20 年的金融行业营销管理经验,那么你更适合为金融企业提供广告、公共关系和市场营销方面的咨询服务,而不太适合为制药行业的企业提供生产管理项目,因为后者可能对你来说挑战极大。

在你担任营销管理者期间,如果你还曾担任过董事总经理(MD)或首席执行官(CEO),或者负责过创业公司,或者执行过关于新兴智能设备市场的可行性研究项目,那么你可能会考虑提供管理服务,如成为经理人的教练或智能设备市场的专家。

与产品不同,咨询业务是一种专业服务,它本质上是通过人来实现的。因此,咨询活动天生就是以人为媒介。咨询师在营销自己的技能和知识时,通常与个人的人格、兴趣、价值观、创造力和意愿紧密相关,这些因素构成了咨询师之间的差异,也是你与竞争对手区别开来的资格。尽管有咨询服务"商品化"的说法,但咨询项目实际上就是执行咨询项目的人或团队。无论客户选择国际公司还是当地小公司,真正形成区别的是具体执行管理项目的那些咨询师的技能、经历和态度。

(3)竞争与竞争对手。一旦你明确了自己愿意提供的管理服务类型,接下来就应该深入研究你所面临的竞争环境。从营销的角度来看,竞争是有益的,因为如果没有竞争,你就需要在市场上培育对你的新服务的认知。你不仅要能够营销你的服务,还需要解释这些服务是什么,以及企业如何利用这些服务。

为你的每一个竞争对手建立一个档案,如果可能的话,阅读它们的网站、公司简介和相关报告,研究它们的优势和劣势。但在进行营销时,切勿诋毁竞争对手,这样的行为不仅会让你显得小气,也违反职业道德。

将你的竞争对手作为学习的标杆,研究他们的行为,这样你就能了解他们正在做什么,并且能够利用这些信息来质疑和挑战他们的发现。

在与竞争对手进行比较时,你应该自问以下问题:

他们是谁,谁创立了这项业务,目前谁在运营

他们的咨询理念是什么,他们是否使用特殊的工具或框架,他们是否有自己独特的市场视角

他们的组织文化是怎样的

他们在业界的声誉如何

从他们的成长模式中我们可以学到什么

他们的核心能力是什么

他们的发展方向和愿景是什么

他们的客户（也就是你的潜在客户）是谁

他们的业务条款是什么

我们如何利用这些信息来提供一种更具价值的独特服务（收集竞争对手的信息不是为了模仿他们，而是为了创造自己的工作方式，推动你的公司超越竞争对手）

营销战略的验证可以通过以下几个问题来进行：

你能解释你的专业公司的独特卖点（USP）吗

你的员工能否解释你的专业公司的独特卖点

最关键的考验是，你的客户能否解释你的独特卖点

2）第二步：业务目标

营销规划是一项需要全面考虑和决策的创造性活动。为了实现你的理想，你需要考虑以下资源：

英国管理咨询信息服务中心对 95 家英国专业公司进行了调查，部分结果显示，咨询师收费差异的原因主要受以下几个因素的影响：公司规模、地理位置、专业化领域、咨询师的学历背景、工作背景和资格能力水平。

咨询师的工作往往需要较长时间才能看到成效，有时甚至需要一年或更久。因此，建议将项目的结算周期设定为 2 到 3 年。这引出了几个关键问题：你能否承担这么长时间的前期投入？你是否愿意承担你要求客户承担的那种风险？

你是否愿意要求从客户的回报中获得一定比例的份额？

当然，当你根据项目收入和 5 年后的业务发展目标来制订计划时，你可以利用这些数据来估算你需要雇佣多少员工。

3）第三步：营销目标

这些目标是你每年需要解决的关键问题。例如，你可以设定第一年的三个营销目标如下：

维护并扩大现有客户基础

在第一年内，争取获得至少三家客户的管理项目合同，每个合同的价值不低

于 100 万。在营销规划中,你需要明确营销活动的具体时间安排

投入时间和资金开发一项卓越的服务,以超越你的竞争对手

(1) 新客户与老客户。在任何业务中,向朋友推销产品或服务通常比吸引陌生客户要容易,成本也更低。根据安永(Ernst & Young)的一位咨询师的观点,吸引新客户的费用是维护老客户的 5 到 25 倍。

哈佛大学的营销学教授西奥多·莱维特(Theodore Levitt)在他的著作《营销想像力》(*The Marketing Imagination*)中重新定义了商业的本质:商业的目的不仅仅是创造利润,更重要的是赢得客户并保持他们。

要实现业务的成功增长,关键在于发现、赢得、保持并增加那些能够带来利润的客户。利润正是这些行动的结果。

(2) 为什么不尝试新客户? 你需要制订一个稳定的新客户开发计划。即使你非常擅长向现有客户销售下一个咨询服务项目,所有的项目最终都会结束。如果管理得当,新客户完全可以发展成为有利可图的长期客户。

你对获取新客户的关注程度将取决于你公司的成熟度以及你的营销战略。

4) 第四步:营销战略

营销战略应当与业务目标紧密相连。如果你的目标是成为你所在专业领域中最大、最知名的公司,那么你需要考虑以下几个问题:

你的具体策略是什么

你如何超越竞争对手

你是打算通过低成本战略来排挤竞争对手,还是追求高利润和附加值,通过质量和服务来营销,而不是仅仅在价格上竞争

你的销售方法是否会改变客户对专业公司的看法和认识

你是否会通过与客户建立合作伙伴关系,让他们将咨询职能领域外包给你,以此加深合作和信任

你会不会与客户建立伙伴合作关系,对你提供咨询的职能领域进行外包

……

实现目标的途径多种多样,关键在于找到最适合你公司情况和市场定位的策略。

5) 第五步:沟通目标

在考虑沟通目标时,一个非常有用的模型是默里·拉斐尔(Murray Rapheal)提出的"忠诚阶梯",如图 14-2 所示。

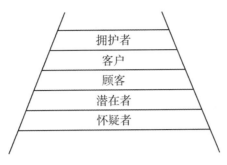

图 14-2 忠诚阶梯

在这个模型中,拉斐尔根据顾客与企业的关系对市场进行了细致的划分,具体如下:

"怀疑者"(Suspects):这是阶梯的最底层,包括那些可能不会使用你服务的人。

"潜在者"(Prospects):位于怀疑者之上,这些人有很大可能会使用你的服务,他们目前可能是你的竞争对手的客户。

"顾客"(Customers):再上一层,这些是已经在使用你的服务的潜在者。

"客户"(Clients):这一级的客户在需要你的服务时会自然地想到你,但他们也可能会考虑其他专业公司。

"拥护者"(Advocates):位于阶梯顶端,这些顾客对你的服务非常满意,并愿意将你的服务推荐给他们的朋友,他们往往会为你带来新客户。

"忠诚阶梯"是一个帮助我们识别、吸引、保留和增加客户的有效工具。一个常见的误区是,人们往往花费大量时间和资金与潜在者或怀疑者沟通,而忽视了对顾客、客户和拥护者的维护。

错误的观念是,已经与你合作的人不需要进一步的营销。实际上,恰恰相反,客户需要你不断地向他们证明他们的选择是正确的。

6)第六步:沟通战略

沟通战略是指你计划向市场传播的一系列信息。一个出色的沟通战略能够帮助你掌握主动权。

如果你刚开始建立自己的专业公司,建议的战略是建立一个客户和潜在客户数据库,这将有助于你与市场中的客户建立和维护关系。虽然数据库的建立和维护是一个长期且持续的过程,但也不要让它变得过于复杂。

在个人生活中,你可能使用通讯录和日记来管理你的社交网络。通讯录提供了你认识的人的名字、位置以及你可能需要了解的人,比如某个人推荐的总裁或公司经理。日记则提供了管理这些关系所需的细节,比如何时与某人会面,何时发送贺卡等。有些关系会随时间变化,去年每天交谈的人,今年可能就不再联系了。

业内人士普遍认为,通过这些方法可以有效管理 100 到 150 个关系。将这种与人密切相关的过程转换为自动化数据库(比如购买 CRM 软件或使用微信等工具),可以让你管理更多的人际关系。

维护一个准确的数据库是一项挑战,因为信息总是在变化。因此,至少每 6 个月对数据库进行一次清理,每 12 个月更新 30% 的数据库信息是必要的,因为人们的职位、地点、公司甚至电话号码都可能已经改变。由于数据库对你的营销工作至关重要,如果其中 3% 的信息不准确,那么你可能会浪费高达 30% 的营销预算。

7)第七步:广告目标

你期望从广告中获得什么呢? 这里所说的广告包括你所有的营销沟通行为和过程,以及所有相关的沟通行为和过程。具体来说有以下几点:

你希望你的客户认识到你是专家,并且你的专业技能可以为他们所用。成为你的客户后,他们可以获得竞争优势

你希望客户明白你并不是通过低价竞争来排挤对手。相反,你提供的是高价值服务,因此会收取相应的高咨询费用

你希望客户知道你是一个个体,而不仅仅是一个由多个部门组成的组织。你是重要的,你为他们提供服务。除了生意和业务,你还关心其他方面,你的社会圈子更广泛

你希望客户与你建立关系。如果他们是潜在客户,你希望他们成为真正的顾客;如果他们已经是顾客,你希望他们成为你的忠实拥护者

8)第八步:广告战略

一旦你的广告信息明确,并且公司里的每位员工都理解这些信息,明白你想要创造的价值,你就能占据一个非常有利的位置。这可以确保你的所有行为都能体现和反映这些广告信息,进而在客户市场中建立起一个清晰的形象。

9)第九步:创造战略,第十步:媒体战略

创造战略是指确定如何讲述你的品牌故事的基调。建议不要过分吹嘘自己的能力,而是要展示你的专业能力。一个有效的做法是重点展示客户的推荐和

评价，让客户来表达他们对你的工作的看法。

你应该同时制定你的创造战略和媒体战略。媒体战略涉及我们做什么、何时做、在哪里做的问题。例如，当你计划投放广告时，媒体战略可以帮助你决定在哪些期刊上进行广告投放。

在制定这样的战略时，你应该制订一个年度计划。请记住，为了实现 12 月份的收入目标，你可能需要在 6 月份就开始进行市场调研。因此，建议营销规划应该提前半年完成设计，以确保有足够的时间来实施这些计划。

很少有专业公司会跟踪广告效果或营销投入的成效。一些专业公司在赞助上投入了大量资金，但却无法说明这些投资带来了多少收益。还有些专业公司在咨询项目即将结束时，才会零星地向客户发送资料或投放广告。然而，只有通过跟踪促销活动的结果，你才能清楚地了解投资的回报率，并获得必要的信息。

10）第十一步：接触战略

在讨论如何规划接触客户的途径和时间之前，先回顾一下这个领域的相关研究成果是非常有益的。

（1）站在客户的角度上：在一次焦点小组讨论中，公司邀请了营销经理和品牌经理来探讨以下几个主题——他们对自己工作的感受，对职业生涯的看法，以及他们何时以及如何选择和聘请咨询师。这些讨论揭示了一些关键的发现。

受访者认为他们在当前职位上的工作不会超过两年，因此，他们只关心在这段时间内能够取得的成就

他们都来自大型上市公司，他们将成功的标准定义为收入的增长，并且认为利润是由他们自己创造的

他们倾向于从自己了解的人中选择咨询师，或者从他们曾经接触过的专业公司中进行选择

客户并没有收到所有直接邮寄的材料，他们能记住的是那些不厌其烦去了解他们的人，以及那些能够提供差异化服务的人

尽管客户有预算和年度计划，但聘请咨询师的需求往往是突然产生的，特别是在企业高层提出新观点时。预测他们何时会有项目需求几乎是不可能的。当他们确实需要专业公司时，首先想到的往往是他们曾经合作过的专业公司，或者是最近引起他们注意的公司

客户希望将问题委托给咨询师解决，他们不喜欢在电话中听到更多的问题而没有解决方案

一旦咨询项目合同开始执行,客户希望专业公司记住,咨询项目的发起者是客户,而不是咨询公司

客户更愿意与大型、知名的专业公司合作,因为如果项目失败,这些大公司将承担责任。客户也可以无辜地说:"我们聘请的是最好的专业公司",暗示即使是最好的公司也失败了,那么没有人应该被责怪。这验证了 IT 行业的一句格言:"你永远不会因为购买 IBM 的服务而被解雇。"

(2)制定战略:大多数专业公司实施了关键客户战略。如果你拥有一个包含 100 家企业、共 1000 人的数据库,那么与每个人进行私人接触是不现实的。因此,你应该从这些企业中挑选出 12 家作为你的关键客户,这些企业才是你应该进行私人接触的对象,也是你最应该关注的重点。通过关键客户战略,咨询师可以将时间集中在那些可能带来最佳效果的客户上。

在营销中,主要有两种成本需要考虑:

人员时间

资金

一般化的直接营销往往会导致资金的浪费。比如,我可以写一封信,然后通过邮局的直邮服务寄出 50 000 封。几天后,我可能需要回复 500 个人的询问,而下一周我们可能只会收到他们的回信。这样的工作完全是金钱驱动的。

关键客户战略同样需要时间和资金的投入,它涉及咨询师的参与,包括客户电话、午餐、研究、会谈和会议等费用。

尽管存在这些开支,你仍然需要制定关键客户战略和非关键客户战略。如果你打算打印 100 份资料,为什么不打印 1000 份,然后邮寄给你数据库中的所有客户呢? 对于额外的 900 个客户,成本只是额外的打印和邮寄费用。这些累计成本通常不高,而且可以通过创造的额外收入得到补偿。

选择关键客户的方法主要有两种:第一种方法是通过科学研究,将潜在客户与已经成功的客户进行比较,分析他们在多大程度上具有相似性。第二种方法是让咨询师列出他们最希望合作的 6 个客户。

咨询师当然有自己的资源,而且实现目标是他们的内在动力。因此,建议选择第二种方法。

(3)预算的分配:营销实际上是一种投资决策过程。其中一个关键决策是:"与吸引新客户相比,维护现有客户的好感需要多少投资?"

大多数营销预算往往投入到效果最低的领域,即新客户的开发上。人们常

常错误地假设现有客户已经得到了足够的关注、培养和营销。

明智的投资策略是将大部分预算投入到那些已知能产生最佳效果的地方，也就是维护现有客户。根据经验，建议的预算分配如下：

60％的预算用于增加既有客户的业务；

15％～20％用于研究（你的营销"汤锅"）；

剩余的 15％～20％用于开发新业务。

如果你是一家新成立的专业公司，这些比例当然需要相应调整。

小结

持续营销，包括研究和沟通，是任何专业公司健康运营的重要组成部分。如果你只是偶尔进行沟通（通常在需要新业务时），那么可能会遇到各种问题。咨询项目可能会停滞不前，导致你不得不降低费率或提供次优的项目成果，因为你需要完成项目。

营销规划的核心在于，你必须确保你的专业公司按照你期望的方式运作。因此，在规划之后，你必须采取持续且一致的行动。

---

3. 专业公司的财务与控制

本部分主要讨论两个主题：第一，简要介绍管理咨询行业的基本经济问题；第二，重点讨论财务计划与控制。

1）管理咨询行业的基本经济问题

管理咨询是一个全球性的行业。基于 2018 年对资产负债管理（ALM）数据的分析，北美（包括美国和加拿大）是咨询项目服务的最大区域，占全球 2 770 亿美元产业的大约 55％。亚太地区在 2017 年的市场规模达到 470 亿美元。欧洲在 2010 年的咨询市场份额为 850 亿欧元，而最近一份报告预测英国管理咨询市场在 2020 至 2027 年间的复合年增长率为 8％。

咨询行业经济情况详见国际 CMC® 教材 T1 第 3 章。

2）财务计划与控制

在了解管理咨询行业的基本经济情况后，我们需要关注专业公司在财务计划与控制方面需要考虑的问题。

财务计划与控制在所有业务中都非常重要，不仅仅是管理咨询业务。在实践中，预算是实现这一目的的主要工具。预算是一个覆盖一定时期，通常是年度,也可以是月度的计划。

使用预算可以让你将特定时期的实际业绩与预期的预算业绩进行对比。制定预算的好处在于以下几点:

(1)公司可以对未来进行规划,这意味着可以明确考虑如提高(或降低)薪酬水平、增加额外人员和提高收费率等变化。

(2)公司可以控制其活动,这意味着可以进行差异分析,将管理部门的注意力集中在为达到预算要求所需做的工作上。

(3)公司可以通过关注关键业绩指标(KPI)来提高业绩,这些指标相当于公司的血压和心率,是衡量公司运营状况的重要标准。

3) 编制预算

在制定预算时,有几个关键问题需要特别关注:

第一,了解上一年度的业绩结果至关重要。例如,公司上一年度的关键业绩指标有:

每位专业人员的收入

每位合伙人的利润

杠杆比率(非合伙人专业人员与合伙人的比例)

时间利用率

平均日收费率

以收费率计算的营业利润(毛利或边际营业利润)

这些指标构成了本年度预算讨论的基础。

第二,在确定本年度目标之前,必须进行充分的讨论,以确保能够激发每个人的热情。合伙人需要负责公司业务的各个方面。他们应该让下属参与预算讨论,这样在预算制定结束时,每个人都能接受预算目标,并为实现这些目标而努力。

目标必须是切实可行的,但同时也要具有挑战性,以显著提升业绩,确保公司保持竞争力。

4) 控制业务

一旦预算制定完成并且预算周期开始,公司就需要对活动进行控制和监督。这意味着公司将执行以下操作:

在本年度定期(通常是每月一次)比较实际业绩和预算业绩,特别是要识别出业绩差异的原因,无论是好的差异还是不利的差异。对于不利的差异,需要在采取纠正措施之前就采取行动

定期进行预测,以便管理小组能够评估已产生的差异对公司年度其他事件的潜在影响

4. 项目内控管理

本章节主要讨论专业公司内部的项目管理,这与咨询师为企业实施的项目管理有所不同。

在许多咨询业务中,可以将工作视为咨询项目。因此,有效的项目管理是满足客户需求和实现公司目标的关键成功因素。

以 IT 管理信息系统的项目为例,其特点包括以下方面:

注重结果:明确项目结束时应取得的成果

明确起点和终点:通常需要说明要求的截止日期

使用多种方法来描述与客户相关的问题

与高层客户签订合同,确保他们对正在实现和已经实现的项目目标满意

在不确定和风险条件下管理稀缺资源:包括财务、人员和技能资源

注重结果意味着在确定如何达到目标之前,先关注必须实现的目标。这也意味着组织相关活动(或里程碑进展)和任务,这些都是实现项目目标所必需的。

小结

专业公司的财务管理与控制重点在于预算管理和项目成本控制,而项目内部控制管理的重点在于关注和重视结果。

经典管理箴言

罗兰·贝格（Roland Berger）
罗兰·贝格咨询（Roland Berger）创始人

"战略咨询核心是解决实际问题，不是提供理论框架。"
"创新是竞争力的源泉。"
"理解客户的业务比提供解决方案更重要。"

附　录

Appendix

附录 1　管理项目相关软件介绍

管理项目的辅助工具通常指的是项目管理软件。对于工商管理项目,相关的软件主要包括 MindManager 思维导图、Microsoft Project(MSP)、Microsoft Office Excel。

1. MindManager 思维导图

MindManager 思维导图软件由美国 Mindjet 公司开发。CMC® 首先推荐 MindManager,因为它是一款强大的思维导图工具,适用于头脑风暴和创造性问题解决,能够提升个人和团队的工作效率。这款软件帮助你有序地组织思维、资源和项目进程,更高效地规划和完成项目。结合 SpigitEngage 企业创新管理平台,这些独特的软件产品为众包和成功的项目管理提供了一套出色的工具。

作为一款组织资源和管理项目的方法,MindManager 允许你从思维导图的核心分支出发,衍生出各种相关的想法和信息。除了传统的思维导图结构外,它还能以鱼骨图、二维图、树形图、逻辑图、组织结构图等多种结构化方式展示具体内容。在使用思维导图的过程中,你可以始终保持清晰的思路,随时掌握计划或任务的全貌,从而提高工作效率。

2. Microsoft Project

Microsoft Project(简称 MSP)是由美国微软公司开发的项目管理软件。这

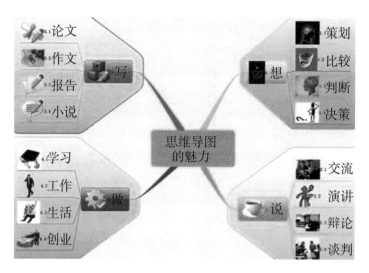

附图 1-1 思维导图的作用

款软件旨在帮助项目经理制订计划、分配资源、跟踪进度、管理预算和分析工作量。Microsoft Project 以进度计划为核心,融合了经典的项目管理理念、技术以及全球众多企业的项目管理实践经验。它的操作界面和风格与大家熟悉的 Office 套件中的 Word 和 Excel 非常相似,这使得项目管理人员能够轻松地编制进度计划、管理资源分配、生成费用预算,并能够创建商务图表,制作出图文并茂的报告。

尽管 Microsoft Project 在处理复杂项目管理方面功能强大,但它在某些方面仍有不足,比如在资源层次划分和费用管理功能上存在局限。

3. Microsoft Office Excel

Microsoft Office Excel 是美国微软公司开发的一款办公软件,主要用于处理表格数据,是职场人士常用的工具之一。在大多数人的印象中,Excel 主要用于制作数据报表,似乎与甘特图的制作相去甚远。尽管如此,Excel 确实具备绘制甘特图的功能,但操作相对复杂,且制作出的图表在美观度上可能不如专业软件,对新手来说不太友好。

实际上,那些不使用专业项目管理软件的管理者或咨询师,经常会利用 Excel 来进行简单的项目规划和进度记录。

附录 2　企业管理项目立项申请表/审批表的范本

××××管理项目立项申请表/审批表

项目名称		项目编号	
项目申请人		申请部门	
项目预算		申报类别	□1　□2　□3　□4
项目时间	计划从　　年　　月　　日至　　年　　月　　日		

项目内容	项目主要内容： 项目主要目标：

项目组人员	组员姓名	项目角色	所在部门	主要职责
	预计投入人天：　　　　投入估算：			

项目配合	主要配合事项		配合时间	配合部门

项目关键里程碑	主要任务	计划开始时间	计划结束时间	负责人	计划人天

续　表

预期成果内部评审验收计划	提交阶段性项目成果	时间	评审或验收方式
			□项目委员会 □项目小组
			□项目委员会 □项目小组
			□项目委员会 □项目小组
风险说明	主要风险说明	发生概率	应对措施
项目合作及知识产权	□本企业独立运作 □委托专业公司,计划:□招投标　□指定专业公司:		
申请记录	其他建议: 项目经理(签名):　　　　　　日期:		
	□同意立项　□不同意立项: 项目需求部门(签名):　　　　　日期:		
	□同意立项　□不同意立项: 项目委员会(签名):　　　　　　日期:		
审批记录	□同意立项　□不同意立项: 决策层(签名):　　　　　　　日期:		

项目类别代码及类别:1代表重大项目,2代表重点项目,3代表一般项目,4代表委托项目。

附件:项目立项建议书

附录3　企业内部研究型项目立项申请书的范本

项目所属科类	项目类别代码	申报项目类别
研发管理	1	重大项目

××公司

项目立项申请书

项目名称：

申请单位：

申请部门：

申　请　人：

联系电话：

申请日期：

××××集团公司

2025 年　印制

类别代码及类别说明：1代表重大项目，2代表重点项目，3代表一般项目，4代表委托项目

项目主持人情况说明

项目	名称					
	申请金额					
项目主持人	姓名		性别		出生	
	技术职务		行政职务		专业领域	
	主要工作简历					

主要研究领域及成果	

项目主要成员情况

项目组主要成员情况	姓名	年龄	技术职务	行政职务	部门	研究领域	承担工作	签名

一、立项依据及目标
1. 现状与背景分析
2. 项目主要内容、目标、要解决的问题、项目特色
3. 预期效果和具体成果

二、项目进度安排	
时间段　　　　关键任务	
三、经费预算	
1. 资金来源 2. 资金运用	
四、项目主持人所在单位或部门的意见	
单位(盖章)　　　　　部门负责人(签名) 　　　　　　　　　　日期:	
五、项目审批意见	
单位(盖章)　　　　　负责人(签名) 　　　　　　　　　　日期:	

附录4　招标公告的范本

××××管理项目服务招标公告

一、项目名称、数量及主要参数

1. 项目编号：×××

2. 项目名称：×××

3. 采购方式：公开比选

4. 投标控制价：××万元整，这是招标人期望的最高限价，如果投标人的投标总价超过此价格，招标人将认为投标文件中包含无法接受的条件，并将拒绝该报价。

5. 资金来源：企业自筹

6. 项目内容及规模：×××

7. 服务地点：×××

8. 服务期限：项目实施周期为×个月（合同签订之日起计算）。

后续服务期：×年。

二、投标人资格要求

1. 基本资格要求

投标人必须具有独立法人资格，并持有有效的企业法人营业执照，且营业执照年检合格。营业执照的经营范围必须包含××××服务，注册资本不得低于××万元人民币。投标人不得存在下列情形之一：

在近三年内发生过骗取中选、严重违约或重大质量问题；

被列在全国企业信用信息公示系统的严重违法失信企业名单中；

……

2. 专项资格要求

一般要求：投标人必须是在中华人民共和国境内注册的、具有独立承担民事责任能力的企业法人，持有有效的营业执照。

业绩要求：申请人在过去2年（从××××年××月××日起至申请文件递交截止日）内至少完成1个××××管理项目。需提供合同封面、签字盖章页以及反映主要工作内容的相关页面作为业绩证明。

3. 投标人必须能够开具符合法律要求的增值税专用发票。

4. 本项目不接受联合投标。

三、招标文件索取途径

1. 凡有意参加投标者,请于××月××日—××月××日(法定公休日、法定节假日除外),每日上午×时至×时,下午×时至×时,将企业法人营业执照副本、单位介绍信、经办人身份证、开票资料、基本账户开户许可证、汇款凭证等资料的扫描件(加盖公章)发送至邮箱:××××。待工作人员审核通过后,提供招标文件(Word 版、PDF 版各×份)。

2. 招标文件每套售价××元,售后不退。

3. 招标文件工本费支付方式:电汇(或其他)。

4. 招标文件工本费应在投标报名截止时间之前缴纳至以下账户:

开户行:×××

开户名称:×××

银行账号:×××

四、投标文件的递交

1. 投标文件递交截止时间(投标截止时间,下同)为×日上午×时,投标人应于当日上午×时至×时将投标文件递交至××××开标厅(地址:××××)。

2. 招标人定于×日上午×时在××××(地点)公开开标,投标人的法定代表人或其委托代理人应出席开标活动。法定代表人出席须携带身份证以核验签字确认;委托代理人出席须携带身份证、授权委托书以核验签字确认。若投标人未按要求出席开标活动,其投标文件将不予接受(不予唱标)。逾期或未送达指定地点的投标文件,招标人将不予受理。

五、投标保证金及交付方式

1. 投标保证金金额:人民币×万元整。

2. 投标保证金递交形式:电汇。

3. 投标保证金应在×日×时之前交纳至以下账户:

开户行:×××

开户名称:×××

银行账号:×××

六、联系方式

1. 招标代理机构:×××

地　　址:×××

联 系 人:×××

联系电话：×××

2. 招标人：×××

地　　　址：×××

联　系　人：×××

联系电话：×××

备注：有关标书售卖、投标保证金交纳的事宜，请联系×××或招标代理机构。招标人主要负责人（项目负责人）为×××。

招标人主要负责人（项目负责人）：×××

招标人：××××公司

日　　期：　　年　　月　　日

附录 5 专业公司内部项目立项申请书的范本

编号：

客户全称				
项目名称				
客户预算费用	□预算××万元　□无预算			
项目起止日期		是否已立项		□是　□否
项目实施部门		项目负责人		
项目联系人		联系方式		
确定项目方式	□招投标　□客户指定　□本公司指派			
一、客户项目背景(客户公司简介和问题描述)				
二、客户公司项目的实施范围、目的和预期效果				
可行性建议	项目价值　□经济价值　□品牌价值			
	项目难易程度　□难　□容易			
	项目符合公司的立项标准和职业道德　□			
	已经了解和理解客户的项目需求　□			
	确定具有相关的经验和能力　□			
	确定具有可调配的项目成员及时间　□			
项目预算费用	预算报价:××万元			
	专家费:××人,合计××万元			
	一般费用:××万元			
	预期项目利润率:××%			
申请人建议: □申请立项　　其他说明: 项目负责人签名:　　　日期:				
公司审批意见: □同意立项　　□不同意立项 批准人签名:　　　日期:				

附录6　企业撰写投标书文件的范本

××公司投标书说明文件

1. 公司简介（略）

2. 项目简介（略）

3. 招标文件

3.1　招标文件的组成

3.1.1　招标文件由《投标须知》（商务部分）、附件一项目目标及具体需求、附件二投标文件（商务部分）格式、附件三投标文件（技术部分）格式、附件四投标文件（价格部分）格式、附件五委托咨询服务合同范本组成。

3.1.2　投标人如发现招标文件有差异或对其内容有疑问或理解不清之处，可书面要求招标人进行解释。招标人将以招标补充文件形式通知所有投标人。

3.1.3　解释和澄清的问题均应形成书面文件，并由法定代表人或授权代理人签字并加盖公章，同时注明日期。

3.1.4　招标人在投标截止期之前发布的所有招标补充文件都是招标文件的组成部分，与招标文件具有同等法律效力。当文件间的内容有矛盾时，以日期在后的文件为准。

4. 投标人条件

4.1　合格的投标单位应具有完全履行合同的能力，具体应符合下列条件：

4.1.1　具有独立承担民事法律责任的能力；

4.1.2　具有履行合同所必需的专业技术能力；

4.1.3　具有完善的质量保证体系；

4.1.4　具有实力雄厚的咨询师队伍；参加项目的咨询师必须具有5年以上从业经验，且有过相关成功项目的经验；具有管理咨询师证书或CMC®证书；

4.1.5　具有良好的银行资信和商业信誉，没有处于被吊销营业执照或责令停业，财产被接管、查封或冻结，濒临关闭、破产等状态；

4.1.6　具有为多家客户提供过咨询服务的成功案例；

4.1.7　参加本次投标活动的前三年内，在经营活动中没有重大违法记录；

4.1.8　投标人必须是收到我方投标邀请的单位；

4.2　投标保证金

4.2.1　本项目不收取投标保证金。

5.　投标文件

5.1　投标文件的组成

5.1.1　投标文件应包括：

第一部分：商务投标书（一份）

第二部分：技术投标书（一式三份，正本一份，副本二份）

第三部分：投标报价书（一式三份，正本一份，副本二份）

第四部分：商务/技术投标书电子档（一份）

说明：如有格式要求的，请按要求格式填报，需做特别说明的，请在表格下面注明。

5.1.2　投标人须将上述商务投标书、技术投标书分成两部分，每一部分作为一个 Word 文档，制作成电子文档进行投标。当投标书中书面与电子文档有差异时，以书面为准。

5.1.3　投标人在投标截止时间之前提交的、对投标文件所作的一切补充、修改文件，均被视为投标文件不可分割的部分。

5.2　投标文件的编制

5.2.1　一般要求

5.2.1.1　投标人应严格按照招标文件《投标须知（商务部分）》"附件"的格式填写投标文件，表格内容不得更改，字体要工整。若有添字、删改，则应由投标人或其授权代理人在添、改处盖章。投标人应按照招标文件《投标须知（商务部分）》条款的要求编制投标文件，逐项逐条响应招标文件，顺序和编号应与招标文件一致。可以增加说明或描述性文字；投标人应对《合同范本》条款是否响应作出回应，若有异议，请在投标《差异表》中明确提出，否则，视为完全接受。

5.2.1.2　投标人应提交附件要求的所有资格证明文件并作为其投标文件的一部分。

5.2.1.3　投标人应提交根据要求提供符合招标文件规定的技术响应文件，并作为其投标文件的一部分。

5.2.1.4　投标人应根据招标文件的要求编制投标文件，当所报材料与招标文件中技术要求有所差异时，无论多么微小，均应统一汇总说明到"差异表"中，招标人在评标时将作为前提来决定取舍。投标书中未对招标文件另作说明，或者说明中未涉及的内容，即视为投标人已经接受，一旦中标即成为双方签订的合同文件的组成部分，投标人不得以任何理由另行提出附加条件。

5.2.1.5　经投标人确认的投标文件具有法律效力。与招标人的任何个人的口头协议均不能影响投标文件的任何条款与内容。

5.2.2　投标文件的语言

投标文件应用中文编写。度量衡采用国家法定单位制（即国际单位制）。

5.2.3　投标有效期

5.2.3.1　投标人的投标文件自投标截止之日起 90 天内有效，若遇特殊情况，招标人和招标代理机构将于投标有效期之前征求投标人同意延长有效期，但延长期一般不超过 3 个月。投标人应以书面答复表示同意，投标人若不同意延长投标有效期，应以书面形式给予明确答复，此时投标人被视为自动退出投标。

5.2.3.2　在投标有效期内，投标人不得要求修改投标文件，不得更改或撤回投标文件，中标后不得拖延或拒签采购合同。

5.2.4　投标人建议

投标人应响应招标文件并投标。在此前提下，还可提出补充建议或说明，提出比招标文件的要求更为合理的建议方案，列于"投标人需要说明的其他问题"中，同时应说明对技术条件、价格、运行、维护、检修、安装等方面的影响。如有任何优惠条件，也请在投标文件中阐明，评标时将予以认真研究作为参考。投标人的建议部分单独包装密封，并在包装袋上明示。

5.3　投标报价

5.3.1　投标人应严格按照招标文件：《投标须知（商务部分）》"附件"的格式认真填写投标报价书、投标价格表及其附件。

5.3.2　投标人全部以人民币报价，若投标单位以其他币种进行报价的，评标小组应当对以开标日中国银行公布商务投标货币对评标货币的卖出价中间价进行换算以计算评标价格，本《招标文件》所列的全部条款凡涉及报价的，投标人都应在报价中计列。投标人的报价，将被认为是各项费用和含税综合计算的结果，中标后在合同履行期内价格不变。投标报价书中正本与副本有差异时以正本为准，大写与小写有差异时以大写为准。

5.3.3　投标人承担因投标所发生的一切费用，不论是否最终中标。

5.3.4　投标人可以在投标截止时间以前对投标报价进行调整，调整文件要有法定代表人（或被授权人）的签名和单位公章，作为投标文件的补充材料。

5.4　投标文件的份数和签署

5.4.1　投标文件的份数:提供书面投标文件商务投标书一份;技术投标书部分正本一份、副本二份,并注明正本、副本;提供一份与书面投标文件(包括商务投标书、技术投标书部分)相同的电子文档。商务投标书和技术投标书中不得含有报价。提供书面投标报价书正本一份、副本二份。

5.4.2　投标文件的签署:投标授权书应由投标人的法定代表人、被授权人双方签字,投标书、投标报价书、投标报价表、承诺书必须由投标人的法定代表人或被授权人签字并加盖公章。企业营业执照、生产或经营许可证、资格证书、资产负债表复印件必须加盖公章。

5.4.3　投标文件的封装:书面投标书装订成册分为:技术标书部分正副本、商务标书部分正本、投标报价书正副本。其中把技术、商务部分四本投标文件装入一个封包;电子文档(报价不得编入)一份装入一个封包;投标报价书三份装入一个封包,共分装成三个封包(投标人若有建议部分,建议部分单独封装)。每个封包外层可开启处要加贴封签并在骑缝处盖上公章和法定代表人(或被授权人)印章(封条不可用透明胶带代替,亦不可用透明胶带代替密封胶)。每个封包的封面须注明招标编号、投标项目名称、投标单位名称,并明示商务、技术、报价字样在包装袋显著位置。对不符合上述封装要求的投标文件将不予接收。

5.4.4　不论中标与否,投标文件一律不予退还。

5.5　招标文件发售和投标文件的递交

投标截止日期及地点、开标时间及地点

投标截止日期:××××年××月××日××时00分(北京时间)

投标地点:××××公司

地　　址:××××

开标时间:××××年××月××日××时××分(北京时间)

开标地点:××××公司

地　　址:××××

5.5.1　投标文件应于投标截止时间以前送达指定地点。一切迟到的投标文件都将被拒绝并原封退回。如因特殊原因,投标人应于投标截止时间前1个小时通告招标人,并得到其同意者除外。

5.5.2　投标文件的补充、修改和撤回

5.5.2.1　在投标截止时间之前,投标人可以向招标人递送书面的投标补充文件,修改或撤换已经送(或寄)出的投标文件。

5.5.2.2　投标补充文件必须由签署投标文件的法定代表人(或被授权人)签字,并加盖公章。

5.5.2.3　投标补充文件必须按《投标须知(商务部分)》相关条款规定密封和递送,信封的封面加注"投标补充文件"字样。

5.5.2.4　凡在投标截止时间之前,招标人收到并符合招标文件规定有效的投标补充文件均为投标文件的组成部分,具有法律效力。当文件间出现差异时,以日期在后的文件为准。

5.6　无效投标

5.6.1　开标时发现投标文件有下列情况之一者为废标,废标不得参与评标:

5.6.1.1　未密封的;

5.6.1.2　未加盖法人或者单位公章和未有法定代表人、单位负责人或者被授权人签名的,包括但不限于(a.投标文件的投标授权书未按要求加盖公章及签字的;b.投标单位资信文件复印件未加盖公章的)。

5.6.1.3　未按招标文件规定格式填写或者字迹模糊不清的。

5.6.1.4　未提供有效投标文件的,包括但不限于(a.投标书、投标报价书、投标报价表未加盖公章及未有法定代表人、单位负责人或者被授权人签名的;b.报价书中出现两个及以上不同报价的;c.把报价填写在技术标书或商务标书中的)。

5.6.2　评标中发现内容存在下列重大偏差,实质上不能响应招标文件要求的投标文件,确定为废标:

5.6.2.1　不能满足完成投标项目期限;

5.6.2.2　附有招标人无法接受的条件;

5.6.2.3　明显不符合技术规格、质量要求、服务方式、检验标准和方法;

5.6.2.4　不符合招标文件规定的其它实质性要求。

5.7　投标费用

5.7.1　投标人在参加投标过程中所发生的全部费用自理。

6.纪律

6.1　对评标小组成员及工作人员的约束:评标小组成员及工作人员从投标截止日期起到授予合同时止,有关投标文件的审查、澄清、评议以及有关授予合同的意向等一切情况都不得透露给投标人或与上述工作无关的单位和个人。

6.2　对投标人的约束：

6.2.1　投标人申报的关于资质、业绩等文件和材料必须真实准确,不得弄虚作假。

6.2.2　投标人不得串通作弊、哄抬标价,致使定标困难或无法定标。

6.2.3　投标人不得采用不正当手段、排挤其它投标人,扰乱招标市场,破坏公平竞争。

6.2.4　投标人不得以任何形式打听和搜集评标机密,不得以任何形式干扰评标或授标工作。

6.2.5　投标人若违反上述要求,其投标将被废除。

7.　开标、评标

7.1　开标

7.1.1　开标由招标人或招标代理机构主持,邀请所有投标人参加。不参加的视作放弃本次投标并对开标结果无异议。

7.1.2　开标时,招标人、招标代理机构、投标人代表共同检查投标文件密封情况。经确认无误后,由工作人员当众拆封,宣读投标人名称、投标价格。

7.1.3　开标唱标过程记录由招标人、投标人签字确认。

7.1.4　招标人诚挚邀请各投标人参加本项目的开标会,并在评标前详细介绍本公司所提供设备的完整性能;以便评标小组能对投标人的设备性能有全面的认识。

7.2　评标小组：

7.2.1　由招标人根据其相关规定安排评标小组。

7.2.2　评标小组按"三分离原则"负责招标文件的审查,投标文件的评审,并对招标领导组负责。

7.2.3　评标小组成员应客观、公正、独立地履行职责,并对本人作出的评审意见负责。

7.3　评标程序：

7.3.1　评标小组依据招标文件中提出的技术标准和商务条款以及投标人的报价,分别对投标人的技术、商务以及报价进行综合评估。

7.3.2　评标小组根据综合评分结果,向本次招标领导组提交书面评标报告和综合排名。

8.　评标标准

8.1 评标标准统一采用综合评分法,综合评分法评分标准见下表:

综合评分法评分标准

项目名称 ProjectName	××××管理项目服务项目			
价格标或 称经济标 Price Bid	价格分总分 Total	价格分评分方法 Scoring Method		
	30	$Q=[1-(Yi-Yd)/Yd]\times30$ Q——报价得分 Yi——各投标人投标价格 Yd——所有投标人中满足招标文件要求且投标价格最低的投标报价 30——价格标(经济标)的总分		
技术标 Technical Bid	技术分总分 Total	评分要素 Scoring Elements	最高分值 Top Score	评分标准 Evaluation Standard
	50	方案与招标人现有制度、实际情况的匹配程度	1－5	
		方案的可行性	1－15	
		方案后期(至少2年内)的延展性	1－10	
		预测方案对招标人项目总目标的达成程度	1－15	
		后续服务、优化承诺	1－5	
商务标 Commercial Bid	商务分总分 Total	评分要素 Scoring Elements	最高分值 Top Score	评分标准 Evaluation Standard
	20	专业公司的资质 (国际 CMCFIRM,中国 5A/4A/3A)	1－5	
		专业公司的资信能力	1－2	
		获得相关荣誉证书	1－2	
		项目总师、项目经理的资格	1－5	
		成功的同类项目的业绩	1－6	

编译注:评分标准参考第1部分第1.4.3章节、图表1－10资格预审评分标准。

8.2　技术标评标标准(评标小组成员可依据标准分并参考下列情况给予加分或扣分,最高分为评分范围的最大值、最低分为评分范围的最小值)

8.2.1　技术参数响应范围及性能

8.2.1.1　投标文件提出方案未能涵盖招标人项目目标及具体需求的全部要求。提供不齐全的扣2分。

8.2.1.2　投标文件未装订成册的扣2分。

8.2.1.3　投标文件封面未按招标文件要求盖章的扣1分。

8.2.2　投标人有严格的质量保证体系。没有提供的扣1分。

8.3　商务标评标标准(评标小组成员可依据标准分并参考下列情况给予加分或扣分,最高分为评分范围的最大值、最低分为评分范围的最小值)

8.3.1　投标文件规范,标准内容是否齐全。不齐全扣1分。

8.3.2　满足招标文件的付款方式。不满足的扣5分。

8.3.3　具有企业基本情况简介,不提供的扣1分。

8.3.4　具备同类项目提供业绩。给予适当加1分。

8.3.5　承诺

8.3.5.1　提供给人资及招标人各部门的培训服务承诺。给予适当加2分。

8.3.5.2　提供项目完成后至少半年的跟踪辅导,完善和优化系统的承诺。给予适当加2分。

8.3.6　投标文件副本为正本复印件的扣2分。

8.4　评标过程的保密性

8.4.1　开标后,直到授予中标人合同止,凡是属于审查、澄清、评估和比较投标的有关资料以及授标建议等内容,均不得向投标人或其他无关人员透露;

8.4.2　投标人在评标过程中,试图向招标人施加任何影响的行为,都将可能导致投标失败。

9.中标

9.1　评标小组根据评标结果,计算出各投标人的综合得分推荐中标人,评委有权不推荐任何中标人。

10.授予协议与合同

10.1　根据招标领导组的定标结果,向中标单位发出《中标通知书》。《中标通知书》一经发出即发生法律效力。投标人在收到《中标通知书》后,第一时间将盖好公司行政章的《中标通知书》回传到招标人。

10.2　中标单位接到中标通知后30天内必须由法人代表（或被授权代表）与招标人签订采购技术协议及采购合同。招标文件、中标人的投标文件、澄清文件及《中标通知书》等，均为合同不可分割的部分。

10.3　中标人如果未及时签订合同，或要求改变投标文件、或要求更改招标文件内容而拖延合同签订，将视为"违反职业操守，不诚信供应商"，将在招标人备案，以及永远不邀请参加招标人投标事宜。如为此给招标人造成损失的，应赔偿招标人的所有损失。

11. 付款方式

11.1　依据双方最终签署的委托咨询服务合同确定。

12. 委托咨询服务合同

采购合同应符合《中华人民共和国合同法》要求，体现供需双方的权利和义务，其主要条款见附录7（编译者注）。

附件一：本项目目标及具体需求

一、项目总目标

1. 建成适应招标人目前发展要求的××××管理体系

2. 强调招标人的企业文化

3. 降低管理成本，同时提升员工满意度

二、具体目标

建立××××管理体系

具体（略）

三、其他要求

1. 分成至少三个阶段，分阶段验收后支付费用。第一阶段为调研诊断，第二阶段为设计和方案，第三个阶段为培训和实施阶段。方案实施不少于 1 个月，须在××××年××月××日前实施完成；

2. 参加项目的咨询师必须具有 5 年以上从业经验，具备 MBA 学位和CMC®资格，且有过相关成功的项目经验；

3. 签合同前要面试和考核咨询师，咨询师面试考核不通过的，中标人予以更换。中标人需确保不少于 3 名咨询师通过招标人面试与考核，中标人需确保在项目实施过程中不得另行更换前述咨询师；

4. 项目完成后，要有至少 6 个月的跟踪辅导时间，完善和优化此系统。

附件二:投标文件(商务标)格式

_____招标

投　标　文　件

（商务部分）

投标人：　　　　　　（盖单位公章）

年　　　月　　　日

目录

一、投标书

××××公司：

根据贵方　　　　　　　　项目招标的投标邀请函,法定代表人(或被授权人)

代表　　　　　　　　公司按要求提交下列文件。

1. 投标人法定代表人授权书(法定代表人本人参加无须提供授权书)

2. 投标商务文件(单独装订密封)

3. 投标报价文件(单独装订密封)

4. 投标技术文件(单独装订密封)

5. 据此函,投标人宣布如下:

(1) 我方已详细审查全部招标文件以及全部参考资料和有关附件。

(2) 我方将按招标文件的规定履行合同的责任和义务,完全理解贵方不一定要接受最低价的投标或收到的任何投标。

(3) 若中标,我方承诺将按照招标文件的具体规定与贵方签订服务合同,并且严格履行合同义务,为项目提供优质的服务。

(4) 在整个招标过程中,我方若有违规行为,贵方可按招标文件之规定进行相应的处理,我方完全接受。

(5) 与本投标有关的一切正式往来通信请寄以下地址:××××

投标人盖公章名称:

法定代表人(签字):

(被授权人):

地　　　　址:

电　　　　话:

传　　　　真:

邮　　　　编:

　　年　　月　　日

二、投标人授权书

致：××××公司

　　　　　　　　　　　　是中华人民共和国合法企业，注册地址为

　　　　　　　　　。

　　　　　　　特授权　　　　　　代表我公司全权办理针对　　　　　　项目的投标、谈判、签约等具体工作，并签署全部有关的文件、协议及合同。

　　我公司对被授权人的签名负全部责任。

　　在撤销授权的书面通知送达××××公司以前，本授权书一直有效。被授权人签署的所有文件（在授权有效期内签署的）不因授权的撤销而失效。

　　被授权人签名：　　　　　　授权人（公章）：

　　职　　　　务：　　　　　　法定代表人（签名）：

　　被授权人身份证号码：

　　授权日期：

三、投标人基本情况

　　投标人公司简介及经营现状简要说明：

　　投标单位（盖公章）：

　　被 授 权 人 签 字：

　　日　　　　　期：

四、投标人资信证明文件和各项荣誉证书

投标人资格证明文件清单(加盖公章):

1. 营业执照

2. 从事管理项目服务"甲级"或"乙级""丙级"资质证书

3. CMC 协会/国际咨询协会认证的"CMCFIRM®"证书

4. 银行的信用等级证书

5. 重合同守信用企业证书

6. 优秀项目评选证书

7. 本公司的系列工具(软件)

8. 其他证书

五、项目组成员组成

投标人××××专业公司现就本项目需求组建咨询项目组,项目组成员的构成、项目成员的能力业绩、基本情况等说明如下:

附表(1) 项目人员配备说明表

姓名	年龄	在本项目中担任职务	学历	职称及职业资质	从事本类项目工作年限

附表(2) 主要人员资历表(简历)

1. 一般情况		
姓名		性别	
年龄		职称	
学历学位		职业资格	
毕业院校			

2. 经历			
时间	负责过的主要项目(类型和金额)	项目角色	备注

3. 获奖情况

4. 目前担任职务

本人签字:_____

注:项目负责人和项目组人员及投标人认为需要的其他主要人员在近2年内的项目经历,应

提供有关证明材料,并附所列人员的学历学位证书和职业资格证书的扫描件。

投标单位(盖公章):

被 授 权 人 签 字:

日　　　　期:

六、投标人项目总师、项目经理及成员的学位证书和资格证书

说明：以附件形式提供投标人项目总师、项目经理及成员的学位证书和资格证书（加盖公章）

七、类似项目的成功业绩情况

投标人业绩情况：包括投标人近两年内为行业同类企业提供××管理项目服务的情况，见下表。

序号	项目名称	客户单位	合同工期	合同金额	运行情况	证明人及联系方式
合计						

我方声明以上所述是正确无误的，你有权进行你认为必要的所有调查。

说明：部分企业可能会要求提供合同关键页面的附件，并加盖公章。

投标单位（盖公章）：

被 授 权 人 签 字：

日　　　　期：

八、承诺书

致:××××公司

我司参加贵司××××(项目名称)招标项目投标,在此郑重承诺:

1. 我方投标文件中没有任何虚假内容,若经审查发现有虚假内容,我方愿承担全部法律责任。

2. 我方完全理解和接受招标文件中的一切规定和要求,并同意向招标人提供可能另外要求的与投标有关的任何资料,我方完全理解招标人不一定接受最低价的投标或收到的任何投标。

3. 投标报价为闭口价,即在投标有效期和合同有效期内,该报价规定不变。

4. 若中标,我方承诺将按照招标文件的具体规定与招标人签署委托咨询服务合同,并且严格履行合同义务,为项目提供优质的服务。如果在合同执行过程中,发现方案存在问题,我方将在约定时间内完善修正。

5. 若中标,本承诺书将成为委托咨询服务合同不可分割的一部分,与合同具有同等的法律效力。并承诺不对本项目进行分包、转包或拆分。

6. 贵司有权确认项目组成员。我方将提供项目所需的充足人力及其他资源保障,按时完成本咨询项目,保证所提交成果的质量。

7. 接受贵司质询,按照要求对项目实施方案进行现场讲解,并对提出的问题进行澄清和说明。

8. 项目实施过程中,我司应将关键技能、方法转移给贵司。

9. 本项目所产生的咨询成果归贵司所有。

10. 我方有保守本项目秘密的义务,项目全过程搜集信息、分析资料及研究成果均严格保密。

11. 招标人项目管理委员会依据我方中标后提交的方案实施至少一个月后认可方案的,方视为最终验收合格。

如违背承诺,我司愿意承担相关违约和赔偿责任,贵司可在对我方的合同付款中扣抵。

投标单位(盖公章):

被 授 权 人 签 字:

日 期:

九、其他文件和资料

附件三:投标文件(经济标)格式

_____招标

投　标　文　件

（经济部分）

投标人：　　　　　　（盖单位公章）

年　　月　　日

目录

一、投标书

致：××公司

根据贵方为××管理项目的投标邀请，签字代表×××经正式授权并代表投标人某某专业公司提交：

一、投标文件（正本壹份及副本×份）：

包括以下文件：

1）投标书；

2）投标人授权书；

3）投标报价书；

4）报价表（又称投标一览表）；

5）承诺书；

6）投标保证金交存凭证复印件（如有要求）。

二、文件有要求或投标人认为有必要提供的其他资料：

据此函，签字代表宣誓同意如下：

1）所附报价表中规定的应提交和交付的管理咨询成果和服务总价为：大写人民币×××元整（￥××元）。

2）投标人将按招标文件的规定履行合同责任和义务。

3）投标人已详细审查全部招标文件，包括修改文件（如果有的话）。我们完全理解并同意放弃对这方面有不明及误解的权利。

4）本投标有效期为自投标截止日起九十个自然日。

5）投标人同意提供按照贵方可能要求的与其投标有关的一切数据和资料，理解贵方不一定要接受最低价的投标或收到的任何投标。

6）本投标有关的一切正式往来信函请寄：

地址：＿＿＿＿＿＿＿＿＿　　投标人代表签字：＿＿＿＿＿＿

电话：＿＿＿＿＿＿＿＿＿　　投标人：＿＿＿＿＿＿＿＿＿

传真：＿＿＿＿＿＿＿＿＿　　公　章：＿＿＿＿＿＿＿＿＿

电子邮件：＿＿＿＿＿＿＿　　日　期：＿＿＿年＿＿月＿＿日

二、投标人授权书

致：××××公司

　　　　　　　是中华人民共和国合法企业，注册地址为

　　　　。

　　　　特授权　　　　　代表我公司全权办理针对　　　　项目的投标、谈判、签约等具体工作，并签署全部有关的文件、协议及合同。

　　我公司对被授权人的签名负全部责任。

　　在撤销授权的书面通知到达××××公司以前，本授权书一直有效。被授权人签署的所有文件（在授权有效期内签署的）不因授权的撤销而失效。

　　被授权人签名：　　　　　　授权人（公章）：

　　职　　　务：　　　　　　法定代表人（签名）：

　　被授权人身份证号码：

　　授权日期：

三、投标报价书

×××　×公司：

根据贵方　　　　　　　　　　　　　　项目招标的投标邀请函及招标
文件，我公司经研究上述项目招标文件的投标须知、合同条件、技术规范和其他
有关文件后，我方愿以　　　　　　　　（币种）（大写）　　　　　　　　　的
总价提供本项目项下的全部服务。

一旦我方中标，我方保证按照投标书中的承诺履行我方的义务。

投标单位（盖公章）：

被　授　权　人　签　字：

日　　　　　　期：

四、报价表(投标一览表)

报价表(参考格式)

项目名称	分项名称	单价	总价	备注
付款方式:				
合计:				
大写:				

各投标报价均须列出细项,不允许只报一个总的价格。

说明:

1. 我方是在完全理解招标文件的基础上进行的报价。

2. 该报价为招标文件中提及的各项金额的总和,包括但不限于:方案提供、修改费用、咨询师劳务费用、培训费用、项目完成后一段时间内的跟踪、优化等我方履行本项目的全部费用。

3. 报价中已经综合考虑了项目招标至项目结束为止期间物价上涨、政策性调整等因素引起的费用变动,中标后不作调整。

投标单位(盖公章):

被 授 权 人 签 字:

日　　　　　期:

五、付款承诺书

我方同意招标人如下付款方式：

合同签订后且收到全额发票后 7 个工作日内预付合同总金额的 30%；

完成第一阶段的调研和诊断工作，提交关于招标人存在问题及解决方案的报告书，且经招标人验收合格后 7 个工作日内支付合同总金额的 20%；

完成第二阶段的设计和方案工作，经招标人验收合格后 7 个工作日内支付合同总金额的 30%；

完成第三阶段的培训和实施工作，实际运行满 1 个月经招标人验收合格后 7 个工作日内支付合同总金额的 15%；

项目完成后、按招标人要求跟踪优化服务满 6 个月，招标人确认验收后，支付剩余的合同总金额的 5%。

投标单位（盖公章）：

被 授 权 人 签 字：

日　　　　　期：

附件四:投标文件(技术标)格式

_____招标

投 标 文 件

（技术部分）

投标人： （盖单位公章）

年 月 日

目录

1. 投标项目整体技术方案

2. 技术服务承诺(须列出服务承诺细项,包括但不限于培训服务承诺、项目完成后跟踪、优化的细项)

3. 技术条款差异表

技术条款差异表(格式)

投标人名称：

序号	招标文件		投标文件	
	条目	简要内容	条目	简要内容

投标人要将投标文件和招标文件的差异之处汇集成表。

4. 其他文件和资料

投标单位(盖公章)：

被 授 权 人 签 字：

日 期：

附录 7　评标相关表格的范本

评标记录表

招标编号：

开标时间			开标地点	
项目名称			招标范围	
参加评标人				

投标基本情况								
序号	投标人名称	回标情况	标书密封情况	保证金缴纳情况	投标文件格式	资质证明	质量标准	投标报价（万元）
1								
2								
3								
4								
5								
6								
7								

参加评标人员会签：　　　　　　　　　　　　　　　　日期：

技术评标结果表

项目名称：　　　　　招标编号：　　　　　　　　　　　共　页　第　页

序号	招标文件技术要求	满分	投标人名称及评估					
			投标文件响应	评分	投标文件响应	评分	投标文件响应	评分
1								
2								
3								
4								
5								
6								
7								
评分合计								
加权评分合计（评分权重%）								
技术评委签名：　　　　　　　　　　　　　　　　日期：								

本表由评委根据评分标准和投标文件独立填写

（说明：商务评标结果表类似）

技术评分汇总表

投标人名称：　　　　　　　项目名称：　　　　　招标编号：

序号	技术评委姓名	技术评分	全体评委技术评分均值	是否存在评分偏高±20％的情况	技术评分修正值	最终评分	备注
1							
2							
3							
4							
5							
6							
7							

　　1. 是否存在评分偏离±20％以上情况，指是否存在某一技术评委的评分和全体评委技术评分均值±20％以上情况，此评估栏只需填写"有"或"无"；如果存在该情况，则该技术评委的评分分值被剔除，以其他未超出偏离范围的技术评委的评分均值替代，即技术评分修正值。

　　2. "最终评分"等于没有评分偏离的评委的技术评分加上有评分偏离的技术评分修正值再算术平均。

　　3. 若所有评委的技术评分均未出现上述偏离或者均出现上述偏离，则"最终评分"等于"全体评委技术评分均值"

　　参加技术评标人员会签：　　　　　　　　　　　　日期：

　　（说明：商务评分汇总表类似）

价格最终评分记录表

项目名称：　　　　　　　　　　　　　　　　　　　　招标编号：

序号	投标人名称	投标报价	评标价格	价格评分	加权价格评分（价格评分权重：%）	备注
1						
2						
3						
4						
5						
6						
7						

评标价格是有效投标报价经算术修正，计算投标什么和调整后的价格

全体评委会签：　　　　　　　　　　　　　　　　　　　　日期：

投标人最终评分汇总及排名表

项目名称：　　　　　　　　　　　　　　　　　　　　招标编号：

序号	投标人名称	商务最终评分	技术最终评分	价格最终评分	服务及其他评估最终评分	最终评分合计	排名	备注
1								
2								
3								
4								
5								
6								
7								

若综合排名第一的投标人的评标价格超过全体有效投标人评标价格平均值　　％以上，或者技术评分低于全体有效投标人技术评分平均值　　％以上的，将不得被确定为推荐中标人，请在"备注"栏中注明，上述数值比例由招标文件具体规定。

全体评委会签：　　　　　　　　　　　　　　　　　　　　日期：

澄清函

尊敬的___（招标人）

　关于我公司参加的__（项目名称）__投标,招标编号：_____,由于我公司投标文件表述不当,导致部分价格项目不准确,特此澄清如下：

序号	项目	澄清后内容

　　特此澄清！

　　投标人名称（盖章）：

　　日　　　　期：

附录8　咨询项目服务合同的范本

机密

×××管理咨询服务合同

本合同由××(企业名称)于××××年××月××日在××(城市)签订。委托人是根据中华人民共和国法律正式组建和存在的企业,其法定地址为××××,邮政编码××××(以下称甲方)。××公司是根据中华人民共和国法律正式组建和存在的公司,其法定地址为××××,邮政编码××××(以下称乙方)。

1　定义

1.1　项目1"项目"指对甲方进行××××管理提升的研究,其中包括××××,方案的设计和实施的辅导,相关的管理培训。

1.2　"咨询费用"指乙方提供咨询服务所得费用,详见本合同第五条。

1.3　"咨询服务"指本合同第二条所述的服务。

1.4　"有关开支"指乙方在提供咨询服务时发生的而且乙方将会获得偿付的开支,详见本合同第五条。

1.5　"项目应交成果"指本合同第二条所列各项任务。

1.6　"一般条款和条件"指本合同附件中所述条款和条件。

2　将提供的咨询服务

2.1　咨询服务范围覆盖甲方××××(项目范围和内容)。项目时间为××周,至××××年××月××日止。

乙方将按照本合同的条款和条件为甲方完成咨询服务。

2.2　乙方将保证咨询方式的科学性,对所调研收集的资料,应当有能力做出判断,以免不真实的资料对调研报告的不恰当影响。

2.3　乙方将保证对项目中的任何调研资料承担保密义务(详见保密协议)。

2.4　除非由甲、乙双方另外书面同意,乙方无义务扩大咨询服务范围或项目应交成果。任何咨询服务项目范围或项目应交成果的扩大将需要双方进一步讨论,按本合同第五条规定的咨询费用和开支也将予以调整。

3　咨询小组

3.1　乙方为提供咨询服务将成立由以下顾问组成的咨询小组:

项目顾问

（Ⅰ）×××（职务）为乙方指定的"项目总师"，将对咨询服务的执行结果负责并对总体咨询服务进行监督与指导。

（Ⅱ）×××（职务）及×××（职务）为乙方指定的"项目经理"，是项目管理负责人，将负责咨询小组的日常项目管理。

（Ⅲ）项目组指定×名咨询顾问负责收集和分析资料，提供解决方案及其他任务的执行。

相关行业顾问

（Ⅳ）项目组提供若干行业顾问负责××行业发展和战略可行性方面的建议。

4　服务的协调和进展

4.1　乙方项目组将定期向甲方指定的代表对项目的进展及其他和项目相关的问题进行讨论。

4.2　甲方将保证其指定代表在项目进行期间和乙方项目经理定期会面。

4.3　乙方应有权使用甲方所拥有的相关资料和了解甲方以往所做工作，并由指定人员协助项目的执行。

4.4　甲方将保证其主要决策人员参加所安排的研讨会和报告会以使项目在××××年××月××日前顺利进行（具体日程安排及报告频次详见××××）。

5　咨询费用和有关开支

5.1　本项目的咨询费用和有关开支为××万元人民币。

5.2　咨询费用和有关开支将由甲方分五次向乙方支付。支付时间和数量如下：

——项目启动七天前，即于××××年××月××日前：人民币××万元（30％）。

——项目第一次中期报告会后七天内，即于××××年××月××日前：人民币××万元（20％）。

——项目第二次中期报告会后七天内，即于××××年××月××日前：人民币××万元（30％）。

——项目最终报告会后七天内，即于××××年××月××日前：人民币××万元（20％）。

——如果甲方满意,奖金即于××××年××月××日前:人民币××万元。

6　税务

6.1　因履行本合同而引起的任何税款,应当按照适用的法律和法规由乙方负责缴付。

7　终止

7.1　如果一方实质性地违反本合同,而且在有关该违反的通知之日起七(7)天内并未纠正该违反,则任何一方可以终止本合同而无须发出事先通知。

7.2　甲方可于××××年××月××日之前无需原因而终止本合同,条件是其须在该终止生效之日起七(7)日预先向乙方发出书面通知,并就乙方已提供的咨询服务补偿乙方,补偿款项按该终止之日在上文第5条规定的咨询费用和有关开支所占的比例计算。

7.3　尽管有上文第7.1条规定,但如果甲方未在规定付款日期两个月以内付款,乙方可以在通知后终止本合同。该等中断不应影响中断日期之前发生的任何咨询费用和有关开支的义务。

7.4　乙方有责任,有义务在合同规定的时间内提交调查报告和解决方案,该报告和方案应当是客观的,公正的,不迎合甲方内部个别群体需要,否则甲方有权取消乙方的被委托资格。

7.5　即使本合同终止,各方在一般条款和条件(项目建议书及保密协议)项下的持续义务仍应充分有效。

8　不可抗力

8.1　"不可抗力"指本合同任何一方无法控制,不能预见,无法避免或克服的,阻止任何一方全部或部分履行合同的所有事件。该等事件应包括地震、台风、水灾、火灾、战争、国际或国内运输中断、政府或公共机构的行为、流行病、动乱、罢工及其他任何无法预见、避免或克服的事件,包括一般国际商业惯例认为不可抗力的事件。

8.2　宣称发生不可抗力的一方应迅速书面通知另一方,并在其后十(10)天内提供证明该不可抗力发生及其持续时间的足够证据。宣称发生不可抗力的一方还应尽一切合理的努力终止该不可抗力。

8.3　如果发生不可抗力事件,双方应立即互相协商,寻找一个公平的解决办法,并且应尽一切合理努力尽量减轻这种不可抗力的后果。

9　适用法律和法律解释

9.1　本合同应受中华人民共和国法律管辖。

9.2　如果本合同所载的任何一个或多个条款在任何方面因任何原因被裁定为无效、不合法或不可执行，该等无效、不合法或不可执行不应影响本合同任何其他条款。

9.3　本合同的各个附件，包括作为附件附于本合同的一般条款和条件，为本合同不可分割的组成部分，与本合同所列的条款和条件具有同样的约束力。但是，如果本合同所列的条款和条件与本合同各个附件（包括一般条款和条件）所列的条款和条件有任何抵触，则应以本合同的条款为准。

10　争议的解决

10.1　如果就本合同的解释或执行发生争议，各方应首先争取通过友好协商解决争议。如果一方向另一方送达要求开始协商的书面通知后三十（30）天内未能通过协商解决争议，则任何一方可将该等争议提交仲裁，按本合同第10.2条的规定最终解决。

10.2　仲裁应在××（地区或城市）由××仲裁中心按照当时有效的仲裁规则及下述规定进行：

（Ⅰ）仲裁员应根据本合同的中文文本；

（Ⅱ）所有程序均应以中文进行；

（Ⅲ）应有三（3）名精通中文的仲裁员。每方各挑选一（1）名仲裁员，第三名仲裁员—首席仲裁官，应由××仲裁委员会挑选。

10.3　仲裁裁决应是最终的，对各方均有约束力。

11　通知

11.1　本合同规定或要求的任何通知或其他通讯均应以书面形式作出，而且如果以专人递交或以传真传递，应被视为已于交付日期后一（1）日送达，如果通过声誉良好的速递服务公司递交，则应被视为已于交付给该速递服务公司后四（4）日送达。该等通知或其他通讯应按以下地址除非经通知更改：

致甲方：　　××× 先生/女士

　　　　　（职务）

　　　　　（公司名称）

　　　　　（地址）

　　　　　（邮编）

（电话）

致乙方：　　　×××先生/女士

（职务）

（公司名称）

（地址）

（邮编）

（电话）

12　全部协议和修订

12.1　本合同及其附件构成各方关于本合同的全部协议,并取代各方之间以前有关该合同的一切讨论,谈判和协议。

12.2　本合同经各方签署书面文件方可修订。

13　文本和签署份数

13.1　本合同签署中文文本。

13.2　本合同中文文本一式两(2)份,经各方法定代表人签署后生效。每一方各执本合同中文文本一(1)份。

14　项目完成

14.1　项目应由乙方向甲方管理人员递交最终报告及报告会,并获得甲方书面确认以告完成。

各方已促使各自的正式授权代表于首页书明的日期签署本合同,以资证明。

（甲方企业名称）　　　　　　（乙方专业公司名称）

签署：_____　　　　　　签署：_____

代表：　　　　　　　　　　　代表：

职务：　　　　　　　　　　　职务：

签署日期：　　　　　　　　　签署日期：

本协议的附件清单：

1. 项目建议书（或其他）

2. 保密协议

3. ××××

保密协议

××专业公司(以下称××公司)受××企业(以下称委托人)的委托,协助其就"××××管理"开展咨询项目。为维护双方利益,协议双方均认为应确认对本项目的一些特定理解和业务安排。因此,双方同意订立下列条款:

1　保密

1.1　××公司知悉,在与咨询项目相关事宜上,委托人将会向××公司提供与委托人相关的某些保密信息(以下称保密信息)。

1.2　委托人知悉并确认,××公司(i)将使用和主要依靠保密信息和从公共来源获取的信息以履行本协议规定的咨询服务,而无需对所述信息进行独立的核实;及(ii)无需对保密信息和该等其它公开信息的真实和完整性承担任何责任。

1.3　××公司同意,其将只向需要知道相关保密信息的××公司的董事、主管、员工、顾问或代理人披露所述保密信息,或向委托人的顾问披露保密信息。保密信息并不包括以下各种信息:(i)在从委托人处收到之前,××公司已经持有的信息;(ii)并非因为××公司违反本协议而是或成为公开的信息;或(iii)是或能够由××公司在不违反其在本协议项下任何义务的情况下独立获得或开发的信息。

1.4　如果××公司收到具有司法管辖权的法院、司法或行政机关、立法机构或立法委员会的有效传票或指令,被要求披露全部或部分保密信息,则××公司作出该等披露并不构成违反本协议,前提是××公司应(i)立即通知委托人其被要求作出所述披露的事实、条件和情况;(ii)与委托人磋商采取可行的法律步骤以拒绝该等要求或缩小该等要求的范围;(iii)如果必须或认为应该披露所述保密信息,尽力获得由要求其作出所披露的机构签发的指令或其他可靠保证,声明将会对须披露的保密信息中委托人指定的部分予以保密。

1.5　由委托人提供给××公司的与咨询项目相关的全部卷宗、记录、文件和其他有形资料及由××公司随后制作和持有的所有副本、复印本、复制本和翻译件,将在委托人要求时由××公司归还给委托人或予以销毁。

2　××公司名称及工作成果的使用

2.1　××公司可能向委托人提供与咨询项目相关的报告、分析成果或其他资料(以下称资料)。委托人知悉并同意,任何该等资料仅供其内部使用,除了其董事、主管和员工外,未经××公司的事先书面同意,不得将该等资料的全部或任何部分提供给任何其他人。

2.2　委托人可向其聘请的为咨询项目提供服务及在提供服务过程中需要知道相关信息的法律顾问、会计师和投资银行提供资料,但前提是(i)委托人向上述每一位人员告知资料的保密性质;(ii)上述每一位人员均同意不要向其他任何人员披露资料,并将资料仅用于为委托人提供咨询服务的用途;及(iii)上述每一位人员均同意在与第三方交谈或向第三方作出披露时,不会声称资料中的任何信息是来源于××公司的。

2.3　委托人还同意,未经××公司的事先书面同意,其不得(i)在媒体上;(ii)为广告或促销之目的;或(iii)为告知或影响任何第三方包括投资界之目的,提及××公司或声称任何信息是来源于××公司的。

3　委托人知悉

3.1　××公司长期奉行的惯例是为各行各业的众多委托人提供咨询服务,包括那些具有潜在利益冲突的委托人,以及合并、收购和联盟交易中的对方。××公司在所有该等情况下均恪守着为每一位委托人保护其信息(如本协议所概述的)的保密性原则。因此,委托人知悉并同意,××公司或其一(1)或多家关联公司可能已经、目前正在或在将来向那些与委托人利益相冲突的其他公司提供服务,包括那些委托人与其(i)竞争;(ii)具有商业关系或潜在商业关系(如作为供应商、分销商);(iii)处于竞标状态;及(iv)进行或考虑进行合并、收购、分离、联盟或合资经营交易的各方。

4　终止

4.1　双方同意任何一方均可向对方发出书面通知后终止咨询项目。发生本协议项下规定的终止情况时,委托人只需支付截至终止之日期间所发生的专业咨询费和相关费用。

5　适用法律

5.1　本协议和与咨询项目相关的任何其他协议应适用中华人民共和国法律并据此予以解释,但不考虑冲突法的原则。

6　仲裁

6.1　因本协议引起或与之相关的任何争议、分歧或权利主张,或对本协议的违约、终止或合法性均应通过仲裁予以最终解决。仲裁应根据提交仲裁时有效的中国国际经济贸易仲裁委员会(以下称仲裁会)的仲裁规则进行,但双方也可约定对仲裁规则作出修正。仲裁地点为××市,仲裁语言为中文。

6.2　仲裁由三(3)位仲裁员进行。申请仲裁的一方(以下称申请人)应在其仲裁申请函(以下称申请函)中指定一(1)位仲裁员。另一方(以下称被申请人)应在收到申请函后的三十(30)日内指定一(1)位仲裁员。如果截至该日任何一方还未指定仲裁员,则改名仲裁员应由仲裁会迅速指定。最初被指定的二(2)位仲裁员应在被申请人通知申请人已指定了被申请人的仲裁员后的三十(30)日内,或在任何一方未指定仲裁员时,由仲裁会通知双方其已代表未指定仲裁员一方指定了仲裁员后的三十(30)日内,指定第三位仲裁员。如果最初被指定的二(2)位仲裁员未在以上规定的期限内指定第三位仲裁员,则应由仲裁会指定第三位仲裁员。

6.3　仲裁的裁决应书面成文,说明据以作出裁决的理由,且是终局性质的,对双方均具有约束力。裁决可规定对费用,包括合理的律师费用和开支的裁定。对裁决具有司法管辖权或对有关方或有关方资产具有司法管辖权的法院也可对裁决作出判决。

7　效力和继承

7.1　本协议应在咨询项目完成或终止之后继续有效。此外,本协议作为整体对于委托人和××公司的继承人和受让人同样适用并具有约束力。

（甲方企业名称）　　　　　　（乙方公司名称）

签署：＿＿＿＿＿＿＿　　　　签署：＿＿＿＿＿＿＿

姓名：　　　　　　　　　　　姓名：

职务：　　　　　　　　　　　职务：

注　释

Appendix

① 企业：本教材中的"企业"泛指各类公司、企业、事业单位。

② 组织：管理学中的组织（organization）是一个广泛的概念，它可以涵盖各种类型的企业、事业单位、团队、社会团体、政治组织等各种形式。组织是人们为了实现特定目标而按照一定的结构形式联合起来的集合体，它可以是正式的或非正式的，有形的或无形的，营利性的或非营利性的。

③ 项目干系人：是指参与项目工作的个体和组织，以及直接或间接地受到项目实施影响的个体和组织。每个项目的主要涉及人员有：发起者、项目经理、执行机构、顾客/客户。

④ 情势：指事物的状况和发展的趋势，形势。例如：情势紧迫，洞察双方情势。

⑤ 自我导向学习：自我导向学习具有两个特征，一是强调学习者应承担起学习的主要责任，二是学习者要知道如何学习，即学会学习。在自我导向学习中，学习不再是社会或其他外部因素强制施加的，而是学习者自主选择的活动。学习者在学习过程中逐渐培养出良好的态度、动机和方法，根据自己的兴趣和发展可能性设定学习目标、制定学习策略、选择学习资源、安排学习活动，甚至自我评估学习成果。这样，学习者在没有导师指导的情况下，也能够有效地进行终身学习。

⑥ 案情：案情一词来源于公检法领域，制订侦查计划，确定侦查方向，界定侦查范围，搜集案件证据，追缴相关物件，查缉嫌疑人员，选准破案时机等。指侦查

人员通过对事实结果的勘查、初查研究,从认知上恢复实施过程的原状,以确定事件的性质和实施的有关情况的活动。

⑦ SMART 原则:即具体性(Specific)——具体的、特定的、不能笼统,不能产生理解歧义;可衡量性(Measurable)——可以衡量的、可以数字化或行为化的度量,并且相关数据和信息容易收集;可实现性(Achievable)——现实的、通过努力可以达到和实现;以结果为导向(Result-oriented),也有称为相关性(Relevant),关联的、与其他目标具有相关性;有最后时间期限(Time Deadline)——时限性的、有明确的截止期限。

⑧ 权变规划:可以定义为在关键时间点未能如预期发展时可以启动的备选方案。其基本前提就是企业能够提前预见可能发生的有利及不利事件,并制定相应的应对措施,这是一种综合性的计划。利用头脑风暴法,企业可以识别出可能遇到的各种危机,针对每一种危机,商量出解决方案,并形成书面的计划。

⑨ 情景规划:要求企业首先构想几种未来可能发生的情形,然后进一步想象可能出现的意外事件。这种分析方法促进了充分客观的讨论,增加了企业的灵活性。就像高明的棋手总能清晰地预见下一步和下几步棋的多种可能的“情景”,情景规划更接近于一种虚拟的、身临其境的博弈游戏。在问题没有发生之前,通过想象性地进入可能的情景进行预演,当这些预想的情景真正出现时,我们就能够从容和周密地加以应对了。

参考文献

References

［1］ 龙共火火. 高阶运营［M］. 北京：人民邮电出版社，2018.

［2］ 叶苏东. 项目管理：管理流程及方法［M］. 北京：清华大学出版社，2019.

［3］ Bowen H K. Project management manual［M］. Cambridge：Harvard Business School Background Note 697 - 034，1996.

［4］ Chung L W，Chung E. Vault career guide to consulting［M］. New York：Vault Inc.，2007.

［5］ Dionisio C S. A project manager's book of templates［M］. Hoboken：Wiley，2022.

［6］ PMI. A guide to the project management body of knowledge：5th edition［M］. Newtown Square：Project Management Institute，2013.

［7］ Sadler P. Management consultancy：a handbook for best practice：2nd edition［M］. London：Kogan Page，2001.

说　明

扫描加入学习群

本书在编译过程中，尚有少部分参考资料因为原文没有注明作者或者无从查找作者或者联系不上作者，敬请原作者及时联系我们，以便为您支付稿酬。在此表示歉意和感谢！

编译者